臺灣歷史與文化 研究輯刊

四 編

第 5 冊

《三六九小報‧新聲律啓蒙》人文現象之研究（上）

陳思宇 著

花木蘭文化出版社

國家圖書館出版品預行編目資料

《三六九小報‧新聲律啓蒙》人文現象之研究（上）／陳思宇
著 — 初版 — 新北市：花木蘭文化出版社，2013〔民 102〕
目 6+192 面；19×26 公分
（臺灣歷史與文化研究輯刊　四編：第 5 冊）
ISBN：978-986-322-487-7（精裝）
1. 臺灣文學　2. 臺灣文化
733.08　　　　　　　　　　　　　　　　　　102017366

ISBN-978-986-322-487-7

臺灣歷史與文化研究輯刊
四　編　第五　冊　　　　　　ISBN：978-986-322-487-7

《三六九小報‧新聲律啓蒙》人文現象之研究（上）

作　　者　陳思宇
總 編 輯　杜潔祥
出　　版　花木蘭文化出版社
發 行 所　花木蘭文化出版社
發 行 人　高小娟
聯絡地址　235 新北市中和區中安街七二號十三樓
　　　　　電話：02-2923-1455／傳眞：02-2923-1452
網　　址　http://www.huamulan.tw 信箱 sut81518@gmail.com
印　　刷　普羅文化出版廣告事業
初　　版　2013 年 9 月
定　　價　四編　22 冊（精裝）新臺幣 50,000 元

《三六九小報‧新聲律啓蒙》人文現象之研究（上）

陳思宇　著

提　要

　　西元 1895 年，臺灣割讓給日本，成為日本第一個海外殖民地，致使臺灣的語言系統、社會制度和文化層面受到相當大的衝擊。臺灣社會受到現代化觀點的召喚，努力突破傳統窠臼，如解纏足運動改變了臺灣女性的身體觀與生活模式。然而，在新事物、新文化、新觀點快速入侵臺灣之際，傳統漢學教育卻因臺灣總督府所實施的語言同化政策而逐漸沒落，甚至被新式教育所取代。知識份子深怕傳統漢學教育一旦被遺棄、被消滅，臺灣的傳統文化價值體系也隨之崩潰、瓦解。

　　於是，1930 年臺南地區傳統知識份子創立漢文報刊《三六九小報》，並賦予維護、散播漢文學與傳統文化價值的厚望。其中，專欄〈新聲律啟蒙〉更是基於傳統詩學革命意識所創作的集體作品，具有四項特點：詩學訓練的教材、全文臺語創作、臺灣話文理念的實踐以及保留臺灣庶民文化特質。本篇論文以《三六九小報・新聲律啟蒙》為研究對象，選出生命禮俗、處世教化與詈罵用語等三大庶民文化相關詞彙，藉由剖析詞彙意義與觀看文本脈絡，並參照當時代其他的文學作品與工具書，期望更進一步了解日治時期臺灣的各種文化現象、臺灣人的價值觀系統。

目

次

第一章 緒 論

第一節 研究動機與研究現況

一、研究動機

　　語言與社會的關係密不可分，語言呈現社會百態，而社會變遷也反映在語言之上。西元 1894 年（清光緒 20 年）7 月，中日甲午戰爭爆發，九個月後，清廷戰敗，與日本簽定馬關條約，臺灣被迫割讓給日本，成爲日本第一個海外殖民地。因日本的殖民政策所致，臺灣民眾的語言系統再度改變，除了原本就內含的南島語、漢語、荷蘭語、西班牙語等語言以外，又再加入了日語。同時，臺灣總督府爲了將臺灣改造成一個具備現代化的殖民地，強行將現代化的觀點、產物植入臺灣社會，改變了臺灣人的生活方式及文化，而臺灣西化、現代化的軌跡也留存於語言層次，如馬克斯（Karl Marx, 1818～1883）、泰戈爾（Rabindranath Tagore, 1861～1941）、自動車（tsū-tōng-tshia，汽車）、高女（ko-lú，女子高中）、水道（tsuí-tō，自來水管線）、病院（pēnn-īnn，醫院）、便當（piān-tong，飯盒）等臺語〔註1〕中的日語借詞，反映了當時代臺灣社會現代化的過程。

　　除了語言系統的改變之外，臺灣社會還受到社會主義、民族自決、男女平權、階級鬥爭等思潮的影響，各個民族運動、文藝團體紛紛成立，如致力推動文化啓蒙運動的臺灣文化協會、〔註2〕臺灣人組成的唯一合法政黨——

〔註 1〕 本文「臺語」一詞指的是臺灣閩南語。
〔註 2〕 臺灣文化協會爲 1920 年由蔣渭水、林獻堂等人籌組。詳見詞條「臺灣文化協

臺灣民眾黨等〔註3〕，更創立《臺灣新民報》、〔註4〕《臺灣文藝》〔註5〕等報刊雜誌，意圖以文化文學啓迪民智。然而，在新事物、新文化入侵臺灣社會之際，傳統漢學教育卻因臺灣總督府所實施的語言政策而產生沒落、斷裂，甚至逐漸被新式教育所取代。臺灣知識份子注意到傳統漢學教育一旦被消滅、臺灣的語言及文化一旦被日語與新式文化所掩蓋，漢文學及漢文化恐將無法延續，臺灣人的臺灣最終勢必消失於無形，於是便興起一波「漢文復興運動」〔註6〕，呼籲臺灣總督府應恢復漢文教育。另外，臺灣文壇內部出現不同教育背景的新舊知識份子爲了自我理念、文學典律互相辯論，激發出燦爛的火花，進而引發新舊文學論爭，除了針對文學的價值與作用提出見解，使用何種語文做爲書寫載體更是論爭的重點。〔註7〕

　　1927年鄭坤五（1885～1959）提出「臺灣國風」概念，並於《臺灣藝苑》上發表臺灣採茶褒歌，企圖以臺灣民間文學、臺語口語文學爲核心，展現臺灣在地風情並建構臺灣鄉土文學。〔註8〕1930年8月黃石輝於《伍人報》上發表〈怎樣不提倡鄉土文學〉〔註9〕，主張臺灣文學應以臺語爲創作語言，於是

　　　會」，許雪姬、薛化元、張淑雅等撰，《臺灣歷史辭典》（台北市：文建會，2004年）。

〔註3〕臺灣民眾黨於1927年7月10日成立，成立目的在於要求地方自治、結社言論自由、教育機會平等、廢除保甲制度等。詳見詞條「臺灣民眾黨」，許雪姬、薛化元、張淑雅等撰，《臺灣歷史辭典》（台北市：文建會，2004年）。

〔註4〕《臺灣新民報》的前身爲1923年4月15日於東京創刊《臺灣民報》，1927年7月16日獲准於臺灣發行，已具現代報紙規模。詳見詞條「臺灣新民報」，許雪姬、薛化元、張淑雅等撰，《臺灣歷史辭典》（台北市：文建會，2004年）。

〔註5〕《臺灣文藝》屬於文學雜誌，目的於推展臺灣新文學運動，爲臺灣文藝聯盟於1934年5月6日所創，共發行15期。主要撰稿人有賴明弘、張深切、張文環、巫永福、楊逵等。詳見詞條「臺灣文藝I」，許雪姬、薛化元、張淑雅等撰，《臺灣歷史辭典》（台北市：文建會，2004年）。

〔註6〕「漢文復興運動」一詞出自於廖祺正《三十年代台灣鄉土話文運動》，國立成功大學歷史語言研究所碩士論文，1990年7月。

〔註7〕爲了迅速推動文藝大眾化，當時代的知識份子提出各種書寫的載體，大致可分成四大類：（1）中國古典白話文，如《水滸傳》、《西遊記》、《紅樓夢》等名著正是以與文言文相對的白話文書寫而成；（2）師法中國大陸五四新文學運動的中國式白話文，也就是張我軍一派所提倡的；（3）以漢文建構臺灣話文；（4）教會羅馬字，也就是白話字（Pe̍h-ūe-jī）。

〔註8〕關於鄭坤五及其「臺灣國風」相關研究成果，可參考呂興昌〈論鄭坤五的「台灣國風」〉一文。

〔註9〕原文爲〈怎樣不提唱鄉土文學〉，將「唱」更正爲「倡」。

掀開鄉土文學論戰序幕並發展成臺灣話文運動，其目的在於消弭語言與文字間的障礙與將臺語從口說層次提升至文字層次。

　　臺南地區南社與春鶯吟社兩詩社的成員更於 1930 年 9 月 9 日聯合成立《三六九小報》，〔註10〕企圖以無用之用、軟性力量穿透殖民高壓霸權，延續台灣文化命脈。雖然《三六九小報》並未實際參與討論鄉土文學、臺灣話文等議題，但編輯群及讀者卻以實際的文學創作活動來實踐、呼應鄉土文學和臺灣話文的理念，如許丙丁取臺南寺廟的神佛為創作素材寫臺語章回小說〈小封神〉〔註11〕，洪坤益採錄男女對唱山歌做〈黛山樵唱〉〔註12〕，蕭永東採集歌謠，連橫寫作〈臺灣語講座〉〔註13〕、〈雅言〉〔註14〕，考證臺語字詞的形、音、義、詞源，且紀錄了多元的台灣庶民文化特色。

〔註10〕《三六九小報》於昭和 5 年（1930 年）9 月 9 日創刊，至昭和 10 年（1935年）9 月 6 日第 479 號後廢刊，歷時 5 年之久，全報以漢文出版，共發行 475期。發行人兼編輯為趙雅福，編輯群有洪坤益、陳圖南、譚瑞貞，顧問為趙雲石（趙雅福之父）。
〔註11〕許丙丁（綠珊盦）〈小封神〉，首篇為〈上帝爺赴任受虧〉，發表於《三六九小報》第 50 號（昭和 6 年 2 月 26 日）。
〔註12〕洪鐵濤（懺紅）〈黛山樵唱〉，首篇發表於《三六九小報》第 4 號（昭和 5 年 9月 19 日）。
〔註13〕連橫（雅堂）〈臺灣語講座〉，首篇發表於《三六九小報》第 35 號（昭和 6 年1 月 3 日）。
〔註14〕連橫（雅堂）〈雅言〉，首篇發表於《三六九小報》新年增刊號（昭和 7 年 1月 3 日）。

圖 1-1《三六九小報》創刊號書影

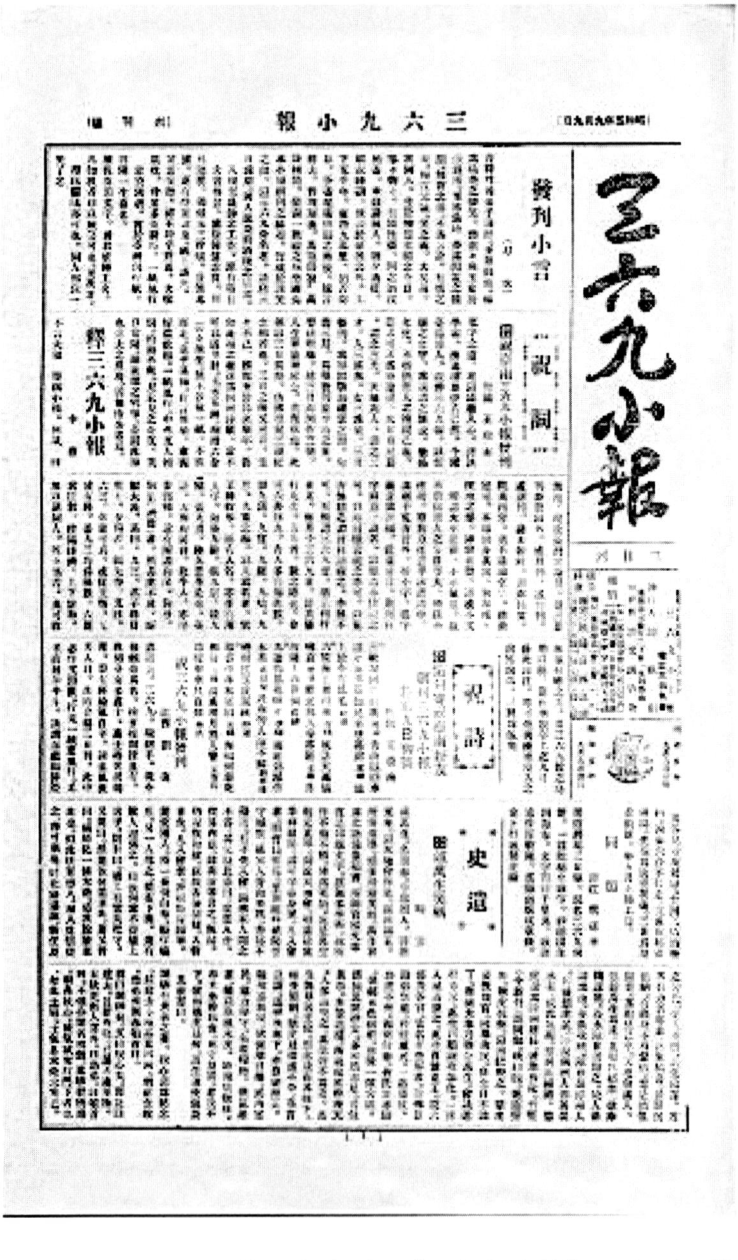

三六九小報

發刊小言

祝詞

釋三六九小報

祝詩

史遺

除了上述個別文人的創作活動之外，《三六九小報》還出現以傳統詩學革命意識爲出發點，取漢書房教科書《聲律啓蒙》〔註 15〕爲骨架，以臺語日常

〔註 15〕《聲律啓蒙》爲清康熙年間進士車萬育（1632～1705）所做，爲傳統教育的

用語爲創作語言，填入臺灣庶民文化特質與社會實況的專欄〈新聲律啓蒙〉。每篇篇幅不大，字數約在 72 至 88 字上下，富有遊戲趣味性，使人朗朗上口易於記誦，共有 36 位文人共同創作，刊載總數更高達 469 篇〔註 16〕，可想見〈新聲律啓蒙〉深受傳統知識份子喜愛與青睞的程度。

圖 1-2 首篇《三六九小報・新聲律啓蒙》

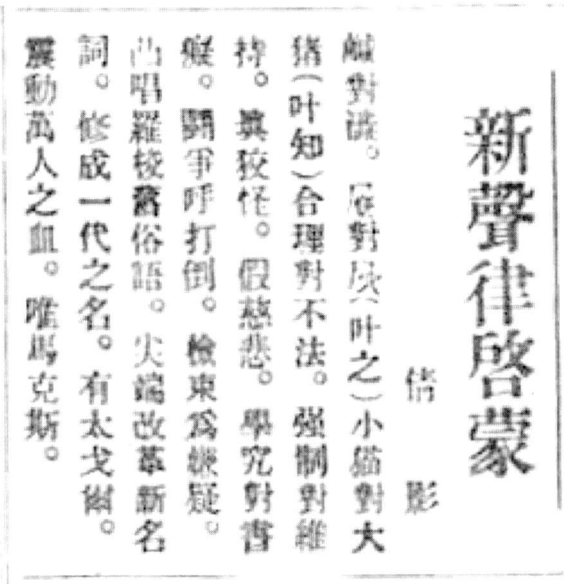

新聲律啓蒙

倩影

鹹對譙。屁對屎(叶之)小貓對大豬(叶知)合理對不法。強制對維持。眞狡怪。假慈悲。學究對書獃。鬪爭呼打倒。檢束爲嫌疑。出唱羅梭齋俗語。尖端改幕新名詞。修成一代之名。有太戈爾。震動萬人之血。唯馬克斯。

由於此專欄是仿造《聲律啓蒙》所做，具有詩歌對偶的特性，不但可做爲傳統詩學訓練的教材，還保留了臺灣的庶民文化特質，以價值觀與文化體系證明臺灣人與日本人是不同的民族，因而打破了同文同種的同化現象，具有區辨自我與他者的作用；並將臺語口語做了文字化的處理，不但實踐了臺灣話文的理念、保留了珍貴的臺語口語史料，更打破臺語有音無字的刻板印象。

本篇論文欲以 469 篇《三六九小報・新聲律啓蒙》爲研究對象，從中挑選出影響臺灣民眾最深、且最爲貼近臺灣民眾生活的生命禮俗、處世教化與

啓蒙讀物之一，專門用來訓練對偶、聲韻和格律技巧。

〔註 16〕在《三六九小報》所發行的 475 期之中，除去創刊號（昭和 5 年 9 月 9 日）、第 4 號（昭和 5 年 9 月 19 日）、增刊號（昭和 5 年 10 月 26 日）、增刊號（昭和 5 年 10 月 29 日）、新年增刊號（昭和 6 年 1 月 3 日）和新年增刊號（昭和 7 年 1 月 3 日）6 期之外，皆有刊載〈新聲律啓蒙〉。

詈罵用語等三大人文現象〔註17〕相關詞彙，藉由剖析詞彙意義與觀看文本脈絡，並參照當時代其他的文學作品與工具書，期望更進一步瞭解日治時期臺灣的各種文化現象、臺灣人的價值觀系統，並從文本的弦外之音，瞭解傳統知識份子是如何看待及評價從傳統過渡到現代化的臺灣社會。

二、相關文獻之回顧與探討

　　本篇論文聚焦於〈新聲律啓蒙〉與臺灣意識、文化、價值體系所重合交疊的部分，必須先從當時的外緣環境考察起，又因本篇論文借助電腦斷詞系統爲輔助工具，也須著眼於語料庫語言學方面的研究。以下，將分爲傳統語文教育研究、《三六九小報》及其相關寫作之研究與語料庫語言學研究三大部分進行回顧與探討。

1. 傳統語文教育研究

　　林翠鳳在〈我國歷代蒙書析論〉〔註18〕一文中提到雖然童蒙教育從未進入官方教育體制之內，但藉由民間熱心人士的創作及傳承，使得中國童蒙教育可以一直流傳下去。「蒙書與社會智識的開啓，存在著正面互動的影響力」〔註19〕，蒙書不但建立及開啓兒童的基本知識，具有時代色彩，其內容更是反映當時的社會生活百態及名物典章制度。中國傳統蒙書類型可分爲四大類：《千字文》、《百家姓》、《三字經》等是將生活常識拼貼成文章，爲識字教育的基礎教材；《弟子職》、《童蒙訓》、《人生必讀》等歸於訓誡明倫類，除了有識字作用之外，更是於文章之上灌輸學子做人處事、明辨是非的觀念，並有行爲規範的目的；《史學提要》、《兩漢蒙求》講述歷史事件；《蒙求》、《名物蒙求》、《干祿字書》、《聲律發蒙》等則是歸爲干祿科舉類，學子除了可獲得知識，其屬類對事的特質還能爲將來科舉考試類型預做練習。同樣的，〈新

〔註17〕「人文現象」是人類社會各種文化現象的泛稱，包括日常生活一切事物、典章制度、社會現象等。由於本篇論文涉及的層面較廣，包含與個人的生老病死緊密扣連的生命禮俗，婚喪喜慶的器物、儀式與其背後意涵，規範個人思想行爲的禮教觀念，與家族傳承相關的宗法制度，並從文字內容連接到社會現象、輿論評價，後延伸至性別議題。故本篇論文採以「人文現象」一詞總括涵蓋。

〔註18〕林翠鳳〈我國歷代蒙書析論〉，《臺中商專學報》29期（1997年6月1日），頁253～276。

〔註19〕林翠鳳〈我國歷代蒙書析論〉，《臺中商專學報》29期（1997年6月1日），頁253。

聲律啓蒙〉也是由民間人士所創作的蒙書，其內容也能反映各種社會現象和文化，可歸類於拼盤式一類；然而，不同於傳統蒙書的嚴肅性，《三六九小報・新聲律啓蒙》以輕鬆、趣味和幽默的口吻展演出臺灣獨特的風土民情。

吳文星在〈日據時期臺灣書房教育之再檢討〉〔註20〕一文中提到日治時期臺灣的傳統教育機關只剩下民間的漢書房能維持運作，而漢文自始自終都是漢書房所教授的科目，後更爬梳了漢書房與公學校教育、同化政策的國語普及運動的關係。漢書房在日治時期中後期受到官方勢力介入，由純書房轉變成教授日語、修身、算術等學科的「改良書房」。吳文星認爲不可過份強調書房的本質是展現民族主義的場所、也不可斷言書房是『「培養民族精神的根據地」，或「傳播民族精神的重要處所」，或維護民族文化之所在等』。〔註21〕筆者贊同吳文星所說不要太過強調漢書房的本質，以免扭曲了漢書房的意義。但漢書房教育對傳統知識份子而言依舊是獲取漢文學識的來源之一，如本篇論文所研究的《三六九小報・新聲律啓蒙》正是傳統知識份子複製漢書房教科書《聲律啓蒙》的格式，填入代表臺灣庶民文化事物的詞彙所創作而成的，不但具有消閒之用，更是訓練漢文學的聲律、對偶、押韻的工具書。

2.《三六九小報》及其相關寫作之研究

施懿琳《從沈光文到賴和》〔註22〕一書將臺灣古典文學的起點往前推至明鄭時期，並以時代環境爲背景、作者的創作意識爲主軸，寫出臺灣古典文學的發展與特色。並以文人社團「崇文社」和「應社」的詩作爲研究對象，抽絲剝繭地找出古典詩的抗議精神以及詩人的身份認同，替在過去總被誤以爲是與日人唱和、無病呻吟的古典詩辯白。施懿琳提出文學作品的研究必須立足於文學傳統與時代環境的考究，並要不時的與作者對話，才能客觀地發掘出作者的創作意識。

吳毓琪《南社研究》〔註23〕以日治時期的詩社「南社」爲研究對象，以時空環境及作者的個人背景爲出發點，探討南社文人的文學活動及動機，並以詩作爲研究文本，探討作者隱藏其中的民族思想意識和詩作本身的文學價

〔註20〕吳文星〈日據時期台灣書房教育之再檢討〉，《思與言》第 26 卷第 1 期（1988年 5 月），頁 101～108。
〔註21〕吳文星〈日據時期台灣書房教育之再檢討〉，《思與言》第 26 卷第 1 期（1988年 5 月），頁 108。
〔註22〕施懿琳，《從沈光文到賴和》（高雄市：春暉，2000 年）。
〔註23〕吳毓琪，《臺灣南社研究》（臺南市：南市文化，1999 年）。

值。臺灣文獻家盧嘉興詳實地考察了清末、日治時期文人生平及活動足跡，替早期的臺灣文學留下了許多珍貴的作品，如〈記臺南府城詩壇領袖趙雲石喬梓〉、〈著「仄韻聲律啓蒙」的林珠浦〉及〈林珠浦先生之節序雜詠及臺南舊街名對〉〔註24〕等文，對本篇論文了解〈新聲律啓蒙〉的時代意義及創作意識提供許多線索。

截至目前爲止，有關《三六九小報》研究的學位論文研究有三本，分別是柯喬文《《三六九小報》古典小說研究》〔註25〕、江昆峰《《三六九小報》之研究》〔註26〕及張志樺《情慾消費於日本殖民體制下所呈現之文化社會意涵──以《三六九小報》與《風月》爲探討文化》〔註27〕。柯喬文挪用布迪厄（Pierre Bourdieu）文化社會學的理論框架，以「場域」（field）的概念，考證日治時期臺灣的社會、經濟及文化三大資本的分配、運作與文學場域──《三六九小報》之間的關係，並以刊載於《三六九小報》的古典小說：文言及擬話文小說爲研究對象。柯喬文不只是關注研究文本本身的議題及內容，還將研究文本置入社會脈絡之中，形成了一個更大的研究視角，使得文本能與社會做對話並顯示出其時代意義。像這種企圖將臺灣文學以西方理論的方式來審視及研究的用心，也正是筆者欲追求的目標。

江昆峰考察了「小報」形式及定義的流變、《三六九小報》成立的背景及營運狀況，還將《三六九小報》各大文體及關注的各大議題分門別類，並把分散於各大版面的專欄、廣告、訂戶資料及篇名做一整理歸納。張志樺以殖民地臺灣的社會環境爲經，以文人的藝旦書寫爲緯，輔以社會學的「消費」觀點，開展出藝旦的社會地位及意義，全面探究了性別與權力的流動情形。藝旦書寫及煙花界的消費文化同樣也是〈新聲律啓蒙〉常關注的議題，無論是對歡場女子無眞情的批評，還是對文人只爲博得藝旦歡心，投注大把時間及心力，到最後卻只得到火山孝子的嘲諷，甚至是對於不幸淪落於煙花界女

〔註24〕此三篇皆收錄於盧嘉興原著，《臺灣古典文學作家論集》（中），臺南市：臺南市立藝術中心，2000年。

〔註25〕柯喬文，《《三六九小報》之古典小說研究》，南華大學文學研究所碩士論文，2003年。

〔註26〕江昆峰，《《三六九小報》之研究》，銘傳大學應用語文研究所中國文學組碩士論文，2004年。

〔註27〕張志樺，《情慾消費於日本殖民體制下所呈現之文化社會意涵──以《三六九小報》與《風月》爲探討文化》，國立成功大學台灣文學研究所碩士論文，2006年7月。

子的同情及憐憫，皆印證了日治時期藝旦文化的盛況。

　　以《三六九小報》爲研究對象的期刊論文多將其焦點放置於藝旦身上，如林弘勳〈日據時期臺灣煙花史話〉〔註28〕一文從歷史的面向觀看「煙花界」的轉變，並與社會做連結，探討藝旦的社會意義；向麗頻〈《三六九小報》〈花叢小記〉所呈現的臺灣藝旦風情〉〔註29〕一文以《三六九小報·花叢小記》爲研究對象，探討文人眼裡的藝旦風情與社會關係；林淑慧〈《三六九小報》花系列專欄的女性身影及其文化意義〉〔註30〕一文探討《三六九小報》所刊的女性影像及廣告，以性別差異、消費層面及文人敘事角度剖析藝旦文化的意義。

　　對於探討日治時期臺灣主體性的思考與建立，通俗、遊戲性的《三六九小報》可以提供研究者一些線索。柳書琴在〈通俗作爲一種位置：《三六九小報》與1930年代臺灣的讀書市場〉〔註31〕一文中將研究視角拓展到傳統知識份子欲以《三六九小報》整合、鞏固及動員其文化資本的野心。與柯喬文相同皆挪用布迪厄（Pierre Bourdieu）文化社會學的理論框架分析日治時期的臺灣漢文市場，不同的是，柳書琴認爲《三六九小報》的成功在於「以通俗文藝爲策略的殖民地漢學、漢文以及漢文文藝在整合、維繫、更新與轉化上的一次敗部復活」〔註32〕，而在面對強勢的殖民文化改造政策之下，則是「發揮了整合某些本土文化資本的效應，在臺灣文化主體的整備、建構上產生了一些不容忽視的影響」〔註33〕。

　　施懿琳〈民歌採集史上的一頁補白──蕭永東在《三六九小報》的民歌

〔註28〕林弘勳〈日據時期臺灣煙花史話〉，《思與言》第33卷第3期（1995年9月），頁77～123。

〔註29〕向麗頻〈《三六九小報》〈花叢小記〉所呈現的臺灣藝旦風情〉，中國文化月刊261期（2001年12月），頁48～76頁。

〔註30〕林淑慧〈《三六九小報》花系列專欄的女性身影及其文化意義〉，發表於交通大學外國語文學系舉辦《精神分析、性別、視覺文化第三屆全國研究生論文會議》，2006年5月12日。（來源：http://film.nctu.edu.tw/bulletinchqryview.jsp?e=200600007，讀取日期：2008年4月16日）。

〔註31〕柳書琴〈通俗作爲一種位置：《三六九小報》與1930年代台灣的讀書市場〉，《中外文學》第33卷第7期（2004年12月），頁19～55頁。

〔註32〕柳書琴〈通俗作爲一種位置：《三六九小報》與1930年代台灣的讀書市場〉，《中外文學》第33卷第7期（2004年12月），頁23頁。

〔註33〕柳書琴〈通俗作爲一種位置：《三六九小報》與1930年代台灣的讀書市場〉，《中外文學》第33卷第7期（2004年12月），頁23頁。

仿作及其價值〉〔註34〕一文肯定了傳統知識份子對鄉土文學的貢獻及價值。以蕭永東在《三六九小報》所登作品——「小唱系列」〔註35〕爲研究對象，先考證了蕭永東的生平及仿作動機帶出了作者的臺灣意識，再以作品內容的剖析呈現藝旦的心理狀態、社會價值及作者想法。施懿琳認爲小唱系列的重要性不僅只在臺灣話文的創作與實踐而已；作爲代言人，蕭永東替日治時期最弱勢的、最底層的女性——藝旦留下聲音及痕跡，提供了研究者更客觀的線索以考察當時的社會全貌。

3. 語料庫語言學研究

語料庫語言學的研究方法，包含電子化的語料及相關電腦輔助工具，如自動斷詞、詞頻分析等，能夠在極短的時間內完成語料的收集及處理，並獲得語言特徵、用法及使用頻率。本篇論文以語料庫爲本的研究方法，同樣的也是利用語料電子化的特性，藉由電腦輔助工具斷詞並做詞頻統計，企圖呈現出詞彙的用法以及在文本中的共現關係。鄭縈在〈從語料庫看漢語情態動詞的詞序〉〔註36〕一文中提到以語料庫爲本的研究是當代語言學的趨勢，不但可避免學者個人的主觀意見而造成研究結果的歧異，藉由大量語料的檢驗更能展現出語言現狀的眞貌。

曾金金於〈從台華英俗諺對比分析探討臺灣文化特質〉〔註37〕一文，將臺華英三語互譯俗諺做詞頻統計分析，取每個語言當中出現頻率最高的十個詞條爲對比項目。研究結果發現臺諺中所使用最多的詞彙是與存在相關的「無」，「有」和否定「毋」也排進十名之內，反映出臺語是唯物主義的思維模式，排名第二的「人」則是反映儒家的人本思想，排名第三的是「食」，反映臺語對吃的注重。另外前十名中唯一的親屬詞是「囝」，不但反映對孩子的

〔註34〕 施懿琳〈民歌采集史上的一頁補白——蕭永東在《三六九小報》的民歌仿作及其價值〉，發表於中興大學中文系《第三屆通俗文學與雅正文學全國學術研討會論文集》（臺北：新文豐，2002 年 7 月），（來源：http://www.nchu.edu.tw/~chinese/eo09.html，讀取日期：2008 年 4 月 16 日）。

〔註35〕 「小唱系列」指的是蕭永東以「古圓」筆名發表的一系列採集歌謠，可分爲〈迎春小唱〉、〈消夏小唱〉、〈迎秋小唱〉、〈消寒小唱〉等專欄。在此，筆者取後兩字代稱。

〔註36〕 鄭縈〈從語料庫看漢語情態動詞的詞序〉，《靜宜人文學報》14 期（2001 年），頁 42～69。

〔註37〕 曾金金〈從台華英俗諺對比分析探討台灣文化特質〉，發表於國立臺灣師範大學整合型研究計畫之台灣多元文化之建構聯合成果發表會，2008 年。

重視，也代表臺灣文化對於傳宗接代的看重。邱藍萍在其《賴仁聲兩個時代台語小說中的借詞比較》〔註38〕碩士論文之中，借助電腦輔助進行斷詞與詞頻統計，分析賴仁聲小說作品（1924～1969）內所使用詞彙的借詞分佈情形，並從借詞的數量及使用度探討語言因受到與外來語言接觸、社會環境的轉變而有所改變的現象。

第二節　研究材料與研究工具

一、研究材料

　　仿照清代進士車萬育《聲律啓蒙》的格式所做，發表於《三六九小報》的〈新聲律啓蒙〉共有 469 篇。《聲律啓蒙》原是專門訓練漢文學習者聲韻、對偶及格律的教材，由於字數少、篇幅短、節奏明快、易於背誦等特性，成為傳統書房教育的啓蒙讀本之一，而臺灣在清領時期受到科舉制度的影響，《聲律啓蒙》便成為最為膾炙人口且廣為流傳的教材。〔註39〕日治時期，前清秀才、臺南詩人林珠浦（1868～1936）〔註40〕和嘉義詩人林緝熙（1887 年～不詳）〔註41〕皆曾創作《仄韻聲律啓蒙》以補《聲律啓蒙》平聲的不足；《三六九小報》創刊後，〈新聲律啓蒙〉以趙雅福（1894～1962）〔註42〕為主要創作者，成為每期小報連載的重點專欄，扮演著舉足輕重的欄位。《三六九小報》停刊後，〈新聲律啓

〔註38〕 邱藍萍，《賴仁聲兩個時代臺語小說中的借詞比較》，國立臺灣師範大學臺灣文化及語言文學研究所碩士論文，2008 年 2 月。

〔註39〕 詳見經典雜誌，《臺灣教育四百年》（臺北市：經典雜誌，再版一刷，2006 年11 月），頁 52。

〔註40〕 林逢春，字珠浦，又字巖若，另字杏仁，號蘭芳，又號養晦齋主人，晚年號西河逸老或珠叟。曾出任關帝廟公學校漢文教師，後為歸仁公學校、橋仔頭公學校的漢文教師，1918 年任臺南長老教神學院（今臺南神學院）的漢文教師，兼任長老教女學校（今長榮女中）教師，1928 年因教育當局禁止教授漢文而辭職。參見唐德塹，《善化鎮鄉土誌》（臺南市：三和出版社，1982 年 9月），頁 282。

〔註41〕 林緝熙，字荻洲，嘉義市人，畢業於臺南師範學校，為玉峰吟社主要成員。詳見林緝熙，《臺灣先賢詩文集彙刊第五輯‧荻州吟草》（臺北縣：龍文出版社，2001 年），頁 1～2。

〔註42〕 趙雅福，號劍泉，又號小雲或少雲，筆名榕庵、贅仙，父親為南社社長趙鍾麒（雲石）。曾任《台南新報》漢文部的記者、南社幹事、桐侶吟社顧問及《三六九小報》發行人兼主編。參見柯喬文，《《三六九小報》之古典小說研究》，南華大學文學研究所碩士論文，2003 年，頁 95。

蒙〉的仿作便以洪舜廷（1890～1958）〔註43〕和蘇友章（1937～1960）〔註44〕
兩人爲主力，繼續在《風月報》及《南方》兩雜誌上刊載。〔註45〕

　　就商業立場的需求及供給面來看，《三六九小報‧新聲律啓蒙》於五年間
共刊載了 469 篇，推測當時市場上必定有著相當程度的需求量。而爲何有此
需求？筆者初步研判理由有二：傳承漢文學文化和凝聚臺灣意識。在新式教
育取代傳統書房教育，統一的日語教科書取代傳統書房教育的蒙書，如〈三
字經〉、〈千字文〉、〈玉堂對類〉、〈昔時賢文〉等兼具知識、道德、文化、識
字、作文訓練等蒙書教材的時候，傳統知識份子理應如何重新訓練子弟漢語
能力？於是〈新聲律啓蒙〉這類常識拼盤性教材，便成爲傳統漢文學、文化
傳承的一大利器。

　　《三六九小報‧新聲律啓蒙》不只是一部訓練聲律、對偶、押韻、類推
（analogy）的工具書，它還提供許多可以入詩歌的題材，內容包羅萬象，有
基本常識、道德教育、歷史地理、生活方式等。當然，《三六九小報‧新聲律
啓蒙》具有市場需求的部分原因是因爲當時的詩歌界流行「擊缽吟」詩作比
賽，作爲一部百科全書式的工具書，對剛進入詩歌界、初接觸漢文的人則是
有著相當大的幫助。

　　《三六九小報‧新聲律啓蒙》著重於趣味性和遊戲性，〔註46〕雖是仿造
《聲律啓蒙》格式所做，但格式固定、內容精簡、講究對偶，又創作題材廣
泛不設限、趣味性高，無論是嚴肅正經的文學經典、醫學知識，或是具有濃
厚臺灣意識的俗諺、生命禮俗，皆可做爲創作元素。也就是說，《三六九小報‧
新聲律啓蒙》是在傳統詩歌固定格式中，置入具有臺灣庶民文化特質詞彙的
一種試驗性的新文類，試圖化俗爲雅，將臺語口語（oral）的地位提升至書寫

〔註43〕洪朝，字舜廷，號覺民，臺灣文化協會會員。據《善化鎮鄉土誌》所記，洪
　　　　朝的詩文中多含有諷刺意味，所作擊缽詩的數量也多。參見唐德塹，《善化鎮
　　　　鄉土誌》（臺南市：三和出版社，1982 年 9 月），頁 247。

〔註44〕蘇建琳，字友章，號麟三。拜秀才林珠浦爲師，攻讀詩文，精通北管、琴、
　　　　棋、書、畫，並研究漢醫，精通婦科，於臺南善化慶安宮前的南昌堂看診，
　　　　現改名爲仁德中藥房。曾遊歷日本並於《南方》雜誌發表〈内地漫遊記〉。因
　　　　本身爲漢醫，故多以漢藥及醫學知識爲元素創作〈新聲律啓蒙〉。參見唐德塹，
　　　　《善化鎮鄉土誌》（臺南市：三和出版社，1982 年 9 月），頁 247。

〔註45〕關於〈新聲律啓蒙〉的版本流變，將於第二章第二節探討。

〔註46〕署名双木生在〈題三六九小報〉一詩中寫下「聲律啓蒙。趣味淵深」，可看出
　　　　無論是〈聲律啓蒙〉或是〈新聲律啓蒙〉在讀者的心中皆是以趣味性著稱。
　　　　詳見双木生〈題三六九小報〉，《三六九小報》第 108 號（昭和 6 年 9 月 9 日）。

（literary）的地位。另外，《三六九小報・新聲律啓蒙》的遊戲性，讓它得以偏離古典詩歌講求詩學美感的傳統路徑，進而解構語言的神聖性，無論是幽默風趣、使人發笑的詞彙、猥褻低俗的性議題、禁忌用語、詛咒、詈罵詞彙皆可入題，提供創作者和讀者一個抒發苦悶、不滿情緒的空間。

再者，從《三六九小報・新聲律啓蒙》發表在標榜不談政治、只談軟性的、風花雪月的《三六九小報》之中可看出，傳統知識份子不但企圖以一種無用之用、軟性力量穿透殖民高壓霸權，並以實際創作呼應臺灣話文理念，以臺語口語、俗諺、民間傳說爲創作元素，刻意以臺灣特有的語言及文化爲主角，企圖反映日治時期臺灣傳統社會的面貌並保留傳統漢文化及民俗史料，期望提升臺灣鄉土意識、凝眾民間力量，最後達到文化抗日、文化保存的目的。

除了上述特點之外，《三六九小報・新聲律啓蒙》爲知識份子集體創作的專欄，不但篇數高達 469 篇，就連創作群更是集《三六九小報》之大成，共有 36 位創作者投入《三六九小報・新聲律啓蒙》的創作，除了有小報的固定作家趙雅福、蔡培楚（1888～不詳）、〔註47〕洪坤益（1896～1948）〔註48〕之外，還吸引了前清秀才林珠浦、具有漢醫身份的蘇友章、考證臺語漢字源流的連橫（1878～1936）、〔註49〕臺語章回小說《小封神》的作者許丙丁（1900

〔註47〕 蔡培楚，筆名植歷、倩影，擔任《三六九小報》的理事兼編輯，創作文類及內容廣泛，探討社會現實面、闡述商學專業知識，也作大量諧趣粗俗的文章。曾於漢書房接受漢學教育，畢業於臺南西本願寺開導學校國語學課；政商關係良好、事業版圖多元，包括米糧、煙草、木材和麵粉買賣，經常往來於臺灣、日本與中國大陸。曾於《三六九小報》刊登廣告，行銷其開設「謙芳號」米舖，而三六九小報社正設址於「謙芳號」之內。詳見陳思宇〈臺灣話文書寫實踐的探析──以蔡培楚〈新聲律啓蒙〉爲觀察對象〉，發表於靜宜大學臺灣文學系舉辦《第五屆中區研究生臺灣文學學術論文研討會》，2010 年 5 月 22 日，頁 52～53。

〔註48〕 洪坤益，字鐵濤，號黑潮，有濤、濤士、花禪盦、花頭陀、野狐禪室主、刀、刀水、剃刀先生、鉛、鉛刀、鉛淚、鴛因、霜、霜華、霜猿、懺紅等，筆名眾多，爲南社和春鶯詩社社員。曾在漢書房接受童蒙教育，後進入台南第一公學校接受日式教育。曾向胡殿鵬（南溟）學習詩作技巧，善於詩詞吟咏，活躍於各地詩社的聯吟活動，然而所作的詩文多爲佚失，十分可惜。詳見柯喬文，《三六九小報》之古典小說研究，南華大學文學研究所碩士論文，2003年，頁 108。

〔註49〕 連橫，字雅堂，號劍花，有《臺灣通史》、《臺灣語典》、《臺灣詩乘》等專著，1899 年擔任《臺澎日報》漢文部的主筆，1900 年《臺澎日報》與《新聞台灣》合併爲《臺南新報》，連橫仍舊擔任漢文部主筆；1905 年於廈門創《福建日

～1977）〔註50〕等人的目光，一同加入《三六九小報‧新聲律啓蒙》創作的行列。因此，筆者欲從作者量多、數量多、內容廣，且兼具傳承漢文學、文化的《三六九小報‧新聲律啓蒙》為研究材料，試圖歸納出臺灣庶民文化裡的普世價值與人文現象。

筆者已將《三六九小報‧新聲律啓蒙》依刊載的篇數多寡及順序歸納成表，如下表1-1《三六九小報‧新聲律啓蒙》作者及刊載期號表所示。

表1-1《三六九小報‧新聲律啓蒙》作者及刊載期號表

序號	作者	筆名	期　　數	合計
1	趙雅福	子曰店主	3、5、7、11、12、14、15、16、17、19、20、21、23、25、26、29、30、32、33、35、37、38、40、43、45、47、50、55、56、57、63、66、67、69、70、71、74、75、76、77、78、79、80、82、83、84、85、86、87、88、90、91、92、93、95、96、98、99、102、103、106、107、108、109、111、113、114、118、125、127、133、134、135、136、137、139、141、142、144、145、147、150、151、155、162、168、169、173、174、175、177、178、180、182、184、186、191、195、197、199、207、208、210、214、215、216、219、221、222、224、226、228、243、254、261、265、273、277、283、285、286、290、291、293、297、318、319、323、326、328、334、336、343、344、347、349、353、354、356、357、359、360、362、363、364、365、368、369、370、371、372、373、375、376、377、378、379、380、386、387、388、389、390、391、392、393、394、395、396、397、398、399、400、401、402、419、422、424、425、426、427、428、429、430、431、432、433、436、437、438、439、440、441、442、443、444、445、446、447、448、449、450、452、453、454、457、458、460、461、462、463、464、465、466、467、468、470、473、474、475、476、478、479	223

新聞》，鼓吹革命；1906年創南社，1908年應林癡仙之邀加入櫟社；1918年《臺灣通史》完稿，1924年創《臺灣詩薈》月刊。詳見詞條「連橫」，許雪姬、薛化元、張淑雅等撰，《臺灣歷史辭典》（台北市：文建會，2004年）。

〔註50〕 許丙丁，字鏡汀，號綠珊盦主人，曾進入私塾就讀，畢業於「臺北警察官練習所特別科」，後進入警界服務。著有《小封神》、《廖添丁再世》等小說。詳見詞條「許丙丁」，許雪姬、薛化元、張淑雅等撰，《臺灣歷史辭典》（台北市：文建會，2004年）。

2	洪舜廷	善化　洪舜廷	100、121、157、167、187、193、196、201、203、209、211、218、220、227、231、233、234、235、239、240、241、242、251、252、253、257、258、259、262、263、266、267、268、271、276、279、298、303、304、305、307、309、311、313、314、315、317、324、325、329、333、338、340、351、361、434、435	60
		善化　舜廷	154	
		善化　洪舞廷〔註51〕	281、282	
3	洪坤益	剃刀先生	46、48、49、51、53、58、60、61、65、68、110、115、130、131、143、156、159、165、166、172、176、179、181、183、188、212、213、217、232、236、237、238、256、260、264、270、275、292、295、301、306、318、320、327、337、341、342、352、355、358、367、374、411、415、459、469、477	58
		鴛囚	6	
4	蘇友章	善化　友章	59、158、161	42
		善化　蘇友章	192、205、206、272、274、278、280、287、288、289、294、296、299、300、302、308、310、312、330、331、339、345、348、350、366、381、382、383、384、385、404、405、406、417、418、455、456、471、472	
5	林珠浦	台南 林珠浦	105、194、202、403、407、408、409、410、414、451	13
		林珠叟	420	
		台南　珠叟	423	
		西河逸老	416	
6	不詳〔註52〕	在公明明	148、160、163、170、171、189、190、200、204、223、229、230、255	13
7	不詳	一酉山人	62、72、81、94、97、104、112、117、126、128	10
8	蔡培楚	倩影	2、9、24、27、31、101、129	7
9	不詳	在公	138、140、146、152、153、185	6
10	不詳	景山	18、22、225、332、335	5
11	不詳	里人	36、39、41、44、132	5

〔註51〕洪舞廷應為洪舜廷的誤植
〔註52〕由於其真實姓名因相關文獻資料不足，先以不詳代替。

12	劉聯璧	麻豆 聯璧	321、322	2
13	楊元胡	台南 楊元胡	413	2
		古月山人	421	
14	許丙丁	綠珊莊主	8	1
15	王兆平	兆平	10	1
16	不詳	無邪	13	1
17	不詳	鳳山 字紙籠	28	1
18	翁大俊〔註53〕	釣翁	34	1
19	不詳	聲哥	42	1
20	不詳	何其醜	52	1
21	不詳	閑雲	54	1
22	不詳	善化 猴齊天	64	1
23	連橫	連雅堂	73	1
24	不詳	棧聲	89	1
25	不詳	烏猫	116	1
26	不詳	去非老人	119	1
27	不詳	龘助	120	1
28	不詳	臭獻	122	1
29	不詳	青牛	123	1
30	不詳	台中 張又湯	124	1
31	不詳	新竹 半僧	149	1
32	不詳	善化 絕塵草堂主	164	1
33	吳紉秋	紉秋	198	1
34	不詳	情禪	284	1
35	不詳	雪影	346	1
36	不詳	太荒	412	1

資料來源：《三六九小報》

　　《三六九小報‧新聲律啓蒙》連載總數高達 469 篇，創作者共計 36 位元，無論是作品或是作者的數量皆居《三六九小報》之冠。已知真實姓名的

〔註53〕資料來源爲盧嘉興原著，《臺灣古典文學作家論集》（中）（臺南市：臺南市立藝術中心，2000 年），533 頁。

作者有：趙雅福（223篇）、洪舜廷（60篇）、洪坤益（58篇）及蘇友章（42篇）、林珠浦（13篇）、蔡培楚（7篇）、劉聯璧（2篇）、楊元胡（2篇）、許丙丁（1篇）、王兆平（1篇）、連橫（1篇）、翁大俊（1篇）和吳紉秋（1篇）。由於年代久遠且資料有限，致使部分署名，如何其醜、猴齊天、〔註54〕烏猫、〔註55〕棧聲〔註56〕等，無法找到相應的真實姓名；另外，就目前的資料尚無法判斷在公明明和在公是否為同一作者，所以先能假設他們是不同的作者，待日後有更多資料佐證，再予以增補。

二、研究工具

　　本篇論文以《三六九小報‧新聲律啟蒙》為研究材料，企圖以詞彙及其對應關係探討傳統知識份子意欲保留、傳承的庶民文化和價值觀系統，並採用語料庫為本的研究方法，經由電腦斷詞系統整理出詞彙的出現頻率、詞彙數量與使用情形，藉此做為論述的客觀證據。由於語料庫是大量語言材料的集合體，也就是說，以語料庫為本的研究方法具有可靠性、可驗證性及真實性的特點，同時可觀察詞彙的特定搭配用語、對應關係以及上下文語境。

　　本論文利用「漢羅台語文斷詞系統」〔註57〕進行斷詞，此系統不但可判讀漢羅文本，還可依照使用者的需求自行新增「使用者詞庫」，以增加斷詞的正確率。此斷詞系統是根據《台文／華文線頂辭典》所收錄的詞彙為分詞標準，無法將俗諺和部分詞彙判定為獨立詞彙，故本篇論文便參照語言調查時間、出版時間較與《三六九小報》相近的《台日大辭典臺語譯本》網路版和《臺灣俚諺集覽》兩部工具書，試圖更加貼近《三六九小報‧新聲律啟蒙》的創作氛圍和語言使用的真實性，並輔以《臺灣閩南語常用詞辭典網路版》、《實用台灣諺語典》、《台灣俗諺語典》等工具書，期望能完整呈現《三六九小報‧新聲律啟蒙》隱含的臺灣社會百態、庶民文化、臺灣意識、民族性和價值觀。

〔註54〕音為 kâu-tsê-thian，可指稱《西遊記》的孫悟空，也可用來稱呼毛躁、好動、喜歡惡作劇的人。

〔註55〕音為 oo-niau，形容時髦、打扮入時的女性。

〔註56〕音同「贊聲」（tsàn-siann），為聲援之意。

〔註57〕「漢羅台語文斷詞系統」是由劉杰岳與楊允言所開發的線上臺語斷詞系統，網址：http://poj.likulaw.info/hanlo_hunsu.php。感謝兩位臺語界的前輩無私地在網路開放此系統。

圖 1-3「漢羅台語文斷詞系統」網站

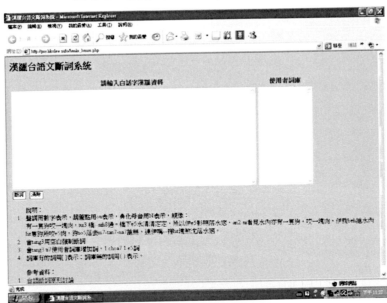

在此筆者取第一則《三六九小報・新聲律啓蒙》內容爲斷詞示範。先將《三六九小報・新聲律啓蒙》的內容輸入至「漢羅台語文斷詞系統」左邊的空白欄位，如下圖 1-2 斷詞步驟 1 所示：

圖 1-4 斷詞步驟 1

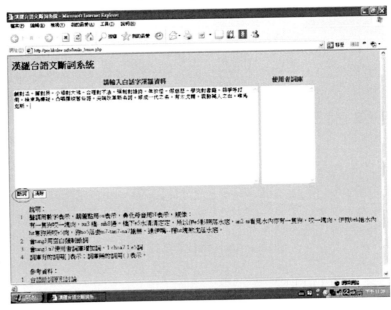

按下「斷詞」鍵，便可進行第一次斷詞，其斷詞結果如下：

[鹹][對]{澀}。{屚}[對]{屎}。[小]{貓}[對][大]{豬}。

[合理][對][不法]。{強}[制][對][維持]。

{眞}[狡怪]。[假慈悲]。[學]{究}[對][書]{癡}。

{鬭}[爭][呼][打倒]。[檢][束][爲][嫌疑]。

{凸}[唱]{羅}[梭]{舊}[俗諺]。

[尖端][改][革新][名詞]。

{修}[成][一][代]{之}[名]。[有]{太}[戈][爾]。

[震動][萬][人]{之}[血]。{唯}[馬克][斯]。

此系統是依據《台文／華文線頂辭典》所收錄的詞彙進行斷詞判讀，[ ]裡的字詞表示《台文／華文線頂辭典》確有收錄此詞彙，而{ }裡的字詞則是表示《台文／華文線頂辭典》沒有收錄，或因使用的字型不同而找不到該詞彙，如《台文／華文線頂辭典》收錄有「大豬」一詞，爲大肥羊或凱子的意思，但是文本所使用的字是「大豬」的異用字，與系統使用「大豬」的字型不同，於是無法將「大豬」視爲一個詞彙。

此外，斷詞系統也會出現誤判的情況，如「尖端改革新名詞」應斷詞爲[尖端][改革][新][名詞]四個詞彙，但是系統卻將此句判讀成[尖端][改][革新][名詞]，錯誤在於系統誤將「改革」與「新」斷定爲「改」與「革新」，不但會造成之後詞彙數量計算錯誤，連帶地也會影響到原本文句的意義。然而此套斷詞系統的優點在於使用者可以自行置入詞彙，更可用空白字元來強制斷詞，不但可大大地提升斷詞正確率，也使得此系統更有彈性空間，可因應不同的文本與使用者需求呈現最適當的結果。

在查詢《台日大辭典》等工具書後，便可將具有獨立意義的詞彙，如「小貓、大豬、強制、學究、書癡、鬭爭、打倒、檢束、凸唱、羅梭、俗諺、改革、名詞、一代、太戈爾、萬人、馬克斯」等詞彙，輸入至網頁右邊「使用者詞庫」欄位後，並在「尖端改革新名詞」的「革」與「新」兩字中間插入一個空白字元，也就是變成「尖端改革 新名詞」的狀態，再進行第二次斷詞，如下圖1-3斷詞步驟2所示：

圖 1-5 斷詞步驟 2

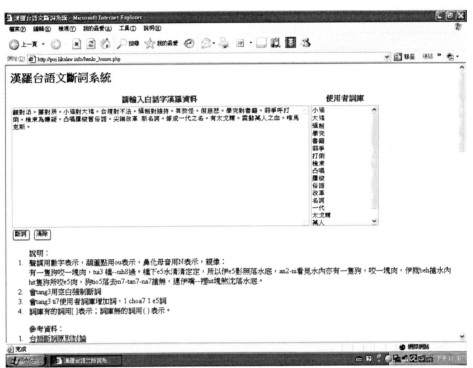

便可得到下列正確的斷詞結果：

[鹹][對]{澁}。{屢}[對]{屎}。[小貓][對][大豬]。

[合理][對][不法]。[強制][對][維持]。

{眞}[狡怪]。[假慈悲]。[學究][對][書癡]。

[鬪爭][呼][打倒]。[檢束][為][嫌疑]。

[凸唱][羅梭][舊][俗諺]。

[尖端][改革][新][名詞]。

{修}[成][一代]{之}[名]。[有][太戈爾]。

[震動][萬人]{之}[血]。{唯}[馬克斯]。

469 篇的《三六九小報‧新聲律啓蒙》在經由上述電腦斷詞與人工校對後，所得詞條總數共有 8,265 個，在此附上樣本說明本篇論文所用表格的各欄位意義。

表 1-2《三六九小報・新聲律啓蒙》表格樣本

#	主要詞條	總詞數	釋　義	音　讀	異用字	異用字詞數	來源
4	鐵掃帚	2	卜者的用語。有鐵掃帚的性，帶這種性女人無婚姻緣。	thih-sàu-tshiú	鐵掃箒	1	1

　　第一欄「#」是爲了行文方便而將每一詞條進行編號。第二欄「主要詞條」與第六欄「異用字」皆是指作者用詞，雖然《三六九小報・新聲律啓蒙》是以漢字爲臺語文字書寫載體，但實際上的臺灣話文書寫情況卻有點混亂，同音同義的字會以不同字型呈現，如男性娶妻的「娶」便有「娶」與「媽」兩種書寫方式；另外，俗諺也會因使用情境、流傳地區而出現不同的變體，或是創作者受格式所限而自行裁切或加入其他字詞，但實際上所要表達的意思卻是相同的，如「妍醜無比止，合意較慘死」與「合意較慘死」、「老牛哺幼笋」與「老牛想懷哺幼笋」、「驚某大丈夫，打某猪狗牛」與「賢打某子着算是猪狗牛」都是相同俗諺，只是在內容呈現上略有不同，故筆者便將這些詞彙視爲相同詞條，而爲了行文方便，只好選定較通俗或出現次數較多的詞彙置於「主要詞條」欄中，其他形式的詞條則是置於第六欄「異用字」欄位之中。

　　第三欄「總詞數」與第七欄的「異用字詞數」指的是某一單詞於文本中出現的次數，爲了完整表示同一概念的詞彙所出現的眞正次數，故第三欄的「總詞數」是指第二欄「主要詞條」與第六欄「異用字」的詞數加總結果，如「鐵掃帚」與「鐵掃箒」在《三六九小報・新聲律啓蒙》各出現 1 次，雖本論文認定「鐵掃帚」爲主要詞條、「鐵掃箒」爲異用字，但仍視爲同一詞彙，故「總詞數」共計爲 2 次。第四欄「釋義」爲詞彙的意義，第五欄「音讀」則根據《臺灣閩南語常用詞辭典》所標注的音讀，〔註58〕第八欄「來源」指的是詞彙意義

〔註58〕筆者在整理《三六九小報・新聲律啓蒙》時，曾試想全文標注讀音，附於本論文之後。然而音讀標注的工作，需花費相當大的心力與時間，多方仔細查證，還得依其文本脈絡推敲其音韻，才能將誤判的機率降到最低。在標注數篇之後，發現此工程過於浩大，深怕因能力不足而造成誤注，只好捨棄全文《三六九小報・新聲律啓蒙》的音讀標注工作，只標注本篇論文所使用到的詞彙。另外，在筆者〈臺灣話文書寫實踐的探析 —— 以蔡培楚〈新聲律啓蒙〉爲觀察對象〉一文後，附有蔡培楚所做的七篇《三六九小報・新聲律啓蒙》

與音讀的來源，主要參考工具書有九，依照臺語至華語、字詞至俗諺的順序將其排序，如下表 1-3《三六九小報・新聲律啓蒙》參考書籍所示：

表 1-3《三六九小報・新聲律啓蒙》參考書籍

#	名　　稱	來　　源	備　　註
1	《臺語辭典（台日大辭典臺語譯本）》網路版	原爲小川尙義所編《台日大辭典》，後經林俊育譯爲臺語版本。〔註59〕 現爲中央研究院語言學研究所「閩客語典藏」計劃的一部分，資訊技術由臺語信望愛站提供，圖形調號字型由抛荒臺語文工作室提供，網址：http://taigi.fhl.net/dict/	本論文以《台日大辭典》簡稱。
2	《臺灣閩南語常用詞辭典》教育部線上電子字辭典	由教育部國語推行委員會所建置，網址：http://twblg.dict.edu.tw/holodict/index.htm	本論文以《臺灣閩南語常用詞辭典》簡稱。
3	《臺灣俚諺集覽》	臺灣總督府編，《臺灣俚諺集覽》（臺北市：南天出版社，1914 年）。	原文爲日文，本者延請專業日語人士翻譯爲華文。
4	《台文／華文線頂辭典》	由鄭良偉教授提供資料，楊允言設計程式並建置的線上辭典，網址：http://iug.csie.dahan.edu.tw/iug/ungian/soannteng/chil/taihoa.asp	本論文使用的斷詞系統，便是以此線上辭典爲詞彙資料庫。
5	《三六九小報》	《三六九小報》，三六九小報社，1930 年 9 月～1935 年 9 月（臺北市：成文書局複刻）。	
6	《臺灣語典》	連橫最先是在《三六九小報》第 35 號起連載一年期的〈臺灣語講座〉專欄，爲臺語文字詞彙的形、音、義做一考證、注解，後於 1929 年完成《臺灣語典》專著。〔註60〕本文主要是以發表在《三六九小報》之上的內容爲參考資料。	
7	《實用台灣諺語典》	陳憲國、邱文錫，《實用台灣諺語典》（臺北縣：樟樹出版社，再版，2001 年 3 月）。	

的全文讀音。詳見陳思宇〈臺灣話文書寫實踐的探析——以蔡培楚〈新聲律啓蒙〉爲觀察對象〉，發表於靜宜大學臺灣文學系舉辦《第五屆中區研究生臺灣文學學術論文研討會》，2010 年 5 月 22 日，頁 50～74。

〔註59〕《台日大辭典》的時空背景與《三六九小報》相同，〈三六九小報・新聲律啓蒙〉所使用的詞彙多可在《台日大辭典》找到解釋與音讀，筆者在此感謝前輩林俊育先生不但獨力將《台日大辭典》翻爲漢羅版本，並無私地將其成果公開地置於網路上，讓臺灣民眾皆能分享其成果。

〔註60〕小報連載一年後，因連橫所著《臺灣語典》將發行單行本，又因〈臺灣語講座〉是《臺灣語典》的一部分，所以只好停刊。

| 8 | 《台灣俗諺語典》 | 陳主顯，《台灣俗諺語典》（臺北市：前衛出版社，1997～2009 年）。 | |
| 9 | 《重編國語辭典修訂本》教育部線上電子字辭典 | 教育部國語推行委員會編纂，網址：http://dict.revised.moe.edu.tw/ | 本論文以《國語辭典》簡稱 |

第三節　論文架構

　　本篇論文：〈三六九小報・新聲律啓蒙〉人文現象之研究，是以語料庫爲本的研究，第一步先將共計 469 篇的《三六九小報・新聲律啓蒙》整理成電子文檔並建立資料庫，〔註 61〕再將文本語料進行斷詞工作，第二步則將斷詞後的詞彙分門別類，並挑選出生命禮俗、處世教化與詈罵用語的相關詞彙，第三步則是將這些詞彙置入日治時期的時代背景、文學作品與社會面象，張顯出文學、文化、社會的共構關係。

　　第一章「緒論」探討研究動機及相關文獻回顧，並界定本文的研究範圍及材料，以及介紹本文的研究方法。

　　第二章「《三六九小報》與〈新聲律啓蒙〉興廢」以《三六九小報》爲研究始點，解析《三六九小報》從創刊至廢刊的各個緣由以及報刊的自我定位。而後詳細介紹專欄〈新聲律啓蒙〉的創作理念、創作語言特性及文化特色，並從《聲律啓蒙》與〈新聲律啓蒙〉的版本流變證明《三六九小報・新聲律啓蒙》在臺灣文學中位居承先啓後的重要地位。

　　第三章「〈新聲律啓蒙〉詞彙中反映的生命禮俗觀察」分別從婚姻觀、教養觀和死亡觀三方面探究與個人生命歷程密切相關的詞彙，這些詞彙不但帶有庶民文化特徵，更反應了傳統社會裡男性和女性天差地別的身份地位與極度不公的職能分配情形。

　　第四章「〈新聲律啓蒙〉詞彙中反映的處事教化觀察」分別從宗法制度、夫與妻的關係、外遇態度和女性新形象四方面探究與整個家族相關的處世教化態度，觀察傳統臺灣社會是如何看待「人」的，也就是存於臺灣民眾心中對於性別的刻版印象：男性得具備何種形象，而女性又該擁有哪些特質？

　　第五章「〈新聲律啓蒙〉詞彙中反映的詈罵用語觀察」從性別歧視和咒死

〔註61〕完整語料請參見附錄〈三六九小報・新聲律啓蒙〉彙編。本文爲忠於〈三六九小報・新聲律啓蒙〉原著，在文字呈現上將以原著所使用的臺語文字爲主。

詈罵詞彙雙方面探析臺語髒話的構成元素，發現臺語髒話的深層意涵不但與生命禮俗和處世教化互有呼應，更充斥對性別的偏見與歧視態度。

第六章「結論──臺灣人生命脈動的時代顯影」是全篇論文的結論，除了歸納本文的研究成果，最後說明本篇論文的侷限。

第二章 《三六九小報》與〈新聲律啓蒙〉的興廢

第一節 《三六九小報》的發行狀況

　　《三六九小報》於昭和 5 年（西元 1930 年）9 月 9 日創刊，至昭和 10 年（西元 1935 年）9 月 6 日第 479 號後廢刊，歷時 5 年之久，全報以漢文出版，共發行 475 期。趙雅福爲報刊發行人兼編輯，洪坤益、陳圖南、譚瑞貞爲編輯，趙雲石爲顧問，王開運和蔡培楚爲理事兼編輯，蘇錦墩、張振樑、鄧燦琳爲理事。除了上述組織，《三六九小報》還吸引了不少臺南府城傳統文人共同參與發表作品，如王大俊、許丙丁、連橫、黃拱五、鄭坤五、蘇友章、蕭永東等。發行日期如報名所示，於每月日數末碼 3、6、9 出刊，也就是 3、6、9、13、16、19、23、26、29 日爲報刊發行日，平均每月出刊 9 期。發行 5 年間共歷經 5 次休刊、2 次停刊、1 次跳號〔註1〕和 1 次重號，異常出刊日期及期數的月份共有 15 個月，其原因如下表 2-1《三六九小報》異常出刊表所示：

〔註 1〕 第 244 號到第 250 號爲排版疏失而跳號，蕭永東曾替跳號情形做下列解釋：『讀者壬：「我自發刊以來。各號都有保存。閒即翻閱。但是二四四號至二五〇號。不知遺失何處。害我相憶相思不了。」讀者癸回應：「汝痴了嗎。三六九的日那有對就好。何必執拘如此。」』參見蕭永東（古圓）〈雜組‧讀者坐談會（下）〉，《三六九小報》第 270 號（昭和 8 年 3 月 13 日）。

表 2-1《三六九小報》異常出刊表

月　份	期　數	異　常　原　因
昭和 5 年 9 月份	7 期	9 日為創刊號，無廣告且只有 2 版；29 日（第 7 號）為此月份出刊末號。
昭和 5 年 10 月份	11 期	26、29 日（第 15、16 號）後又各自多了 2 版的《增刊號》，原因如下：「本報為祝臺灣文化三百年紀念，本期增刊二面，以饗讀者。……又弔肉跌死貓之歪詩，經已選就。侯次回發表。」〔註 2〕第 15 號後的《增刊號》主要刊登〈頌臺灣文化三百年紀念徵詩〉活動的前十名詩文，趙雲石擔任詞宗；而第 16 號後的《增刊號》則是刊登〈本社滑稽徵詩披露・弔肉跌死貓〉及〈本社徵詩・頌臺灣文化三百年紀念〉。第 2 版皆為全版廣告。
昭和 6 年 1 月份	9 期	3 日（第 35 號）以〈社告〉通知讀者每年 1 月 6 日為報社公休日，並於同日增刊一期《新年增刊號》。
昭和 6 年 2 月份	9 期	因本月份無 29 日，所以第 51 號提早至昭和 6 年 2 月 28 日發刊。〔註 3〕
昭和 7 年 1 月份	9 期	3 日（第 142 號）第 2 版左下以〈社告〉通知讀者每年 1 月 6 日為報社公休日；並於同日增刊一期 4 版《新年增刊號》。
昭和 7 年 12 月份	2 期	昭和 7 年 12 月 6 日（第 241 號）刊載〈停刊小言〉告知讀者《三六九小報》即將停刊，直到昭和 8 年 1 月 3 日（第 242 號）復刊。此為《三六九小報》第一次停刊。
昭和 8 年 1 月份	9 期	6 日（第 243 號）並無公休，此月份亦無《新年增刊號》。第 244 號至第 250 號因人為疏失而跳號，但日期及內容不受影響。
昭和 8 年 2 月份	8 期	本月份並無 29 日，依循往例應於 28 日出刊，但此月份卻延至 3 月 1 日出刊，故此月份只出刊 8 期。
昭和 8 年 3 月份	9 期	1 日（第 266 號）於昭和 8 年 2 月 25 日印刷，3 月 1 日發行。9 日（第 269 號）無預警休刊，但第 268 號與第 270 號的內容仍接續刊登。
昭和 8 年 5 月份	9 期	第 288 號於昭和 8 年 5 月 10 日印刷，5 月 14 日發行。
昭和 8 年 8 月份	4 期	13 日（第 315 號）以〈社告〉通知讀者為整理內務帳款和制定新的經營方針而自本日起停刊。此為《三六九小報》第二次停刊。另《三六九小報》並無第 316 號。〔註 4〕

〔註 2〕 「囘」同「回」。〈編輯室〉，《三六九小報》增刊號（昭和五年十月二十六日）。
〔註 3〕 〈編輯餘滴〉，《三六九小報》第 51 號（昭和六年二月二十八日）：「本報發刊。以三六九日為期。本月為平年故。二月廿九期之報紙。先日排印。趕廿八日刊行也。」
〔註 4〕 第 315 號發行日為昭和 8 年 8 月 13 日，而第 317 號發行日為昭和 8 年 2 月 23 日。往後翻閱數期，並未看到任何對第 316 號的反應或質疑，故推測可能是

昭和 9 年 2 月份	3 期	此月份的發行狀況較為混亂。《三六九小報》於 23 日（第317 號）復刊，而有 2 期第 318 號，發行日分別為 26 日、29 日，內容不同且續接刊登專欄。
昭和 10 年 1 月份	7 期	6 日為例行休刊，而 9 日因排版不及無法發刊，所以延至 16 日出刊，故本月份只刊載 7 期。
昭和 10 年 2 月份	8 期	此年 2 月無 29 日，故少刊 1 期。
昭和 10 年 9 月份	2 期	6 日（第 479 號）為目前可見《三六九小報》最後一期，《三六九小報》就此廢刊。

資料來源：《三六九小報》

一、創刊緣由與報刊定位

　　《三六九小報》是為了延續漢文而創立的，這點可以從發行人趙雅福和洪益坤的言論得到映證：

> 小報之發生也。蓋為不幸漢文而設者。同人以迂拙之才。而肩此重擔。竊冀斯文一脉〔註5〕。不至廢棄。〔註6〕

> 知漢學之將墜。吾儕棒喝。恐文風之遽衰。小報編輯同人。讀書種子。奉先哲之名教。延一線之墜緒。〔註7〕

接著從小報同人〔註8〕的視角來觀看《三六九小報》的自我定位：洪坤益將其定位成只刊載茶餘酒後的八卦流言、傳說軼事，為一談笑消閒，饒富趣味的園地、〔註9〕王亞南認為《三六九小報》不僅是一份刊載奇文異事、詼諧幽默的刊物，更是宏揚漢文化的工具、〔註10〕而王開運認為小報是集詼諧、諷刺、微言、狂語、突兀為一身的報刊，與當時代新聞報刊大不相同。

　　從《三六九小報》的報刊名稱可看出小報的旨趣，王開運為報名做拆字解釋，「小」是微細的意思，臺語音意與「痟」（siáu）相同，有精神不正常、發瘋、捉狂的意思，也就是說《三六九小報》的小字，帶有「以雕蟲小技視

　　因為此次停刊期間較長，所以在期數的編排上出現異常。
〔註5〕同「脈」。
〔註6〕趙雅福（榕庵）〈雜俎・荒唐齋小話〉，《三六九小報》第 243 號（昭和 8 年 1 月 6 日）。
〔註7〕棄人王〈為小報討假名檄〉，《三六九小報》第 120 號（昭和 6 年 10 月 19 日）。
〔註8〕本文中的小報同人指的是《三六九小報》編輯群（如趙雅福、蔡培楚等）與無償供稿者（如趙雲石、羅秀惠、鄭坤五等）。
〔註9〕洪坤益（刀水）〈發刊小言〉，《三六九小報》創刊號（昭和 5 年 9 月 9 日）。
〔註10〕王亞南〈祝詞〉，《三六九小報》創刊號（昭和 5 年 9 月 9 日）。

之可，以瑣屑微言視之亦可，以荒唐無稽之譫言狂語觀之，亦無不可」〔註11〕的意涵，「九」字的臺語音同於「狗」（káu），為畜生、不起眼的動物。編輯群使用極富巧思的刊名暗示讀者，若能察覺在幽默風趣玩笑、不正經手法底下所掩飾的嘲諷寓意是最好不過了；若無法理解，或是不喜歡其內容、筆法，就當作是瘋狗亂吠一般，一笑置之吧！同理，創作者和讀者也無須在意他人評論及攻訐，只要恣意享受自在的創作空間和閱讀樂趣就好！

然而，《三六九小報》做為一份報刊，刊載內容談的盡是些風花雪月、軟調、詼諧等文章，與當時代知識份子所應該也必須關注的議題大相逕庭，自然會受到多方誤解及攻擊。於是署名鯤南居士便為小報發聲、破題，告知大眾《三六九小報》不僅只具有消磨時間、發發牢騷、一吐悶氣、訓練文筆的作用，其中更隱含了報社同人對時事、國事的關心和憂心，並使用以古喻今的隱喻、諷喻手法，軟調、詼諧口氣警惕世人，希望遏止歪風或揭發利弊；同時文人們有意識地集體創作，發表漢詩、小說、觀後感等作品，不但有維持傳統漢文化的意圖，更有引發他人對漢學產生興趣的意圖。〔註12〕

二、休刊緣由

《三六九小報》歷經 5 次休刊，分別是 3 次年例休刊（昭和 6 年 1 月 6 日、昭和 7 年 1 月 6 日、昭和 10 年 1 月 6 日）、1 次編印不及而休刊（昭和 10 年 1 月 13 日）〔註13〕與 1 次無原因休刊。《三六九小報》定每年 1 月 6 日為報社年例公休日，發刊 5 年間共歷經 5 次正月，扣除掉昭和 9 年 1 月 6 日適逢停刊期間並未出刊之外，應有 4 次年例休刊，但卻於昭和 8 年 1 月 6 日正常發行第 243 號，往後幾期也看不到任何關於此次出刊的緣由。筆者推測可能因第 242 號才剛復刊，所以此年的年例公休日便取消不休。唯一一次無原因休刊為第 269 號（昭和 8 年 3 月 9 日），編輯群只以「都合上」〔註14〕一詞來向讀者解釋第 269 號未出刊的原因。

根據《台日大辭典》的解釋，「都合上」（too-ha̍p-siōng）為日文詞彙，意

〔註11〕 王開運（幸盦）〈釋三六九小報〉，《三六九小報》創刊號（昭和 5 年 9 月 9 日）。

〔註12〕 鯤南居士〈祝三六九小報週年辭〉，《三六九小報》第 108 號（昭和 6 年 9 月 9 日）。

〔註13〕 趙雅福（頑）〈編輯室‧墨餘〉，《三六九小報》第 410 號（昭和 10 年 1 月 3 日）。

〔註14〕 〈社告〉，《三六九小報》第 271 號（昭和 8 年 3 月 16 日）。

指「tú 好 ê 機會上」，也就是帶有剛好、恰巧、湊巧的意思。編輯群使用隱晦的詞彙來解釋第 269 號消失的原因著實令人玩味，比對第 268 號與第 270 號兩期，所有的連載欄位仍舊照著該有的內容及編號連載下去，如〈開心文苑·人世百面觀〉、〈衛生視察二日記〉、〈史遺·採訪上冊〉、〈鞠譜遺稿〉、〈短篇小說·婁豬斃虎〉與〈問題小說·博愛與利己〉；因篇面過長而分開刊載的欄位〈報復〉與〈雜俎·讀者坐談會〉也並未因無第 269 號而遺漏，在此可先排除因檢閱制度而導致無法出刊的原因。

三、停刊緣由

　　《三六九小報》停刊最主要的原因是經濟問題。基本上，小報是以捐款和販售報刊所得為收入來源，小報原先提供讀者兩種購買管道：單期零售和多期訂閱，訂閱收費方式則採前金制，也就是先付一部分金額，等收到《三六九小報》之後再補足報費尾款。但這套收費制度並不健全，也沒有專人處理報費收入，所以出現前金制度的漏洞，如不付尾款或不繳任何費用，因而導致小報在經營上出現收支失衡的資金缺口，此一現象大大困擾著編輯群，光是懇請讀者支付足額報費的訊息前後就刊載了 31 次之多。

　　現金付款方式實行半年之後，編輯群認為付款方式可能對部分讀者有不便之處，因而導致呆帳發生，於是便陸續增加貯金郵票、郵政劃撥和專人到府收款等三種報款繳納方式。然而，即便已經提供如此多樣的付款方式，依舊無法有效回收所有報款，在資金缺口越來越大的情況之下，編輯群為了釐清欠款人數和總額，並評估及調整小報未來方向，只好分別在第 241 號（昭和 7 年 12 月 6 日）與第 315 號（昭和 8 年 8 月 13 日）兩期發表暫時停刊的訊息。

四、廢刊緣由

　　根據目前可見的《三六九小報》最後一期第 479 號（昭和 10 年 9 月 6 日），並無發表任何有關廢刊的訊息，只能參照其他相關文章來推敲、佐證小報廢刊的緣由。《漢文臺灣日日新報》曾刊載五次《三六九小報》的相關訊息，分別是創刊〔註15〕、設宴〔註16〕、停刊〔註17〕、復刊〔註18〕及廢刊消息。於《三

〔註15〕創刊訊息請參閱〈別樹一幟小報出現〉，《漢文臺灣日日新報》第 10921 號（昭和 5 年 9 月 9 日）。

六九小報》創刊同日，《漢文臺灣日日新報》刊載〈別樹一幟小報出現〉一文，介紹小報的發行者爲洪坤益、趙雅福、王開運和蔡培楚四人，並以南社社員爲基本撰述者，而小報自我定位在遊戲文章，內容多爲趣味文字。《三六九小報》的復刊原因有二：基於讀者的期望和熱情、收到龐大的資金浥注足以再度發行。〔註19〕而在《漢文臺灣日日新報》中《三六九小報》的廢刊訊息如下：

> 臺南三六九小報。發刊於昭和五年九月九日。其間因經濟拮据。曾停刊一次迨後該報同人。爲維持漢文計。乃各捐資。旗鼓重整。繼續發刊。至去九日滿五週年。該報以年來經營。不大進展。而損失特多。乃決自當日廢刊。業經發柬通知關係方面矣。該報創刊以來。社會已深認識。今□廢刊。殊爲可惜云。〔註20〕

從這篇報導來研判，《三六九小報》的存廢原因確實爲經濟上的考量，而《三六九小報》在發刊滿五週年之際廢刊是確切無誤的消息。但不合理的是，《漢文臺灣日日新報》所指的是小報在發行屆滿五週年之際，也就是昭和 10 年 9 月 9 日決定「當日廢刊」，並發出小報廢刊的通知，但是翻閱成文出版社復刻出版的《三六九小報》目前可見最後一期（第 479 號）並找不到任何與小報廢刊的相關訊息，所以筆者認爲第 479 號是目前能見的最後一號作品，但不一定是真正的廢刊號，因爲即使是廢刊，對於已經預繳報資的讀者仍然負有退還款項的責任。因而筆者研判應有第 480 號或是通知讀者小報廢刊及退款方式的公告，只是目前並無相關資料可翻閱查證。

〔註16〕小報編輯群曾於醉仙閣宴請臺南文藝界同人並討論《三六九小報》的未來走向，詳情請參閱《漢文臺灣日日新報》第 11972 號（昭和 8 年 8 月 4 日）。

〔註17〕《漢文臺灣日日新報》報導《三六九小報》爲了整理內務和一切帳項而停刊，與《三六九小報》刊載理由相同，詳情請參閱〈小報停刊〉，《漢文臺灣日日新報》第 11983 號（昭和 8 年 8 月 15 日）。

〔註18〕第二次復刊訊息詳見〈三六九報〉，《漢文臺灣日日新報》第 12163 號（昭和 9 年 2 月 13 日）。而《三六九小報》復刊的消息於前十日便公告於《漢文臺灣日日新報》，廣告意味十分濃厚。

〔註19〕在《三六九小報》第二次停刊後，各地人士陸續寄了 173 封信至報社，傳達對小報停刊的不捨以及對漢學的關心。其中，苗栗讀者涂立興資助報社七百五十圓，期盼報社能渡過此經濟困難，當時小報一年報資爲貳圓五拾錢。詳見〈雲箋〉，《三六九小報》第 242 號（昭和 8 年 1 月 3 日）。

〔註20〕〈三六九小報決定廢刊〉，《漢文臺灣日日新報》第 12736 號（昭和 10 年 9 月 13 日）。□表示原稿字跡不清，無法辨別，以下亦同便不再贅述。

　　除了經濟因素，施懿琳提出小報廢刊的三大原因：傳統漢儒支持不力、經濟因素和雅俗深淺難以定調以致無法掌握固定讀者群。〔註21〕在此，筆者試圖從小報同人的自述來找出小報廢刊的眞正原因，擔任理事兼編輯的蔡培楚於《三六九小報》第一次停刊前曾撰文表達心聲，文中提到《三六九小報》是抱持著欲宣揚、維持臺灣漢文學、文化的心情所創，希望透過嬉笑怒罵的筆觸來匡正世道人心。然而臺灣文壇中有許多道貌岸然的「鴻儒碩學有志之士」，表面上以擔憂漢學漢文化處境自居，但卻無法提出具體行動，一同爲臺灣漢文的存續問題打拼，不但白看報、拒付報資，當編輯群向他們提出稿件的邀約或是資金贊助的要求時遭到拒絕、有的人視《三六九小報》爲無物、甚至是打壓《三六九小報》，這些事實都讓《三六九小報》編輯群感到失望。〔註22〕

　　同樣的，王開運也曾撰文替《三六九小報》抱屈，並且抒發長久以來的無奈感與苦悶，先以君子小人的人格對比嘲諷不繳報費的讀者，後對臺灣文人擁有善於空談、無行動力的惡習感到氣憤，尤其是當《三六九小報》爲了漢文學、漢文化的存續問題勞心勞力之時，懇請其他文人爲其出錢出力幫忙時，非但裝聾作啞、一毛不拔、避不見面，甚至有的還在背後非議、打擊《三六九小報》，此情形著實令王開運感到不解和難過。〔註23〕

　　從上述小報同人的自述文章中發現經濟問題固然是廢刊主因，〔註24〕但嚴格來說，它只是壓倒《三六九小報》的最後一根稻草，編輯群積壓已久的失望情緒，才是小報黯然退場的主因。

第二節〈新聲律啓蒙〉所反映的庶民文化

一、臺灣語言與文化的多樣性特色

　　臺灣四面環海、物產豐富，位處海運樞紐地帶，具有海洋文化開放、包

〔註21〕施懿琳，〈民歌采集史上的一頁補白——蕭永東在《三六九小報》的民歌仿作及其價值〉，中興大學中文系《第三屆通俗文學與雅正文學全國學術研討會論文集》（臺北：新文豐，2002年7月），頁283。

〔註22〕蔡培楚（倩影）〈停刊小言〉，《三六九小報》第241號（昭和7年12月6日）。

〔註23〕王開運（悼庵）〈亂彈〉，《三六九小報》第242號（昭和8年1月3日）。

〔註24〕趙雅福曾自述《三六九小報》停刊的主因爲報資無法全數回收，導致經營困難。詳見趙雅福（榕庵）〈雜俎・荒唐齋小話〉，《三六九小報》第243號（昭和8年1月6日）。

容、接納等多元融合特色。由於地理與經濟的條件良好，先後受過荷蘭、西班牙、明鄭、滿清和日本等殖民統治，長期語言接觸的結果使這些外來的詞彙、音韻和語法規則或多或少內化至臺灣語言深層結構中。從詞彙來看，臺語語層由本土語層和非本土語層所組成，本土語層包含澳亞語層（Austroasiatic layer）、南島語層（Austronesian layer）、古漢語（Archaic Chinese）和中古漢語（Classic Chinese）；而非本土語層則是包含荷蘭語、西班牙語、教會用語、日語借詞、華語借詞、英語等等，〔註25〕致使臺語呈現多語且雜混的現象。

「語言接觸」（language contact）意指：

> 同一地區鄰接交往頻繁的不同民族的語言接觸的相互融合及相互影響。影響波及語言、語言結構和語義等方面，也會涉及稱呼和問候語等的交際方法上。語言接觸多發生在有大量移民的地區（如美國、拉丁美州、澳大利亞和非洲一些地區以及語言接壤地區（language border area，如印度的一些地區）。〔註26〕

臺灣是民族大融爐，曾有原住民、荷蘭、西班牙、閩客等民族生活在臺灣母土之上，各民族長期語言接觸的結果，讓臺灣成為一個多語社會，不僅造成社群語言規則發生改變，連帶地也將宗教、思想、交際、生活方式等外來特殊文化帶進語言社群之內，使本土文化產生質變。自清代以來大量漢人到臺灣開墾拓植，這些移民大多來自福建、廣東兩省，於是涵蓋政治、社會、教育的中國傳統社會的價值體系且具有原鄉特色的宗教、文化價值系統因此進入臺灣，經過長久的磨合及適應，遂成為臺灣文化核心。到了日本殖民時期，臺灣總督府為了殖民需求，強行將現代化的觀點、產物植入，不但改變了臺灣人民的物質生活，連精神生活也因受到新式文明的召喚而有所動搖。著眼於臺灣風土民情的《三六九小報‧新聲律啓蒙》忠實地反應了臺灣史地的特殊性與獨特性、殖民統治所帶來的語言接觸實況和社會文化層面。

〔註25〕 上述臺語語層分類出自李勤岸所著《台灣話語詞的變化 Tai-ona-oe Gi-su e pian-hoe Taiwanese Lexical Change and Variation》，原爲美國夏威夷大學語言學博士論文，之後於臺灣出版發行。李勤岸教授在臺語語言接觸及語言政策研究領域成果豐碩，其博士論文《台灣話語詞的變化 Taiwanese Lexical Change and Variation》正是利用電腦輔助斷詞系統分析臺語文學用詞六十年來的變化。

〔註26〕 勞允棟編，《英漢語言學詞典 An English-Chinese Dictionary of Linguistics》（中國大陸北京：商務印書館，2004 年），頁 320。

二、臺灣話文理念的落實

　　日治時期臺灣受到社會主義、民族自決、男女平權、階級鬥爭等世界思潮的影響，各個文化運動、民族解放運動、文藝團體紛紛成立，同時創立具有新思想、新觀念的報刊雜誌，意圖以文化文學啓迪民智，如《臺灣新報》、《臺灣日日新報》、《臺南新報》、《臺灣民報》等。又因日本政府的語言同化政策，知識份子憂心臺灣的漢文學、文化、甚至是民族性會因語言同化政策而消滅、斷根，於是臺灣文壇界吹起一股新文學運動和「漢文復興運動」〔註27〕，新舊知識份子各自爲了理念、文學的作用與價值等議題提出見解，進而引發新舊文學論爭。雙方陣營不約而同地將讀者預設爲臺灣民眾，欲以文學、文藝啓迪無知大眾。

　　然而，正當知識份子欲以文學啓蒙無知民眾之際，卻遇到了十分複雜的語言問題——書面文字系統和日常語言系統的差異，當時代的文學語言系統是以漢文和臺語互相混雜的，正如林芳玫所說 1920、30 年代的臺灣文壇是以「我手寫中文、我口講台語、我耳聽台語、我眼讀中文」〔註28〕兩種語言系統交雜的方式來實踐「我手寫我口」信念。〔註29〕在臺灣民眾無法理解知識份子那一套文縐縐的語言系統，加上教育者與受教者雙方的教育背景與程度、文化素養差異懸殊的雙重限制之下，文化啓蒙運動並無法順利拓展開來。

　　爲了解決受教者的文字語言閱讀障礙，於是知識份子轉而關注具有獨特性的臺灣本土庶民文化，企圖以脫雅入俗的方式，更貼近庶民生活，進而對臺灣民眾產生影響；更提出收集、整理臺灣的民間文學，如傳說、故事、歌謠、俗諺等，努力將臺語的語言地位從口說層次提升至書面文字層次，而這就是臺灣話文理念的雛型。

　　鄭坤五（1885～1959）率先於 1927 年提出「臺灣國風」的概念，在《臺灣藝苑》發表臺灣採茶褒歌，以臺灣民間文學、臺語口語文學爲核心理念，

〔註27〕「漢文復興運動」一詞出自於廖祺正《三十年代台灣鄉土話文運動》，國立成功大學歷史語言研究所碩士論文，1990 年 7 月。

〔註28〕林芳玫〈台灣三〇年代大眾婚戀小說的啓蒙論述與華語敘事：以徐坤泉、吳漫沙爲例〉，發表於國立臺北大學中文語文學系主辦《第四屆文學與資訊學術研討會會前論文集》（2008 年 10 月），頁 4。

〔註29〕林芳玫〈台灣三〇年代大眾婚戀小說的啓蒙論述與華語敘事：以徐坤泉、吳漫沙爲例〉，發表於國立臺北大學中文語文學系主辦《第四屆文學與資訊學術研討會會前論文集》（2008 年 10 月），頁 1～26。

展現臺灣的在地風情並建構臺灣鄉土文學的雛型，〔註30〕證明了臺語不是只能口傳，還能書寫成文字。1930 年 8 月黃石輝在《伍人報》上發表〈怎樣不提倡鄉土文學〉〔註31〕，主張臺灣文學應以臺語為創作語言，掀開了鄉土文學論戰序幕，之後遂發展成臺灣話文運動。黃石輝將讀者預設在勞苦群眾社群，提倡臺灣文學應著眼於大眾文藝，應以臺灣的事物、經驗為創作元素，將臺灣社會被壓迫的實情呈現於文學之中；並提出臺灣話文的書寫建議：（1）排除用臺灣話說不出來或非臺灣話的詞彙、〔註32〕（2）增加臺灣特有的土話，〔註33〕土話及本音（正音）指的是同一詞彙的文言音和白話音的讀音差異，也就是文白異讀〔註34〕。1931 年 7 月黃石輝又於《臺灣新聞》發表〈再談鄉土文學〉，提議臺灣話文應以漢字為書寫工具，遇到無字可用的情況則可採用代字〔註35〕或另做新字。

　　根據郭秋生的定義，臺灣話文指的是將臺語口語內容直接以文字的方式呈現，也就是臺語文字化的實踐；而梁明雄則認為臺灣話文是：

> 相對於以北京話為主的白話文，而為臺灣大多數民眾日常所使用的閩南語（福佬話）而言。臺灣話文運動即為適應臺灣的特殊性，以建設臺灣獨自的文化，而主張用臺灣的語言來描寫臺灣的事物。其目的不僅在保存臺灣話，更進一步要把臺灣語文字化，以代替日文或文言文及白話文，企圖消滅文盲以擴大臺灣新文學運動的社會基礎。〔註36〕

另外呂正惠則認為臺灣話文運動是：

> 台灣知識份子面對特殊背景所提出的問題。其目的不是要和中國切

〔註30〕關於鄭坤五及其「台灣國風」相關研究成果，可參考呂興昌〈論鄭坤五的「台灣國風」〉一文。

〔註31〕原文為〈怎樣不提唱鄉土文學〉，將「唱」更正為「倡」。

〔註32〕舉「拍馬屁」為例，黃石輝認為應改寫為「扶羼泡」（扶羼脬 phôo-lān-pha）；而臺語裡找不到意同華語「那末」（那麼）的詞彙，就應創造新詞取代。

〔註33〕黃石輝舉「我們」為例，臺語有二種用法，分別是「咱」與「阮」，以是否包含聽話者為語義區辨元素。

〔註34〕以「食」字為例，「食」的文言音為 sit，如「食品」讀作 sit-phín，而白話音為 tsiáh，如「食飯」讀作 tsiáh-pn̄g。

〔註35〕代字的採用是針對非單字部分，如華語「這裡」等於臺語「嗟」（遮 tsia），「那裡」等於「吷」（遐 hia），而「不會」則為「賣」（袂 bē/buē）。

〔註36〕梁明雄，《日據時期台灣新文學運動研究》（臺北市：文史哲出版社，1996 年2 月），頁 319。

　　斷關係；相反的，是想在客觀的困難條件下，保存漢文化的一點命
　　脈。〔註37〕

依照上述的定義來看，臺灣話文具有消除文盲、保存漢文命脈和凝聚臺灣意
識的功能。

　　《三六九小報》於 1930 年創刊，企圖以無用之用、軟性力量穿透殖民高
壓霸權，延續臺灣民族文化命脈。雖然《三六九小報》並未實際參與討論鄉
土文學、臺灣話文等議題，但小報同人卻用文學創作活動來實踐、呼應鄉土
文學和臺灣話文的理念，如林琴郎公開徵求臺灣情歌、童謠、民間傳說及故
事，希望能集結成冊廣爲宣傳；〔註38〕洪坤益出於「因愛其靡靡肖古竹枝之
遺音，採其意近雅馴者，錄之另備一格」的態度而採集男女褒歌做〈黛山樵
唱〉〔註39〕；蕭永東認同鄭坤五「臺灣國風」與黃石輝「鄉土文學」的理念，
〔註40〕對於鄉土文學、俗文學的見解也與黃石輝類似：

　　昔時專制貴族專權時代。自然是字用愈深愈好。至今日時世已是不
　　同。詩文是自己用做發表意見的工具。自己的意見。亦必要使一般
　　土人也能了解。自己的目的。方做得到的。若自己的詩文。必限定
　　專門家即看得曉的。其價值已經保持不住了。〔註41〕

他也開始身體力行、積極實踐，無論是做文章或寫信皆開始使用臺語爲書寫
工具，更以古圓爲名發表一系列採集歌謠，並配合發表時節，將標題訂爲〈迎
春小唱〉、〈消夏小唱〉、〈迎秋小唱〉及〈消寒小唱〉。〔註42〕

〔註37〕 呂正惠，《殖民地的傷痕：台灣文學問題》（臺北市：人間出版社，2002 年），
　　　　頁 10。
〔註38〕 林琴郎〈徵求台灣情歌童謠傳說故事啓事〉，《三六九小報》第 28 號（昭和 5
　　　　年 12 月 9 日）。
〔註39〕 洪鐵濤（懺紅）〈黛山樵唱〉，首篇發表於《三六九小報》第 4 號（昭和 5 年 9
　　　　月 19 日）。
〔註40〕 蕭永東（古圓）〈消夏歪詩話〉，發表於《三六九小報》第 102 號（昭和 6 年 8
　　　　月 19 日）。
〔註41〕 蕭永東（古圓）〈秋鳴館苦笑錄・俗不可醫〉，《三六九小報》第 138 號（昭和
　　　　6 年 12 月 9 日）。
〔註42〕 〈消夏小唱〉首篇發表在《三六九小報》第 104 號（昭和 6 年 8 月 26 日）、〈迎
　　　　秋小唱〉首篇發表於第 114 號（昭和 6 年 9 月 29 日）、〈消寒小唱〉首篇發表
　　　　於第 140 號（昭和 6 年 12 月 26 日）、〈迎春小唱〉首篇發表於第 151 號（昭
　　　　和 7 年 2 月 6 日）。另外，從第 196 號（昭和 7 年 7 月 6 日）後便與鄭坤五聯
　　　　手合作此欄。

　　許丙丁取臺南寺廟中的神佛爲素材創作臺語章回小說〈小封神〉〔註43〕。連橫先在《三六九小報》第35號起連載一年期的〈臺灣語講座〉〔註44〕專欄，爲臺語文字詞彙的形、音、義做一考證、注解；在〈臺灣語講座〉結束刊載之後，又於第142號起接連刊載100篇〈雅言〉〔註45〕，除了闡述自己爲保存、整理臺語文字，進而考證、研究臺語的源起，其內容更是包羅萬象，不僅提及文獻中的臺灣地理與歷史脈絡，記錄了許多的俗諺、童謠、歲時禮俗，還介紹臺灣的廟宇、宗教派別、音樂戲曲、藝術、古物、建築、地方特產，並指導寫詩作對的規則和技巧。

　　除了上述個別文人基於臺灣意識所創的作品之外，《三六九小報》還出現了一種以傳統詩學革命意識爲出發點，取臺灣文人所熟知的漢書房教科書《聲律啓蒙》爲骨架，塡入臺灣庶民文化特質，並以臺語日常用語爲創作語言的專欄〈新聲律啓蒙〉。〔註46〕刊載版面較爲固定，多刊登在《三六九小報》的第四版。此專欄不但可滿足漢文訓練、文化傳承的需求，更實踐了臺灣話文創作的夢想，一舉推翻臺語有音無字的刻板印象。〔註47〕《三六九小報‧新聲律啓蒙》共有36位文人共同創作，刊載總數更高達469篇，與小報相終始，足以證明《三六九小報‧新聲律啓蒙》廣受文人的喜愛及青睞的程度。〔註48〕

〔註43〕許丙丁（綠珊盒）〈小封神〉，首篇名爲「上帝爺赴任受虧」，發表於《三六九小報》第50號（昭和6年2月26日）。

〔註44〕連橫（雅堂）〈臺灣語講座〉，首篇發表於《三六九小報》第35號（昭和6年1月3日）。連載一年後，因所著《臺灣語典》即將發行單行本，又因〈臺灣語講座〉是《臺灣語典》的一部分，便停止刊載。

〔註45〕連橫（雅堂）〈雅言〉，首篇發表於《三六九小報》新年增刊號（昭和7年1月3日）。

〔註46〕專欄〈新聲律啓蒙〉固定刊載於第四版的中間。

〔註47〕在當時仍有部分文人有此疑慮，如張我軍忽略臺灣的社會現實面，曾說：「我們日常所用的話，十分差不多占九分沒有相當的文字。那是因爲我們的話是土話，是沒有文字的下級話，是大多數占了不合理的話啦。所以沒有文學的價值，已是無可擬的了。」然而此論點廖祺正曾舉郭秋生和賴和等言論提出反駁。詳情請參閱廖祺正，《三十年代台灣鄉土話文運動》，國立成功大學歷史語言研究所碩士論文，1990年，頁22～31。

〔註48〕蕭永東曾提及有讀者每於《三六九小報》出刊當日，等不及郵差發報，非得要親自至郵局領取，只爲一睹〈新聲律啓蒙〉爲快，固定刊載的〈新聲律啓蒙〉可說是《三六九小報》的賣點。請參見蕭永東（古圓）〈雜俎‧讀者坐談會（上）〉，《三六九小報》第270號（昭和8年3月13日）。

　　〈新聲律啓蒙〉的主要創作者趙雅福，曾自述〈新聲律啓蒙〉引發小報同人與讀者的創作熱潮和閱讀興趣一事備感欣慰，認爲這股熱潮代表漢文學在臺灣文壇上仍保有一席之地。〔註49〕連橫也曾大力讚揚〈新聲律啓蒙〉爲「本地之風光，而藝苑之藻繪也」，又具備詩歌對偶、音韻的特性，更隱含民間文學的觀點，期盼能收集成冊出版，以發揚臺灣的特色。〔註50〕

三、從嚴肅正經的《聲律啓蒙》到詼諧有趣的〈新聲律啓蒙〉

1. 兩兩相對的語言特性

　　《臺灣教育四百年》提到清領時期，臺灣地區最膾炙人口且普遍使用的啓蒙教材正是《聲律啓蒙》，〔註51〕到清領後期與日治前期，曾受過傳統漢學教育的臺灣文人也都可能背誦或朗讀過《聲律啓蒙》，〔註52〕《聲律啓蒙》可說是臺灣傳統文人社群共同的回憶。而題目〈新聲律啓蒙〉來看，可推測它是仿造《聲律啓蒙》格式所做，所以在《三六九小報》上能引發如此廣大的迴響也不是沒有道理的。在此先探討《聲律啓蒙》究竟爲何。鄭宗德曾爲《聲律啓蒙》下了一個定義：

> 當時通用的平水韻爲準，按上下平聲三十韻的秩序，依韵對句，自一、二字、三、四字，五、六字以至十餘字，對得貼切、自然、流暢，文采斐然，讀來琅琅有聲，引人入勝。運用典故不取深奧、奇險、隱僻的詞句，全用「簡當詳明」，個個能懂的字眼，這就更加受到初學者的喜愛。〔註53〕

由此可知，押韻且對偶是《聲律啓蒙》最大的語言特性，典故的大量運用更讓它列爲啓蒙教材經典。

〔註49〕作者自述參與〈新聲律啓蒙〉創作的人數越來越多，代表「吾業不衰。斯文不喪」。趙雅福（頑）〈編輯室・墨餘〉，《三六九小報》第411號（昭和10年1月16日）。

〔註50〕連橫（連雅堂）〈雅言（45）〉，《三六九小報》第186號（昭和7年6月3日）。

〔註51〕經典雜誌，《臺灣教育四百年》（臺北市：經典雜誌，再版一刷，2006年11月），頁52。

〔註52〕中國大陸學者谷向陽對《聲律啓蒙》的作者抱持著不同的看法，他認爲《聲律啓蒙》的原型應是元朝祝明的《聲律發蒙》，刊於元仁宗皇慶二年（1313年），車萬育並非是原創者。谷向陽，《中國楹聯學概論》，（中國大陸北京市：崑侖出版社，2007年2月），頁74。

〔註53〕鄭宗德〈車萬育與《聲律啓蒙》〉，《歷史月刊》139期（1999年8月），頁113。

　　對偶是中國語文中運用得最廣的修辭法，不但能符合各種文類的需求，還能達到雅俗共賞。對偶有三個特點：對稱性、裝飾性和完形性。〔註54〕對稱性是針對語言美感所言，由於對偶講求字數詞性相同、平仄相對和語義相似的條件，所以具有工整勻稱、節奏鮮明且富音樂性的特性。對稱性的特質也讓創作變得有規則可循，創作者只要依規則填入可對應的詞彙，便可輕易完成對句樣式。

　　裝飾性是透過字數、音韻和詞類的重複所展現的，重複指的是基本規律和語言要素再現，可有限的格式中創造出無限的變化，其目的是爲了「延續、強調、深化主題，塑造鮮明豐滿的詩歌形象。」〔註55〕完形性也就是整體性，對偶除了講究外在形式的整體之外，其內在語義，無論是字、詞、句或是篇章，也都要有相互連結的作用。整體性的特質也可讓創作者將表達同一概念的詞彙分置於上下兩句，試圖藉由停頓破壞閱讀的連續性，進而引發讀者體會詞彙之間的關連性和絃外之意。

　　也就是說，對偶是將字數相同、結構類似、意思相對的兩組詞彙或句子排列組合而成的對稱模式，廣泛運用在古代辭賦、詩詞和詩歌當中。由於講求對稱、整齊，不但富有視覺美感且具有音韻節奏，並以兩兩相對的詞彙或句子表達出互爲同義或反義的整體概念。基於字數詞性相同、平仄相對、語義相似的對稱性，又加上格式工整勻稱、節奏鮮明且富音樂性，創作者只要依循規則填入詞彙，便可輕易完成對句樣式，操作簡單、理解容易，又可在有限的格式中創造出無限的變化。

　　《聲律啓蒙》全篇由單字對、雙字對、三字對、五字對、七字對、十餘字對，層層堆疊、互相對偶而成，以字數擴展和押韻創造出流暢的韻律和節奏，其格律爲「3，3，5，5，5，3，3，5，5，5，7，7，10～11，10～11」，每一篇字數爲76至78字。《聲律啓蒙》除了講求音韻一致之外，詞彙意義的對應也是創作的重點，對句中的詞彙若能在拆解後形成單字對應更爲高竿，所以需要對漢字有相當程度了解才能創作出一篇佳作。不同的是，《三六九小報‧新聲律啓蒙》的格律較爲寬鬆，爲「3，3，5，5，5，3，3，5，5，5，7，7，8～16，8～16」，由於最後一組對句多以俗諺呈現，如「活々馬縛在許死

〔註54〕 對偶的特性參考自中國大陸學者朱承平《對偶辭格》，（中國大陸長沙市：岳麓書社出版，2003年9月）。

〔註55〕 朱承平，《對偶辭格》，（中國大陸長沙市：岳麓書社出版，2003年9月），頁5。

樹頭。識々人買一個老酒甕」、「一個新娘允二個子婿。三文�仔栽四文嘴鬚」
與「無身無屍。鴨稠內無隔冥蚯蚓。現做現報。頭殼頂有值日功曹」等，故
音節數略有增減，每一篇字數爲 72 至 88 字。

2. 版本流變初探

　　《聲律啓蒙》爲清朝進士車萬育（1632～1705）所做，是專門用來訓練
對偶、聲韻和格律技巧的一本教科書，屬於傳統教育啓蒙讀物，共有 30 個韻
部，分別是：東、冬、江、支、微、魚、虞、齊、佳、灰、眞、文、元、寒、
刪、先、蕭、肴、豪、歌、麻、陽、庚、青、蒸、尤、侵、覃、鹽、咸，內
容包羅萬象，有天文地理、自然意象、山水景色、經典文學作品及典故，還
有抒發心中的情感的詞彙，舉東韻爲例：

> 雲對雨。雪對風。晚照對晴空。
>
> 來鴻對去燕。宿鳥對鳴蟲。
>
> 三尺劍。六鈞弓。岭北對江東。
>
> 人間清暑殿。天上廣寒宮。
>
> 兩岸曉煙楊柳綠。
>
> 一團春雨杏花紅。
>
> 兩鬢風霜。途次早行之客。
>
> 一蓑煙雨。溪邊晚釣之翁。〔註56〕

　　日治時期的秀才林珠浦，於擔任漢學教師時，以《聲律啓蒙》爲教材訓
練學生詩作技巧，後自覺《聲律啓蒙》只有平水韻，仍有不足之處。爲了補
其不足，又有可能是爲了規避臺灣總督府禁止漢書房使用中國清朝所出版的
初等小學教科書，〔註57〕於是便仿照車氏所著《聲律啓蒙》的單字對、雙字
對、三字對、五字對、七字對、十字對層層對句的格式，以仄、去、入三聲
共 76 韻寫成《仄韻聲律啓蒙》。1930 年 5 月應蘇東嶽之邀，曾任善化私塾教

〔註56〕車萬育（清）著，黃熙年點校，《聲律啓蒙》（中國大陸長沙市：岳麓書社，
　　　　1987 年）。

〔註57〕由於日治初期漢書房的勢力凌駕於公學校之上，臺灣總督府爲了扭轉劣勢，
　　　　於是實施下列政策：（1）對決定教授日語和算術的書房提供獎助金、（2）提
　　　　供《大日本史略》、《教育敕語》、《窮理圖解》等教科書漢文譯本、（3）禁止
　　　　採用中國清朝所出版的初等小學教科書、（4）獎勵採用公學校漢文教科書的
　　　　書房、和（5）定期舉辦書房教師的講習。全文詳見汪知亭，《臺灣教育史料
　　　　新編》（臺北市：臺灣商務印書館，1978 年），頁 48。

師，便以自著《仄韻聲律啓蒙》為課本，傳授詩作技巧，同年 7 月再經嘉義蘭記書局委託上海大一統書局印刷出版。不但開啓臺南地區詩學風氣，〔註58〕引發他人寫作詩詞的興趣，如漢醫蘇友章就拜林珠浦為師，以自身漢醫藥學的知識背景為創作元素，發表了大量的《三六九小報・新聲律啓蒙》。

《善化鎮鄉土誌》也替《仄韻聲律啓蒙》做了歷史的定位，提及林珠浦所著《仄韻聲律啓蒙》名聲響遍全臺，承繼者有蘇友章與洪舜廷兩人，可謂「聯句和吟，趣味津津，造成曠古之盛觀」。〔註59〕可惜的是《仄韻聲律啓蒙》自初版後並未重新印製，不太能見得全貌。所幸，經臺南文獻家盧嘉興轉錄，後收錄於由呂興昌編校出版的《臺灣古典文學作家論集》一書當中。

林珠浦的《仄韻聲律啓蒙》仍舊注重傳統詩學美感，以董韻為例：

馬對班。晃對董。花籃對藥籠。

玉盞對銀瓶。瓦盆對石桶。

竹猗猗。草莘莘。希顏對習孔。

鶯穿細柳斜。魚戲新荷動。

舞鎗旋轉地飛沙。

落筆縱橫盤走汞。

中秋月皎。勝遊於廈亮上高樓。

暮夏雲深。學道葛洪棲古洞。〔註60〕

但是在《三六九小報》所發表的〈新聲律啓蒙〉，不但創作語言由漢語文言轉為臺語口語，在內容上更是做了大轉變，褪去嚴肅、富有詩學美感的正經外衣，反而帶有詼諧趣味之意，更以臺灣庶民文化面相為創作元素：

桑對棗。李對桃。佛手對波羅。

批杷對菝扳。粟子對頻婆。

烏橄欖。白葡萄。璉霧對楊陶。

佳珍龍眼蜜。美味鳳梨糕。

石榴橙橘兼梅子。

甘柿荔菱並釋迦。

〔註58〕 唐德塹，《善化鎮鄉土誌》（臺南市：三和出版社，1982年9月），頁282。文中提及蘇友章和王滄海創立的浣溪吟社正是受林珠浦的影響。

〔註59〕 唐德塹，《善化鎮鄉土誌》（臺南市：三和出版社，1982年9月），頁246。

〔註60〕 盧嘉興原著，《臺灣古典文學作家論集》（臺南市：臺南市立藝術中心，2000年）。

特產員林。處處柑叢弗少。

馳名麻豆。家家柚樹何多。〔註61〕

巧合的是，同一時期嘉義詩人林緝熙也為了補齊《聲律啓蒙》的其他聲部，與林珠浦一樣也以仄、去、入聲共 76 韻做《仄韻聲律啓蒙》；不同的是，他雖延請好友賴惠川（1887〜1962）為之註解，但在當時代並未對外發表過，所以鮮為人知。〔註62〕以董韻為例：

禹對湯。顏對孔。酒簾對藥籠。

仙掖對丹房。點金對鍊汞。

豹一斑。龜五總。聰明對懞憧。

虎將蜀關張。鴻儒漢賈董。

螢光著地草難燃。

竹影掃階塵不動。

三緘其口。千秋垂戒金人。

萬裏長城。今日謾誇鐵桶。〔註63〕

就目前資料來看，雖然不知道是林珠浦先作還是林緝熙，但從內容來看，無論是車萬育、林珠浦抑或是林緝熙的作品，或多或少出於教科書、工具書的立場為考量，大量運用典故，並符合傳統詩學美感。

〈新聲律啓蒙〉內容的巨變並不是從《三六九小報》開始的，早小報 10 年於大正九年（1920）時，《臺灣日日新報》就曾刊登一篇以「啓蒙（株式）」為題的遊戲短文，正是仿照車萬育《聲律啓蒙》格式，內容則是填入了時下最新的商用經濟知識，這也是目前可見最早發表於大眾媒體的《聲律啓蒙》變體，全文如下：

株對米。綿對絲。暴落對維持。

追徵對救濟。倒產對橫屍。

取引所。相場師。休會對延期。

銀行深警戒。財政更支離。

〔註61〕林珠浦〈新聲律啓蒙〉，《三六九小報》第 202 號（昭和七年七月二十六日）。

〔註62〕林緝熙所寫的《仄韻聲律啓蒙》未曾刊行，直到 1966 年賴柏舟收錄嘉義各詩人作品出版《詩詞合鈔》時，選錄林氏《仄韻聲律啓蒙》全文，並改題為《荻洲墨餘》，才得被世人所見。

〔註63〕林緝熙，《臺灣先賢詩文集彙刊第五輯・荻州吟草》（臺北縣：龍文出版社，2001 年）。

太息兜町崩潰日。

依然貿易入超時。

小口復興。賣買連中延喘息。

大筋再起。東西市上有生機。〔註64〕

作者使用大量的日語漢字，透過創作引介最新的知識，具有啓蒙臺灣民眾的意圖，如「暴落」、「救濟」、「取引所」（証券交易所）、「相場師」（投機客或投資大師）、「貿易入超」；講求詞彙意義的對應和聲韻的對仗，最重要的是打破傳統詩作的觀點，不但不引經據典、不使用高雅文字，反而寫下了「倒產對橫屍」這種帶有驚悚意味的對應。這則《聲律啓蒙》變體短文的出現闡明了傳統知識份子不是像新知識份子所抨擊的那樣，是守舊的、不識新學的、反對改革的「守墓之犬」〔註65〕，只會做些吟風弄月、逃避現實和文字遊戲的詩詞來自我滿足或迎合權勢，更代表傳統知識份子不被時代洪流所淹沒，反而積極地尋求突破解套的決心。

1923 年 4 月賴和在《臺灣》發表了一篇名爲〈最新聲律啓蒙〉〔註66〕的短文，同樣地也是《聲律啓蒙》的仿作：

勇對怯。厭對貪。實踐對空談。

懇求對壓迫。責過對懷慚。

番和漢。北中南。暮四對朝三。

敲脂未覺痛。嘗糞亦云甘。

賄賂弊存豈易忍。

酒烟利奪總難堪。

法網非疏。偏漏殺人強盜。

愚民可陷。轉憐好事偵探。〔註67〕

賴和所做的變體短文其內容和態度較爲激進，富含悲天憫人的情緒，還填入對日本政府司法不公的控訴，替飽受欺壓的臺灣人民發聲。由此可知，《聲律啓蒙》已經逐漸脫離傳統詩學模式，以嶄新的面貌呈現在臺灣民眾面前。

〔註64〕一南人〈啓蒙（株式）〉，《臺灣日日新報》第 7190 號（大正九年六月十六日），第五版。

〔註65〕「守墓之犬」出自張我軍〈糟糕的臺灣文學界〉，用來批判傳統知識份子將詩詞當作文字遊戲，無視社會現實環境也不做任何改革，更是拒絕擁抱西方文學知識，只會死守古典主義之墓。

〔註66〕原文題目爲〈最新嚴律啓蒙〉，應爲誤植，本文在此修正爲〈最新聲律啓蒙〉。

〔註67〕賴和〈最新聲律啓蒙〉，《臺灣》4 年 4 號。

　　1925 年臺灣臺中、彰化地區發生一件引發社會譁然的桃色緋聞事件，意外地將《聲律啓蒙》從嚴肅的、莊嚴的、教條式的形象轉化成可用做爲揶揄且富含情色、粗鄙詞彙的文體。緋聞主角爲張淑子的第二任妻子和臺中佛教會住持林德林（1890～1951），兩人產生曖昧之情，身爲當事人的張淑子憤而將此事以匿名的方式投書到所任職的報刊《臺南新報》，使這件佛門不淨的醜事被公訴於大眾面前後更引發軒然大波。由於張淑子得到彰化崇文社的大力聲援，於是針對林德林個人與佛門不淨、淫亂風氣等議題加以撻伐，時稱「中教事件」〔註68〕，二年後（1927 年）引爆儒釋兩派論戰，時任崇文社社長的黃臥松更是集結此次筆戰相關文章先後出版《鳴鼓集》五集。〔註69〕

　　其中收錄了署名詩魔所創的〈新聲律啓蒙全集〉，按照車萬育《聲律啓蒙》的平聲 30 個韻，總共創作了 30 首作品，其內容在批判、譴責林德林個人的不守戒律和佛門屢屢傳出醜聞的種種亂象，江燦騰將〈新聲律啓蒙全集〉定位在「滑稽色情詩」。〔註70〕舉東韻爲例：

> 空對色。色對空。慾火對淫風。
>
> 妖僧對賤婦。苟合對私通。
>
> 傳教理。打油豐。運蹇對途窮。
>
> 玄機出破後。勢力彌縫中。
>
> 失德焉能參佛老。
>
> 虧心未必證玄功。
>
> 罪惡滔天尚有形骸居海左。
>
> 聲名掃地定無面目見江東。〔註71〕

〔註68〕蘇秀鈴，《日治時期崇文社研究》，國立彰化師範大學國文教育研究所碩士論文，2001 年 1 月。

〔註69〕關於中教事件的來龍去脈，已有多位學者整理、爬梳起因、過程及背後成因，可參閱江燦騰，《日據時期臺灣佛教文化發展史》（臺北市：南天出版社，2001 年）、張惠芳，《張淑子及其作品研究》，國立臺南大學台灣文化研究所碩士論文，2010 年 1 月、江燦騰〈日據時代臺灣反佛教色情文學的創作〉，《北縣文化》72 期（2002 年），頁 82～105、翁聖峰，〈《鳴鼓集》反佛教破戒文學的創作與儒釋知識社群的衝突〉，《台灣文學學報》第 9 期（2006 年 12 月），頁 83～104 等。

〔註70〕江燦騰〈日據時代臺灣反佛教色情文學的創作〉，《北縣文化》72 期（2002 年），頁 82～105。

〔註71〕由於《鳴鼓集‧新聲律啓蒙全集》資料難尋，所以先參考江燦騰文章中所收錄的八則《鳴鼓集‧新聲律啓蒙全集》，將來若有更新的資料再予以補正。參

以「妖僧」隱射林德林，從「慾火」、「淫風」、「苟合」、「私通」等用字遣詞
可以看出它已經脫離了傳統詩學的要求，使用了粗俗、不雅卻有趣、引人發
笑的詞彙。這種創作態度在後來的《三六九小報・新聲律啓蒙》也是十分常
見的，不同的是，《三六九小報・新聲律啓蒙》關注於臺灣庶民文化與社會現
實面。

《三六九小報・新聲律啓蒙》深受文人雅士青睞，在《三六九小報》裡
獨樹一格，連載總數高達 469 篇，創作者眾多共計 36 位，皆居《三六九小報》
之冠。筆者已將《三六九小報・新聲律啓蒙》依刊載的篇數多寡及順序歸納
成表 1-1《三六九小報・新聲律啓蒙》作者及刊載期號一欄表。《三六九小報・
新聲律啓蒙》將於下節語言、題材與文化表現中做深入的探討。

《三六九小報》廢刊後不久，由臺北大稻埕文人發行的《風月報》和《南
方》雜誌接續刊載 57 篇與《三六九小報・新聲律啓蒙》相同形式的作品，可
分成全新作品、舊作改寫與舊作重登三種模式，皆以蘇友章爲主要撰寫人，
分別以表 2-2 全新作品一欄表、表 2-3 舊作改寫一欄表和表 2-4 舊作重登一欄
表所示。

表 2-2 全新作品一欄表

《風月報・新聲律啟蒙》10 篇	
期　　數	作　　者
88	善化 蘇友章
88	善化 蘇友章
90	善化 燉煌生
98	善化 燉煌生
102	蘇友章
103	安順 謝月清
103	蘇友章
105	蘇友章
108	蘇友章
109、110	蘇友章

見江燦騰〈日據時代臺灣反佛教色情文學的創作〉，《北縣文化》72 期（2002
年），頁 99。

《南方‧新啟蒙》2 篇	
136	李朝清
136	李朝清
《南方‧新體制聲律啟蒙》3 篇	
165	蘇友章
165	蘇友章
169	善化 蘇友章
《南方‧奉公聲律啟蒙》3 篇	
182	善化 蘇友章
183	善化 蘇友章
183	善化 蘇友章

資料來源：《風月報》

全新作品數量共有 18 篇，謝月清和李朝清是新加入的創作者。

　　昭和十四年（1939）所爆發的第二次世界大戰是人類史上規模最大且破壞性最大的全球性戰爭，交戰雙方分別是以中國、法國、英國、美國、蘇聯為主等數十個國家組成的同盟國和以納粹德國、大日本帝國、義大利王國等軍國主義國家組成的軸心國。第二次世界大戰的緊張氛圍也出現《風月報》之中，自第 165 期所發表的 6 篇以〈新體制聲律啓蒙〉和〈奉公聲律啓蒙〉為題的內容則較為偏向鼓吹戰鬥意識或讚揚國力為主，創作元素有「大和魂」、「大和民」、「共榮圈」、「打倒美英」、「團結日華」、「排英」、「親日」等，舉蘇友章所寫的〈新體制聲律啓蒙〉為例：

　　　　堅對忍。苦對辛。抱樸對守真。
　　　　折磨對煆練。嘗膽對臥薪。
　　　　除暴戾。掃煙塵。碎骨對粉身。
　　　　堪稱君子國。不愧大和民。
　　　　人間殘酷英強紂。
　　　　世界橫行美甚秦。
　　　　冲破鐵羅。萬古推尊三勇士。
　　　　擊沈釜艦。千秋崇拜九軍神。〔註72〕

〔註72〕蘇友章〈奉公聲律啓蒙〉，《風月報》第 183 期（昭和 16 年 9 月 15 日）。

舊作改寫指的是把曾刊載於《三六九小報》上的〈新聲律啓蒙〉稍做修改後重新發表的模式，共計有 39 篇，其中蘇友章的作品佔有 32 篇，其餘 7 篇皆爲洪舜廷作品，改寫的幅度不大，多在文字和意義上修改或增減，如將「琥珀」改爲「虎珀」、「葦蘼」改爲「亭蘼」、「金薄」改爲「金箔」，或是將「武對文。刀對斧」的對應改成「劍對鎗。刀對斧」的對應，「應酬對做忌」的對應改爲「除靈對做忌」的對應，「三顧草廬。正是劉玄德請諸葛亮。兩面相似。誤認關帝爺戰尉遲恭」的對應改爲「三搜臥龍崗。劉備聘求諸葛亮。兩查白虎將。張環瞞騙尉遲恭」等。〔註73〕

表 2-3 舊作改寫一欄表

《風月報‧新聲律啓蒙》		《三六九小報‧新聲律啓蒙》	
期　　數	作　　者	期　　數	原　作　者
90	善化 燉煌生	311	善化 洪舜廷
90	善化 燉煌生	305	善化 洪舜廷
90	善化 燉煌生	211	善化 洪舜廷
90	蘇友章	350	善化 蘇友章
90	蘇友章	382	善化 蘇友章
90	蘇友章	348	善化 蘇友章
96	善化 燉煌生	304	善化 洪舜廷
96	蘇友章	404	善化 蘇友章
97	善化 燉煌生	303	善化 蘇友章
97	蘇友章	406	善化 蘇友章
98	蘇友章	418	善化 蘇友章
99	善化 燉煌生	317	善化 洪舜廷
99	蘇友章	455	善化 蘇友章
100	蘇友章	385	善化 蘇友章
101	善化 燉煌生	315	善化 洪舜廷
102	善化 燉煌生	434	善化 洪舜廷
104	蘇友章	330	善化 蘇友章
106	蘇友章	405	善化 蘇友章

〔註73〕底線爲筆者所加。

| 107 | 蘇友章 | 339 | 善化 蘇友章 |

《風月報・紙上皇漢醫藥》		《三六九小報・新聲律啟蒙》	
期　數	作　者	期　數	原　作　者
111	善化 蘇友章	59	善化 友章
113	善化 蘇友章	161	善化 友章
117	善化 蘇友章	206	善化 蘇友章
121	善化 蘇友章	272	善化 蘇友章
122	善化 蘇友章	299	善化 蘇友章
123	蘇友章	288	善化 蘇友章
124	蘇友章	287	善化 蘇友章
125	蘇友章	278	善化 蘇友章
126	蘇友章	381	善化 蘇友章

《風月報・新麻雀啟蒙》		《三六九小報・新聲律啟蒙》	
期　數	作　者	期　數	原　作　者
111	蘇友章	300	善化 蘇友章

《風月報・臺諺拾遺》		《三六九小報・新聲律啟蒙》	
期　數	作　者	期　數	原　作　者
130	蘇友章	208	善化 蘇友章
132	蘇友章	331	善化 蘇友章

《南方・臺諺拾遺》		《三六九小報・新聲律啟蒙》	
期　數	作　者	期　數	原　作　者
134	蘇友章	366	善化 蘇友章

《風月報・紙上病名醫藥》		《三六九小報・新聲律啟蒙》	
期　數	作　者	期　數	原　作　者
127	蘇友章	280	善化 蘇友章
128	蘇友章	294	善化 蘇友章

資料來源：《風月報》、《南方》

　　舊作重登指的是直接將曾刊載於《三六九小報》的〈新聲律啟蒙〉換上〈紙上皇漢醫藥〉的新名稱，而內容並無任何修改的模式，共有蘇友章做的 5 篇作品。

表 2-4 舊作重登一欄表

《風月報・紙上皇漢醫藥》		《三六九小報・新聲律啟蒙》	
期　　數	作　　者	期　　數	原 作 者
112	善化 蘇友章	158	善化 蘇友章
114	善化 蘇友章	192	善化 蘇友章
116	善化 蘇友章	205	善化 蘇友章
118	善化 蘇友章	274	善化 蘇友章
119、120	善化 蘇友章	296	善化 蘇友章

資料來源：《風月報》

　　從《風月報》和《南方》兩報刊上所刊載的《聲律啓蒙》仿作作品可看出傳統漢學在日治後期已逐漸勢微的實況，只剩下蘇友章和洪舜廷兩人有能力且有意識地持續為傳統漢學努力。〔註74〕

第三節　語言、題材及文化表現

一、臺灣話文的展現、困難及解決之道

　　對日治時期的臺灣知識份子來說，臺語漢字書寫是一大考驗及挑戰，由於臺灣話文的理念才剛成形，尚未發展出相應的書寫規則與模式，也沒有可供參考的文本範例，無論是創作還是閱讀，字形、字音和字義的使用和理解可說是一件相當困難的事情。再者，接受不同教育背景或是懷抱不同思想理念的創作者對他人使用的臺語用字多多少少會抱持著懷疑和討教的心態，各人堅持且自成一派的用字系統使得臺灣話文書寫情況更加複雜，其推廣過程也是倍加艱辛，如蔡培火一生致力於「白話字運動」的推行，「白話字」在當

〔註74〕雖就目前可見資料，《聲律啓蒙》的仿作風氣在臺灣文壇中看似自日治後期逐漸式微，但筆者相信應有更多仿作品尚未被挖掘出來，如林緝熙的《仄韻聲律啓蒙》於日治時期寫作完成，卻並未出版，直到 1966 年經賴柏舟轉錄後才得以問世。再者因《聲律啓蒙》是從中國大陸流傳至臺灣，不應只在臺灣的教育學界得到重視，尤其當時代臺灣與中國大陸沿海一帶，如廈門、福建、廣東等地區，互有往來，而文學作品也會互相流通；若能更進一步取得中國大陸《聲律啓蒙》的仿作作品，應能更全面了解《聲律啓蒙》各版本的流變。上述觀點由論文口試委員許俊雅教授與姚榮松教授所提出，進一步擴大了《聲律啓蒙》的研究視角與範疇，在此感謝兩位老師寶貴的意見。

時已經是一套相當嚴謹的書寫拼音系統了,但是臺灣文學界卻鮮少人採用「白話字」做為書寫工具,依舊使用漢字做為臺語書寫載體。

此外,從《三六九小報》1931年發生的筆戰也可看出臺語漢字場域的競爭情況。張淑子引用《台日大辭典》將香蕉寫成「芎蕉」二字,但蔡培楚卻認為應寫「弓蕉」(king-tsio)二字,並指陳張淑子所寫的「芎蕉」是錯誤的,因為「芎」(kiong)是藥草「川芎」(tshuan-kiong),而「蕉」(tsio)是植物的果實,「芎蕉」合稱是沒有意義的。再者對部分傳統知識份子而言,《台日大辭典》是日本人為求快速學習臺語,只紀錄實際語音並不考究字源的語言田野調查成果,不同於《康熙字典》和《和漢大辭典》等考證完備的辭典,[註75]可看出當時代的知識份子對於臺語漢字書寫有著相當程度的堅持,而且也隱含了日本、臺灣的民族之分。在如此艱難的氛圍之下創作的《三六九小報・新聲律啓蒙》,不但一舉打破臺語有音無字的迷思,證明臺灣話文理念的可行性,它更是珍貴的日治時期臺灣話文實作史料。由於創作之時沒有可做參考的範本與工具書[註76],難免會遇到困難,在此筆者試圖從《三六九小報・新聲律啓蒙》的音讀標注方法,先反推創作者在創作時可能會遇到的問題以及讀者在閱讀時可能會遇到的閱讀障礙。

雖說《三六九小報・新聲律啓蒙》的創作主旨是將臺語口語書寫成文字語言,但在創作時依舊受到漢語系統的影響,如「做事虎頭老鼠尾」、[註77]「老鼠泅過溪,儘人都叱撲」、[註78]「老虎在行路有時也會睏眠」[註79]裡「老鼠」和「老虎」的前綴詞「老」字,正受到漢語構詞規則影響,還會直接使用漢語詞彙做書寫工具,如將美麗的、漂亮的形容詞寫成「美」[註80]

[註75] 署名一喙生以為「日臺大辭典,乃改隸時,內地人急欲曉臺語,僅就臺俗諺言而編輯者,衹取其音,不究其義,用走捷徑之意,其可用為文字用乎」。一喙生〈孤陋齋塵談〉,《三六九小報》第113號(昭和六年九月二十六日)。原文中的《日臺大辭典》指的應該是小川尚義主編的《台日大辭典》一書。

[註76] 工具書指的是辭典類的書籍。雖然在1930年代以前,已有多部辭典問世,如杜嘉德(Cartairs Douglas,1830～1877)編纂的《廈英大辭典》(1873年出版)、甘為霖(William Campbell,1841～1921)編纂的《廈門音新字典》(1913年出版)、小川尚義(Naoyoshi Ogawa,1869～1947)主編的《台日大辭典》(1931年出版)等書,但是這些都是使用非漢字書寫的辭典,一般而言,受漢學教育的知識份子比較少人援引、參考。

[註77] 同「虎頭鳥鼠尾」,比喻做事有始無終。同華語成語「虎頭蛇尾」。

[註78] 同「鳥鼠泅過溪,眾人就喝拍」。同華諺「過街老鼠,人人喊打」。

[註79] 同「虎行路也會睏眠」。

[註80] 同「媠」。

（suí）字，醜陋的、差勁的形容詞寫成「䆀」〔註81〕（bái）。這些詞彙雖是借用漢語詞彙為書寫載體，但讀者依舊可以從字面意義來推斷、猜測作者想表達的臺語語音、詞彙與意義。

　　然而臺語口語語言之中有更多是漢語系統無法表達或轉換的字，也就是黃石輝所說的「土話」，所以創作者必須創造新字來解決書寫困難，有些新造字是可以從字形中得到音讀或是從上下文的脈絡得到意義，如「腹肔」、〔註82〕「苷萊」、〔註83〕「頷胿」〔註84〕等，但有許多新造字是無法用直觀法或是從文本的脈絡得到發想的，如「跤潲」、〔註85〕、「弄閭」、〔註86〕「打溢」〔註87〕等。換句話說，無論是使用漢語詞彙或是新造字做為書寫載體，對讀者而言，在閱讀臺語口語文字化後的文本時或多或少都會產生閱讀障礙。

　　在此，我們借助西方語言學的概念闡明聲音、文字和意義的關連性，試圖推斷出讀者在閱讀無聲文本時會產生的困擾。語言學家索緒爾（Ferdinand de Saussure）將語言分為意符（signifier）和意指（signified）兩部分，〔註88〕意符是聲音，意指則是心理的概念（concept），意符和意指之間的關係是任意性的（arbitrariness），沒有絕對且必然的關連，直到被大量使用、經過學習後，成了約定俗成的概念，他們之間的關連性才會得以穩固不變。

　　當時臺語正從口傳階段跨足文字階段，臺語書寫系統也尚未定案，如否定詞「袂」（buē／bē）在《三六九小報・新聲律啓蒙》之中就有兩種寫法：「懀」和「㤉」，表示沒有的「無」（bô）也有「無」和「沒」兩種寫法，所以讀者在閱讀文本之時難免會產生困惑與不解之處。加上對一般尚未習得臺語文字閱讀能力的大眾而言，聲音與意義的連結勢必比起文字與意義的連結來得強大且迅速。舉臺語「菝仔」（pàt-á）為例，聽到某人說 pàt-á 的聲音，在腦海中會直接浮現出綠色的水果影像或是直接明白某人說的 pàt-á 指的就是芭樂，而非香蕉或是西瓜。但是對於臺語漢字不熟或不曾接觸過的人來說，看到文字「菝

〔註81〕同「穩」。

〔註82〕同「腹肚」（pak-tóo），肚子。

〔註83〕同「王梨」（ông-lâi），鳳梨。

〔註84〕同「頷垂」（ām-sê），掛在小孩子胸前，用來承接口水的圍兜。

〔註85〕同「跤液」（kha-siòh），腳汗。

〔註86〕同《台日大辭典》「弄恨」（lāng-gīn）詞條，嘲弄、戲弄的意思。

〔註87〕同「拍呃」（phah-eh），打嗝的意思。

〔註88〕索緒爾著，高名凱譯，《普通語言學教程》（中國大陸北京：商務印書館，1980年）。

仔」並不會瞭解其意義和指涉物品。

　　同樣的道理，由於《三六九小報・新聲律啓蒙》只能以文字呈現，也就是說讀者在閱讀的時候是沒有任何聲音輔助的，難免會出現閱讀障礙，此時若在旁標注讀音，讀者就能自行從聲音的意符得到意指概念，進而了解作者的意思。換句話說，《三六九小報・新聲律啓蒙》爲了解決創作時的書寫困境和降低讀者的閱讀障礙，便援用漢字標注音讀〔註89〕來解套。除此之外，押韻和對偶是《三六九小報・新聲律啓蒙》的特性，除了做爲評判文章優劣的標準，是否能夠讓他人正確無誤且通順地朗讀、記誦更是重點所在。

　　《三六九小報・新聲律啓蒙》總共有三種漢字標注音讀的方式，分別是標注同音字、標注白話音和八音呼法。〔註90〕標注同音字也就是借音的意思，共有 130 個，表現方式是在某字後面括號「叶 X」、「讀 X」和「音 X」，如「大猪（叶知）」、「着災（讀臍）」和「巡（音云）」。某些受到漢語詞彙影響的字詞也會以此法標注，如將「鳥鼠」寫成「老鼠」怕讀者會誤讀成 lāu-tshí，於是標注音同「鳥鼠」niáu-tshí 來限制讀音、舊式大門上的門環寫成「門鐶」〔註91〕並將「鐶」字標注「讀牽」，也就是 mn̂g-khian、動物的巢穴寫成「巢」〔註92〕標「讀受」讀作 siū、線控木偶「傀儡」標注「加禮」應讀作 ka-lé、私房錢「私家」〔註93〕標注「獅畸」，告訴讀者應讀成 sai-khia 等等，都是希望藉由同音標注的方法來減少誤讀的機率。

　　同音字也解決了合音的問題，如俗諺「好囝不給招」的「給」標注爲「音逢」，也就是「予人」hōo-lâng 的合音 hông。臺語方音差的特色也得以張顯，如稀飯「糜」在《三六九小報・新聲律啓蒙》有兩種寫法，卻可能有三種讀音，一是寫「粥」後標注「讀梅」，也就是 muê/buê，另一種則是寫「糜」後

〔註89〕臺語拼音系統歷經多次重大變革，書寫工具更是多次在漢字與羅馬字之間擺盪異動。漢字標音法早先於羅馬字標音法流通在臺灣文學之中，如臺語韻書《彙音妙悟》、《增補彙音》、《雅俗通十五音》採用漢字標音，歌仔冊、戲曲文本也經常採用漢字做爲標音工具。研究學者李淑鳳則以歷史視角爲切入點，觀察自清治到當時代臺灣臺語拼音系統的沿革與變動，詳見李淑鳳，《臺語羅馬字拼音史論》，國立臺南大學國語文學系碩士論文，2007 年。

〔註90〕音讀標注的三種方式是按照《三六九小報・新聲律啓蒙》出現的順序，並無優劣或數量多寡之分。

〔註91〕同「門牽」。

〔註92〕同「岫」。

〔註93〕同「私奇」。

標註「讀迷」，也就是 bê。最特別的是，創作者意識到臺語的腔調有漳洲音和泉洲音之分，所以特意將某個字標注爲泉洲音，如作者刻意將「皮」標注「叶泉土」，就是要讀者讀成 phêr 的音，而非 phê/phuê，以及「指甲花」也是標注「叶泉音」，表明應讀爲 tsńg-kah-hue，而非 tsíng-kah-hue。

　　除了方音差的特點，臺語還有文白異讀的特色，舉「食」字爲例，「食」的文言音爲 sit，「食品」讀作 sit-phín，而「食」的白話音爲 tsiàh，所以「食飯」就應讀作 tsiàh-pn̄g，而非 sit-pn̄g。標注白話音的方式在《三六九小報‧新聲律啓蒙》較爲普遍，共有 191 個。表現方式是於某字後附上「叶土」標記，「叶土」指的是讀土音，也就是讀白話音的意思，舉「好趁對賢（叶土）開」爲例，「賢」字要讀白話音 gâu，而非文言音 hiân。雖說標記白話音可以解決文言白話的音讀問題，但無法像標注同音字一般運用同字注音的方式，使讀者直接透過讀音得知詞彙的意義。換句話說，讀者須先將文字做跨語言的轉換，才能明白文本。如俗諺「鴨稠內無隔冥蚯蚓」中的「蚯蚓」正是漢語詞彙，雖然已於其後標注「叶土」，但讀者卻無法在短時間內判斷出「蚯蚓」兩字的讀音，要先在腦海中找出臺語的對應詞「杜蚓」，最後才能將「蚯蚓」兩字架接到 tōo-kún-á 或 tōo-ún-á 上。標注白話音的方式有時甚至無法傳達作者眞正要表達的讀音，如「扐虫尻川蠕」的「蠕」，雖標記「叶土」，可是無論是文言音 jû/lû 或是白話音 lùn 都與眞正的 ngiau 音差距甚遠。

　　八音呼法比前面兩種直觀法更能準確地將音讀標記出來。臺語音節結構是由聲母（onset）、韻母（rhyme）和聲調（tone）三元素所組成的，而八音則是標記聲調的記號。八音呼法指的是將臺語切分成八種聲調，也就是八音，根據聲韻學的習慣先將八音分爲陰（上）和陽（下），後根據平上去入四種予以排序，〔註94〕如下表 2-5 所示：

表 2-5 八音呼法

聲調	第一聲	第二聲	第三聲	第四聲	第五聲	第六聲	第七聲	第八聲
調名	陰（上）				陽（下）			
	平	上	去	入	平	上	去	入
例 1	君 kun	滾 kún	棍 kùn	骨 kut	群 kûn	滾 kún	郡 kūn	滑 kùt

〔註94〕感謝盧廣誠老師提供八音呼法的原則、説明與範列。

例2	衫	短	褲	闊	人	矮	鼻	直
	sann	té	khòo	khuat	lâng	é	phīnn	tit
例3	飛	走	跳	踢	泅	拗	射	踏
	pe	tsáu	thiàu	that	siû	áu	siā	táh

　　《三六九小報・新聲律啓蒙》共有 71 個字採八音呼法，如「睭中到〔註95〕」的「到」標注「讀兜去聲」，讀音為 tàu、「閉思」的「思」標注「叶去」，讀音為 sù，甚至連作者自行創造的臺語用字，也能藉由八音呼法的方式使讀者明白其讀音與意義。舉「積布」為例，若是作者不標注音讀，讀者自然會將「積布」讀成 tsik pòo，但是 tsik pòo 並沒有意義，讀者自然無法得知作者所要表達的意思。所以作者使用了八音呼法來標注音讀，將「積布」〔註96〕的「積」讀注「叶查字入聲」，讀音為 tsah，於是讀者便能從 tsah-pòo 的讀音接連到「積布」文字，指的是早期女性在月經來時所使用的黑布，等同於現代女性用品──衛生棉的意思。

　　由於八音呼法的困難度較高，難免會發生讀音標注錯誤的情形，還是得搭配上下文脈絡才能明白。舉「裂」為例，作者標注「去聲」要讀作 lìh 或 līh，但這是違反臺語的音韻規則的，因為「裂」是入聲字，無論是讀作文言音 liàt 或是白話音 lih，都不會出現去聲的聲調。另外臺語有本調和變調的問題，舉「僭權對攤勢」為例，「攤」標注「叶鬆下去」，讀 sāng，但 sāng sè 並不是有意義的詞彙，若是與「僭權」越權的意思相對，就能知道「攤勢」（sáng-sè）〔註97〕是形容人高傲神氣、作威作福的樣子，實際讀音為[sang sè]，所以應該以本調「上上」或變調後的「上平」來標注。

　　從《三六九小報・新聲律啓蒙》的臺灣話文展現手法和解決方式，我們可以看出使用漢字做為臺語口語書寫載體時所遇的二大難題：文字和讀音無法連結的問題和新造字的理解難處。另外臺語語言的三大特點：方音差、文白異讀與聲調特色也無法直接在字面上展現出來，所以創作者需借助標注同音字、標注白話音和八音呼法三種標音方式來張顯。然而，作者雖已提供音義註解的輔助方式降低因閱讀障礙，還是有不足或缺失的地方，但因《三六九小報・新聲律啓蒙》具備對偶的特性，讀者可以從上下文的脈絡瞭解詞彙意義，便能有效地降低因臺語漢字系統的不一致而造成閱讀障礙。

―――――――――――――

〔註95〕同「晝」。
〔註96〕同「紮」。
〔註97〕同「聳勢」。

二、就地取材的內容

　　《三六九小報‧新聲律啓蒙》雖是仿照《聲律啓蒙》的格式所寫，卻顛覆其風格，以臺灣的庶民生活與文化事物為書寫題材。由於《三六九小報‧新聲律啓蒙》屬於拼盤式、類推式的短篇文章，所以在內容的呈現上較為混雜且多元，無論是高雅的文學經典與歷史人物、與生活習習相關的生命禮俗與信仰、還是描寫男女的情欲或罵詞都可做為創作元素。如傳統知識份子展現憂患時事、關切鄉土的心情，如將纏足、民間信仰入詩寫成：

　　　　縫對痕。纏對絆（吋土）。好聽對歹看。

　　　　起鹿對吊猿。草丑對花旦。

　　　　洗碗己。食飯晏。參詳對評判。

　　　　頭前扛香亭。後壁擇涼傘。

　　　　兩个攬帶土沙翻。

　　　　歸身倒彼屎連攔（讀去聲）。

　　　　細腳查某行路倚壁趖。

　　　　大面新娘放尿四界濺。〔註98〕

或是在西方醫藥大舉入侵臺灣之際，教導民眾簡單的漢藥常識：

　　　　寒對熱。減對加。白芷對紅花。

　　　　鹽酸對曹達。赤芍對丹沙。

　　　　雲南桂。靳州蛇。海狗對井蛙。

　　　　疎風需荊芥。止嗽用枇杷。

　　　　生津補氣人參飲。

　　　　止瀉調中神麯茶。

　　　　琥珀安神。解熱清肝羚羊角。

　　　　珍珠定魄。補虛益血紫河車。〔註99〕

時代的改變也使文人的視角擴大，在《三六九小報‧新聲律啓蒙》之中也常見現代性事物和傳統事物的對比、參照，形成一有趣的畫面，如：

　　　　龜對鼈。鴨對鷥。馬桶對雞槽。

　　　　有空對無笋。起皷對開鑼。

〔註98〕趙雅福（子曰店主）〈新聲律啓蒙〉，《三六九小報》第35號（昭和6年1月3日）。

〔註99〕署名兆平〈新聲律啓蒙〉，《三六九小報》第10號（昭和5年10月9日）。

　　天丼飯。雪片糕。德國對俄羅。

　　尻穿栽大炮。褲內豎燈篙。

　　揸某盖驚鐵掃箒。

　　土人亂破柴關刀。

　　設美人局。太爲難了妹々。

　　搬番婆弄。行不得也哥々。〔註100〕

另外，也使用俗諺展示臺灣文化價值系統，如「歹瓜厚子，歹人厚言語」、「輸
人不輸陣，輸陣膦鳥面」、「厝內多子餓煞父，朝內無人莫做官」；保留「豬來
窮，狗來富，貓來時起大厝」的民間故事、「死貓掛樹頭，死狗放給水流」的
臺灣習俗。

　　由上述例子可看出，《三六九小報·新聲律啓蒙》是詞彙堆砌成形的短文，
所以在內容的呈現上大致是零散、拼湊的狀態，也就是文章的關連性較爲鬆
散，但是有部份文章只扣緊一個議題，呈現較爲緊密的關連性。換句話說，
若根據文章內容的關連性來判斷，可分成片段對偶與整體對偶兩種形式。

1. 片段對偶

　　片段對偶是指單篇文章由多項議題拼湊，以對句爲單位，也就是在一篇
文章之中共有單字對、雙字對、三字對、五字對、七字對和十餘字對等六小
單位，沒有整體性的概念，內容也較爲鬆散，共有 382 篇。在此舉蔡培楚的
作品爲例：

　　打對挣。喊對咻。天體對風流。

　　弓鞋對碗帽。酒漏對油抽。

　　菜瓜藤。肉豆鬚。墊微對豎泅。

　　大人着氣概。囝仔無流虬。

　　枵狗數想豬肝骨。

　　老鼠偷食灯火油。

　　手銃真手賤。屢子頭縛麻緟。

　　登愈高跌愈死。尻川口必作周。〔註101〕

〔註100〕洪坤益（駡因）〈新聲律啓蒙〉，《三六九小報》第 6 號（昭和 5 年 9 月 26 日）。

〔註101〕蔡培楚（倩影）〈新聲律啓蒙〉，《三六九小報》第 27 號（昭和 5 年 12 月 6
　　　　日）。關於蔡培楚所作的〈新聲律啓蒙〉，請參見陳思宇〈臺灣話文書寫實踐
　　　　的探析——以蔡培楚〈新聲律啓蒙〉爲觀察對象〉，發表於靜宜大學臺灣文

「打〔註102〕／摏〔註103〕、喊〔註104〕／咻」皆是動詞，「打／摏」是手部動作，而「喊／咻」是嘴部動作喊叫的意思，另外「喊咻」連用則為大聲叫嚷的意思。「天體對風流」、「弓鞋對碗帽」、「酒漏對油抽」在拆解後仍為對偶，「風／天」為自然對應、「弓／碗；鞋／帽」為器物對應、「酒／油」液體對應和「漏／抽」動詞對應。俗諺「茱瓜藤／肉豆鬚」〔註105〕以植物絲瓜、扁豆的藤鬚互相纏繞的樣子來形容彼此糾纏牽連的人情關係；此外，作者考量到格式問題，故意將此俗諺拆成兩小句，形成「茱／肉；瓜／豆；藤／鬚」的單字對偶。「塾微對豎〔註106〕泅」是游泳的方式，「塾微」是潛水，而「豎泅」則是踩水前進的遊法。

取「大人／囝仔」與「着／無」的對比寫下「大人着〔註107〕氣概／囝仔無流虯」對偶，「大人」為雙關語有兩種涵意：若讀作 tuā-lâng，就是成年人的意思，若讀作 tāi-jîn，則是指日治時期的員警。「氣概」是氣派之意，也就是表現出來的氣勢、派頭和態度的意思。若將「大人着氣概」讀作 tuā-lâng tio̍h khì-khài，就是熟語「大人氣概」的變體，「大人氣概」原是形容孩子的思想成熟，儼然具備成人的氣度和架勢，作者加了一個動詞「着」，「着」有得、要、必須的意思，也就是說成年人必須得要有成年人的氣勢和態度。若讀作 tāi-jîn tio̍h khì-khài，就是作者暗批當時代氣燄高張、端著一副高高在上架子的員警。而「流虯」一語雖無法從字面上得知意義，但是對照《台日大辭典》和《臺灣俚諺集覽》便可推知一二。《台日大辭典》收錄俗諺「liu 鬚食目睭」，形容敏捷且機智之人；而《臺灣俚諺集覽》也收錄俗諺「鰡鰍食目睭」，字面意義是靈敏地吃掉眼睛，深層意義為動作敏捷才能佔得先機、獲得利益。另外，〈新聲律啓蒙〉也有「二蕊目睭流流瞅瞅」的句子，於是筆者推測「流虯」應與「liu 鬚／鰡鰍／流瞅」同音義，皆有反應敏捷、機智之意。

學系舉辦《第五屆中區研究生臺灣文學學術論文研討會》，2010 年 5 月 22 日。

〔註102〕同「拍」，在文本中為用手打的意思。

〔註103〕同「舂」，有擊打、撞、搥、搗的意思。台諺「用別人的拳頭母舂石獅」將動詞「舂」形容地十分生動，字面意義為拿別人的拳頭去搗打石獅子，引伸為利用他人使自己得利。

〔註104〕同「喝」。

〔註105〕拱樂社內台劇本《神祕殺人針》寫的是「茱瓜鬚肉豆藤」，與文本「茱瓜藤肉豆鬚」類似，故將此兩句視為相同俗諺。

〔註106〕同「徛」，站立之意。

〔註107〕同「著」。

　　俗諺「枵狗數想猪肝骨」〔註108〕字面意思是飢餓的狗妄想吃豬肝裡的骨頭，引伸爲無論再怎麼想都不可能達成的意思；俗諺「老鼠偷食灯火油」〔註109〕以老鼠吃燈油的習性形容易被眼前事物所迷惑而看不清事物全貌，導致錯誤發生。若將「枵狗數想猪肝骨／老鼠偷食灯火油」並置可發現這兩句俗諺不但在句法結構上相同，「枵狗／老〔註110〕鼠／豬肝骨／灯〔註111〕火油」名詞組對應、「數想／偷食」動詞組對應，就連引伸意也都有執迷、執著之意。

　　「手銃」（tshíu-tshíng）有頑皮或惡作劇之意，「手賤」則指喜歡擺弄、亂碰任何東西的行爲，「屢子頭縛麻繰」〔註112〕由字面上來看是在男性生殖器上綁上麻繩，雖不知深層意義爲何，若尋上文「手銃／手賤」的脈絡來看，應爲由於自己生性頑皮而招致苦痛、或有搬石頭砸自己的腳之意。「登愈高／跌愈死」爲爬得越高摔得越痛的意思，而「尻川口必作周」的「必」應爲「坺」（pit）產生裂痕之意，「周」爲量詞，用來計算物品切成瓣狀或破裂後部分單位元，「登愈高／跌愈死／尻川口必作周」應是描寫人從高處摔落，以屁股著地的樣子。「大手銃眞手賤。屢子頭縛麻繰／登愈高跌愈死。尻川口必作周」皆有自作自受、自找麻煩的意思。

2. 整體對偶

　　整體對偶是指單篇文章的內容圍繞著單一議題打轉，具有整體性的概念，共有87篇，整體對偶文章如下表所示：

表2-6《三六九小報・新聲律啓蒙》整體對偶一欄表

創作元素	期　　　　　　　　號	小計
傳統文學	62、284、311、330、334、339、348、382、385、404、405、406、407、408、409、410、416、418、451、455	20
漢藥知識	10、59、158、161、192、205、206、272、274、278、287、288、296、299、381	15
筆戰內容	116、118、119、120、122、123、124、125、126、127、128、129、130	13
臺灣地名	72、332、343、344、347、349、353、354、357、359、364	11

〔註108〕同華諺「癩蛤蟆想吃天鵝肉」。
〔註109〕《臺灣俚諺集覽》收錄「老鼠食油眼前光」一諺，與文本「老鼠偷食灯火油」意象相近，故視爲相同俗諺。
〔註110〕同「鳥」。
〔註111〕同「燈」。
〔註112〕同「鳥仔頭縛麻索」。

休閒娛樂	8、9、12、39、41、43、44、61、300、471	10
專業術語	18、36、94、280、294、414	6
動植物	194、200、202、420、423	5
社會政治	2、13、101	3
近代人物	412、413	2
廣告詞	417、421	2

資料來源：《三六九小報》

傳統文學指的是取材自中國古典文學名著，包含《聊齋誌異》、《水滸傳》、《三國演義》、歷史人物（如帝王和美女名稱）和戲曲人物及內容，漢藥知識多為蘇友章〔註113〕所做。筆戰內容指的是 1931 年《三六九小報》和《臺南新報》兩報刊間的筆戰，分別以蔡培楚和張淑子為首，文章幾乎是圍繞著人品道德和漢學知識打轉。臺灣地名涵蓋改隸前後的名稱，休閒娛樂包含麻將和風月相關產業（包含各大酒樓的著名菜餚）。專業術語指的是偏向冷門的知識，如行話、法律和醫療用語，動植物包括臺灣特產水果，社會政治指的是描述當時代的政治和社會氛圍。近代人物基本上是以南社成員和小報同人的名號入題，如趙劍泉、蔡培楚、林珠浦、謝星樓、黃拱五、陳圖南、許仁珍等。

　　廣告詞有二則，一是專為應元製藥公司的藥品打廣告，另外一則是以日常生活用品入題，如長靴、手巾、胭脂、獅標齒粉、鶴印茶油等。在此舉許丙丁的作品為例，此篇文章是以麻將〔註114〕為主體概念：

　　　　南對北。西對東。白版對紅中。

　　　　平和對暗降。五索對三桐。

　　　　三仙會。一條龍。春夏對秋冬。

　　　　無臺食邊搭。有勢贏全蓬。

　　　　青猴搶到賠花刈。

　　　　戇虎折對等中空。

　　　　一色難成算點開門無着向。

〔註113〕蘇建琳（1886～1960），字友章，拜林珠浦為師，且本身為漢醫，精通婦科，曾於臺南善化慶安宮前開設南昌堂為人看診。關於蘇友章的相關資料詳見唐德塹，《善化鎮鄉土誌》（臺南市：三和出版社，1982 年 9 月），頁 246～247。

〔註114〕從許丙丁自註標題「用麻雀成語」可看出作者以「麻雀」做為書寫主題。「麻雀」（mâ-tshiok）也就是麻將的意思，打麻將是編輯群的休閒嗜好之一，《三六九小報》上也有多篇以麻將為題材的作品。

三環未透清牌上手又連莊。〔註115〕

「東、西、南、北、白版、紅中、五索、三桐、春、夏、秋、多」指的是麻將牌面，其餘詞彙皆是麻將專用術語。

《三六九小報‧新聲律啓蒙》不但是專門用來訓練漢學初學者聲律、對偶、押韻和類推的工具書，更是臺灣話文的實驗作品，內容聚焦在臺灣庶民文化面相，可做爲傳統知識份子走向民間、脫雅入俗的一座橋樑，更是使臺灣語言得以化俗爲雅的一種抬拉手段。從豐富且多元的內容來看，《三六九小報‧新聲律啓蒙》是複雜且矛盾的載體，它同時具備傳統詩學美感，如講求對偶、押韻及「文以載道」的淑世教化精神，還援引知識或常識，如新舊地名、醫藥學知識、生命禮俗、特產，打破了臺灣和日本是同文同種的同化迷思。它更是臺灣庶民生活及文化的展演平台，反映了日治時期臺灣社會的面貌、保留了傳統漢文化和民俗史料，進而提升臺灣意識，期望達成文化抗日的目的。卻又將違反傳統詩學的概念做爲創作元素，如被認爲是骯髒、汙穢、粗俗的屁屎尿詞彙或是違反道德的咒罵詞。正因題材內容的不設限，可俗可雅又富含趣味性，在《三六九小報》裡可說是獨具一格，備受讀者和創作者喜愛。

第四節　舊瓶裝新酒：臺灣風土民情的擷取與拼貼

《三六九小報‧新聲律啓蒙》之所以爲「新」，主要原因在於雖是仿照車萬育所著《聲律啓蒙》或林珠浦、林絹熙所著《仄韻聲律啓蒙》的格式，但創作語言和內容題材是截然不同的。就格式而言，〈新聲律啓蒙〉每篇字數爲 72 至 88 字，全篇由單字對、雙字對、三字對、五字對、七字對、十餘字對組成，層層堆疊、互相對偶而成。其對偶的特性，不僅是取字數相同、結構類似、意思相對的字、詞和句做排列組合，更是一部類推、類比（analogy）工具書。創作者依其語感，選用具有共同特徵的詞彙互相對應，而讀者或學習者則可透過詞彙對應與連結關係，以詞庫擴展的方式學習到更多新詞彙。

在思考或閱讀詞彙的過程，還能察覺到臺語語詞之間存在的細微差異，如「好聽對歹看」不只是「好聽」「歹看」詞彙的對應，還可拆解成更小單位「好／歹」形容詞組與「聽／看」動詞組的對應；「頭前扛香亭。後壁擇涼傘」

〔註115〕許丙丁（綠珊莊主）〈新聲律啓蒙〉，《三六九小報》第 8 號（昭和 5 年 10 月 3 日）。

對句還可再拆解成「頭前／後壁」的方位組、「扛／攑」的動詞組、「香亭／凉傘」的名詞組對應，另外，「扛」與「攑」雖然都是指以肩膀肩負重物，但是卻有著些許的差異，「扛」（kng）必須由兩個人才能達成，而「攑」〔註116〕（giâ）只要一個人就行。

　　《三六九小報‧新聲律啓蒙》是日治時期的傳統知識份子爲了延續臺灣漢文命脈，所開創的一種實驗、試驗性質的新文類，不但將具有臺灣庶民文化特質的詞彙置入傳統詩歌格式，更試圖以文字化的方式將臺語日常用語、口語內容記錄下來，此舉不但保存了珍貴的臺語口語語料，更是將臺語的地位從口語提升至書寫的文字地位，展現了日治時期的知識份子試圖將臺灣母語化俗爲雅的苦心。除了化俗爲雅，更一舉打破當時臺灣文學普遍認定臺語有音無字的迷思。

　　由於在創作之時，臺灣話文的理念才剛成形，尚未發展出相應的書寫規則，對於創作群和讀者來說，《三六九小報‧新聲律啓蒙》最大的創作與閱讀障礙在於臺語的漢字書寫與判讀。爲了解決這個棘手的問題，創作群試圖用漢字標注音讀的方式來降低誤讀的風險，分別是以直接將同音字標注於後、註明此字讀爲白話音、和使用傳統音韻學中的八音呼法。雖然依舊有些不足和缺失的地方，但因《三六九小報‧新聲律啓蒙》具備對偶的特性，讀者可以從上下文的脈絡了解詞彙意義，便能有效地降低因臺語漢字系統的不一致而造成閱讀障礙。

　　取臺灣庶民實際生活與文化層面爲書寫題材《三六九小報‧新聲律啓蒙》，除了是臺灣話文的實作作品，更是一部臺灣人文現象的百科全書，無論是生老病死、天文地理、文學歷史、商業術語、民間習俗，還是猥褻情欲用語、諷刺謾罵用語，都可做爲寫作的元素。由於它是以詞彙堆砌而成的文章，所以內容表現上的彈性較大，依照文章內容的關連性，可分成整體對偶和片段對偶二種形式。整體對偶是指單篇緊扣一個議題，把所有相關連的詞彙都填入固定的格式之中，如以漢醫、漢藥、戲曲、臺灣地名、臺灣動植物等等。而片段對偶則是指多種議題拼湊而成，在內容的表現上是較爲多元豐富的。

　　縱觀上述所言，以臺語寫成的並置入大量臺語詞彙的《三六九小報‧新聲律啓蒙》，因沿用啓蒙讀本《聲律啓蒙》的格式及對偶特性所做，所以本身就是臺語的教材和類比字典；再者，它著眼於臺灣母土之上，以臺灣特有的

〔註116〕就語意判斷，此處的「攑」應爲「夯」，以肩舉物的意思。

人文現象爲主角，不但反映了日治時期臺灣傳統社會的面貌，同時也保留了漢文學文化的思維。而創作者創作的最終目的則是爲了要呼應臺灣話文理念、召喚臺灣民族精神、凝聚臺灣意識、區分臺灣人與日本人的不同、進而打破臺灣總督府同文同種的同化迷思。

第三章 〈新聲律啓蒙〉詞彙中反映的
　　　　生命禮俗觀察

第一節　具有臺灣意識的生命禮俗

一、「拍斷手骨顛倒勇」的堅強意志

　　中國儒學價值系統是臺灣尚未受到日本殖民統治之前的思想核心，儒學思想直接或間接地滲入臺灣社會，支配著臺灣民眾的生活方式。但儒學並非爲臺灣所獨有，日本殖民臺灣之後，臺灣總督府也曾利用儒學思想拉進日臺關係、敉平衝突並安撫民心，如第四任總督兒玉源太郎於 1898 年舉辦「饗老典」，邀請 80 歲以上的地方耆老共同參與、1900 年舉辦「揚文會」攏絡士紳文人、〔註1〕1917 年贊助部分翻修臺南孔廟的經費，企圖藉修築孔廟事宜與成果來統整及收編臺灣南部地區知識份子，此外更積極參與全臺詩社、文社的活動以達到統合地方勢力的目的。〔註2〕

　　同樣地，儒學思想也被運用在同化政策之上，從教育方面來看，首任學務部長伊澤修二爲了推動殖民地教育大業，巧妙地挪用儒學理念來歸化臺灣民眾，並針對漢書房出版漢譯教科書，如《大日本史略》、《教育敕諭述義》、

〔註 1〕　詞條「饗老典」、「揚老會」皆收錄於許雪姬、薛化玩、張淑雅等撰，《臺灣歷史辭典》（臺北市：文建會，2004 年）。

〔註 2〕　關於臺灣總督府利用儒學拉攏臺灣地方士紳的各項手段及目的，詳見川路祥代博士論文《殖民地臺灣文化統合和臺灣傳統儒學社會（1895～1919）》〈第六章 1919 年「臺灣文社」之〈孔教論〉〉。

《天變地異》和《訓蒙窮理圖解》等,希望透過基礎教育達成同化目的。舉《教育敕諭述義》為例,它以傳統儒家思想為編寫基礎,先將君臣關係連接至日本天皇與臺灣民眾的關係,藉此強調日本統治的正當性;再援引儒家經典如《論語》、《詩經》、《孝經》等文句闡述道德規範,教導讀者要兄弟友愛、夫婦相和、朋友有信;待人接物應檢束自身、不可傲慢不遜,對人應存惻隱之心,並說明愛有等差、親疏遠近之分;同時教育讀者應遵守日本帝國憲法,意圖塑造國民應與國家利害休戚與共,若遇有緊急、危難時,應展現出挺身而出、報效國家的義勇奉公精神。〔註3〕

上述種種作法皆是臺灣總督府利用儒家思想形塑出臺灣、日本共有「同文」的假像,以臺灣、日本皆崇尚孔孟儒學的「同文」共通性來降低臺日隔閡,說服臺灣民眾歸化日本政府等同於尊崇、承載傳統儒學信仰,企圖以此拉抬臺灣和日本的民族共性。

從臺灣和日本皆使用儒學形塑民族認同這點來看,儒學已經失去了其崇高、獨特且唯一的地位,只以儒學做為「華夷之辨」的標準似乎是不足且危險的,稍加操弄或翻轉便會落入「儒學──臺灣人──日本人」認同模式的圈套之中。於是傳統知識份子必須另謀他法,找尋不但可做為區辨自我與他者的標準,還可強化自我認同的方式。於是他們積極走入民間,將目光投射在臺灣母土之上,在生活中尋找最具臺灣文化代表性的標的物,也就是隱含豐富民族文化特徵的生命禮俗。生命禮俗指的是為因應人生每個重要關卡所衍生出來的禮儀和習俗,原本就與臺灣庶民生活息息相關;一旦外來文化入侵,並與本土文化互相磨擦,便會引發許多有趣且奇異的火花,感知自我與他者間的差異,如李獻璋所採錄的童謠「人插花,你插草。人抱嬰,你抱狗。人坐轎,你坐糞斗。人眼紅眠床,你睏屎礐仔口」〔註4〕,除了譏諷日本人的文化水準低落之外,還呈現出臺日兩種截然不同的文化面貌。

〔註3〕 甲科學生的入學年齡為15～30歲,乙科學生的入學年齡為8～15歲。甲科是專門訓練已有漢學知識的青年成為基層翻譯人員,為期一年,畢業後能馬上就業,進入各級地方行政機關工作,招生情形十分順利;反觀乙科,由於家長擔心家中子弟入學四年習得國語(日文),畢業後可能會無法運用於日常生活中,招生效果不佳。詳見川路祥代博士論文《殖民地臺灣文化統合和臺灣傳統儒學社會(1895～1919)》第五章〈日治臺灣之教育統合〉。

〔註4〕 李獻璋,《臺灣民間文學集》(臺北市:龍文出版社,1989年)。「糞」同「奮」。

從當時代的社會氛圍來看，同化政策的壓力、漢文化的滅亡、西方及日本思維入侵的文化危機挑起了傳統知識份子對於民族認同的需求。同樣的，李世偉也從自我認同的角度觀看日治時期儒學社團的發展脈絡，認爲外來者的侵略與挑戰引發了族群的自我認同，外來者侵略的力量越強，族群自我認同的需求也就越強，而「爲了維繫自我認同，該族群便會選擇某種媒介（文字、歌舞、定期儀式、口述或文物）來傳遞我族的集體記憶。」〔註5〕爲了維繫漢文化、強化臺灣民族的認同感，於是以儒學思想爲核心的民間結社團體日益增加，如切磋詩作技巧兼聯絡情感的文社、詩社數量激增、承載庶民儒學的鸞堂興起等等。〔註6〕

臺日的文化差異可清楚地畫分出自我與他者的界線，區辨出臺灣人和日本人是分別隸屬於不同的民族，進而打破同文同種的同化假像。於是乎，爲臺灣所獨有的生命禮俗，〔註7〕在受到日本殖民政權統治後一躍而上，成爲最具臺灣文化特徵及價值觀的重要指標。

二、「人咧做，天咧看」的宗教意識

民間信仰與常民日常生活作息習習相關，臺灣民眾的生活聚落以寺廟爲中心，節慶活動也是圍繞著歲時和鬼神而舉辦，傳說故事更是充斥著鬼怪、善惡報應之說。形而上的觀點也常做爲彌補法律體制約束力的不足，如墨子強調「天」的制裁，認爲「天」凌駕於人倫規範之上，《明鬼篇》論述無形鬼神的存在和鬼神具有執行賞善罰惡的權利，運用人類懼怕天、鬼、神等無形的神祕力量的心態來教化、約束；《左傳》也記載伯有作祟的故事來威嚇讀者；統治階級更是利用民眾懼怕鬼神的心態做爲統治的手段，如城隍信仰正是結合官方勢力與鬼神之力，用來教化庶民大眾的民間信仰。〔註8〕

同樣的，日治時期傳統知識份子也挪用神祕的鬼神力量來教化人心，他

〔註 5〕 李世偉，《日據時代臺灣儒學結社與活動》（臺北市：文津出版社，1999 年），頁 8。

〔註 6〕 陳昭瑛，《臺灣與傳統文化》（臺北市：臺灣書店，1999 年），頁 32～40。

〔註 7〕 此處所說「臺灣特有的生命禮俗」是指將臺灣與日本兩族群互做對比的生命禮俗。

〔註 8〕 關於臺灣的官方和城隍兩大明幽勢力的結合《臺灣傳統常民社會的明幽二元思維──普度、祭厲與善書》書中有詳實的討論。詳見江志宏，《臺灣傳統常民社會的明幽二元思維──普度、祭厲與善書》（臺北縣板橋市：稻鄉出版社，2005 年 5 月）。

們認知到修身律己的儒學規範標準已經無法約束庶民大眾，漢文本身言文不一致的侷限加上臺灣總督府實行的語言同化政策影響，以致儒學無法發揮其效用，於是便轉而利用常民敬畏鬼神的心態，融合民間傳說信仰，結合道佛兩教的宗教意識，創立鸞堂散播、推廣儒家思想，傳承儒學經典，試圖以儒學禮教規範和鬼神力量來匡正世道人心。〔註9〕

鸞堂以社會救濟和宣講勸善爲主要活動，相信透過宣講和行善能獲得福報，又以向他人宣講鸞書內容所得到的福報較大。鸞書〔註10〕融合了儒、釋、道三家思想，以儒學的三綱五常、四維八德觀念爲主，輔以佛教、道教的善惡、因果、輪迴、地獄、報應等理念。對於鬼神作祟之說，依循著儒學觀念，強調修身積德才是趨吉避凶的唯一途徑，同時也排斥教人奉獻財富、殺生獻祭、賄賂鬼神以謀取自我福報的迷信觀念和宗教活動。並與時事緊密扣連，提倡新的醫學觀念，告訴信眾生病宜迅速就醫，也告誡醫者須醫術與醫德並重。另外也批判吸食鴉片、嫖妓、賭博、溺女等社會現象，如〈戒洋煙賦〉勸戒世人遠離鴉片毒害、〔註11〕〈戒烟花賦〉告訴世人遠離美色，自然能得到上天賜福、〔註12〕〈戒煙花賭賦〉則是勸告世人要遠離鴉片、美色及賭博，回歸正途。〔註13〕簡而言之，做爲知識份子階級推行社會教化的工具，鸞書

〔註 9〕 日治時期鸞堂的創立風潮有部分原因是爲了抵制鴉片、宣揚反毒思想和幫助民眾戒除毒癮。詳見王世慶，〈日據初期臺灣之降筆會與戒烟運動〉，《臺灣文獻》37卷4期（1986年）。另「鸞堂」又稱「降筆會」，相關研究成果豐碩，如王見川，《臺灣的齋教與鸞堂》（臺北市：南天書局，1996年）、李世偉，《日據時代臺灣儒學結社與活動》（臺北市：文津出版社，1999年）及戴淑珍，《新竹鸞堂善書《化民新新》研究》，玄奘大學中國語文學系碩士論文，2004年、宋光宇，《日據時期臺灣人對日本文化之迎拒：殖民性、現代化與文化認同》，中國文化大學史學研究所博士論文，2007年等書。

〔註10〕 鸞書是善書的一種，爲扶鸞儀式時神明旨示的記錄。李世偉爲「扶鸞」下一定義：「神仙透過人推動桃枝筆於砂盤上寫字，旁邊有人唱出神意，並有人筆錄之」，參見李世偉，《日據時代臺灣儒教結社與活動》（臺北市：文津出版社，1999年），頁87。戴淑珍認爲鸞書是鸞堂「代天宣化，經由神明頒授，透過扶乩寫成」，參見戴淑珍，《新竹鸞堂善書《化民新新》研究》，玄奘大學中國語文學系碩士論文，2004年，頁13。

〔註11〕 作者不詳〈戒洋煙賦〉，收錄於許俊雅、吳福助主編《全臺賦》（臺南市：國家臺灣文學館籌備處，2006年12月），頁366～367。

〔註12〕 作者不詳〈戒烟花賦〉，收錄於許俊雅、吳福助主編《全臺賦》（臺南市：國家臺灣文學館籌備處，2006年12月），頁370～371。

〔註13〕 作者不詳〈戒煙花賭賦〉，收錄於許俊雅、吳福助主編《全臺賦》（臺南市：國家臺灣文學館籌備處，2006年12月），頁374～375。

承接了儒學理念、吸納佛道民俗宗教信仰，並且透過宣講廣爲散佈。

　　在《三六九小報・新聲律啓蒙》中充斥著大量生命禮俗相關詞彙，可以想見創作者開創文學新路的苦心，他們刻意地使用臺灣特有的生命禮俗、文化特徵和價值觀，企圖凝聚、召喚且強化臺灣意識。本章歸納《三六九小報・新聲律啓蒙》中與生命禮俗相關的詞彙，分別以嫁娶禮俗、生育禮俗和喪葬禮俗三大面向詞彙爲核心並搭配文本，試圖從詞彙的再現情形釐清創作群的創作理念、當時代臺灣社會的氛圍以及隱藏於文句中的弦外之音。

第二節　婚姻觀——「是姻緣到，毋是媒人勢」〔註14〕

　　男大當婚，女大當嫁是傳統社會最重要的觀念，也是人生中最重要的一件事情。民間認爲男生須成家才可專心於家業，而女生結婚後才代表此生已有歸宿與依靠。婚姻不但是家庭和社會的基礎，更是夫系家族血脈傳承的合法途徑，於是嫁娶禮俗便處處充滿了父／夫權宰制的意味。嫁娶禮俗相關詞彙共有 48 個，累計詞頻爲 0.581%，如下表 3-1 所示。

表 3-1 嫁娶禮俗相關詞彙表

#	主要詞條	總詞數	釋　義	音　讀	異用字	異用字詞數	來源
1	新婚	1	新結婚。	sin-hun			1
2	對頭親	2	門當戶對的親事。	tuì-thâu-tshin			9
3	一錢二緣三美四少年	1	形容男孩子追求女性的各項條件。	it tsînn jī iân sann suí sì siàu-liân			2
4	鐵掃帚	2	卜者的用語。有鐵掃帚的性，帶這種性女人無婚姻緣。	thih-sàu-tshiú	鐵掃箒	1	1
5	加刀平	1	（相命）帶歹運來家庭的運命的查某無人敢娶。	ka-to-pêng			1
6	濶嘴查某食嫁粧	1	女人闊嘴違反櫻桃小嘴之審美觀念，因此沒豐富的嫁妝，不	khuah-tshuì tsa-bóo tsiah kè-tsng			3

〔註14〕此俗諺意指一對陌生男女會結爲夫妻，早在冥冥之中就註定好了。

			容易嫁得出去；嫁出去了，也得靠豐盛的嫁妝來過活。				
7	嫁給跛脚厂，行路會跳童	1	恥笑下肢殘障的人。他難以平穩行走，被惡意形容做歹童的「跳童」。	kè-hōo pái-kha-ang, kiânn-lōo ē thiàu-tâng			8
8	姻緣	1	婚姻的緣分。	im-iân			1
9	五百斤緣天註定	1	貧富或愚智攏是天註定。／因緣是五百年前就定下的。和「萍水相逢也是前世之緣」（日本諺語）一樣。	gōo-pah kin iân thinn-tsù-tiānn			1/3
10	好花插帶牛屎堆	2	無四配。／形容一個美女嫁給或愛上一個醜男人。	hó-hue tshah tī gû-sái tui	好々花插坫牛屎堆	1	1/7
11	妍醜無比止，合意較慘死	2	合意就好，婿穤無要緊。	suí bái bô pí tsí, kah-ì khah-tshám sí	合意較慘死	1	1
12	呆田望後冬，呆某壹世人	1	遇到年穫歉收時，就期待來年能夠豐收，但若遇到惡妻的話，一輩子都會很難熬。	pháinn tshân bāng āu-tang, pháinn bóu tsit-sì-lâng			3
13	歹厂能累某，歹鑼能累鼓	1	夫妻的關係是互相連帶，彼此影響的，尤其是歹翁一定會連累到好妻，正如差勁的鑼手節奏不準確，叫鼓手無所適從。	pháinn ang ōe lūi bóo, pháinn lô ōe lūi kóu			8
14	揀々甲一個賣龍眼	1	揀到結果嘛是揀著上穤的。／比喻選擇婚姻對象時，過於挑剔，最後挑選的未必理想。	kíng kíng kah tsit ê bē lîng-gíng			1/2
15	尼姑和尚某	1	尼姑與和尚結爲夫婦。破鍋也有修補過後的蓋子與之搭配，日本諺語，指用來比喻有與之相配的伴侶。	nî-koo huê-siūnn bóo			3

16	有樹木著有鳥宿	1	查某較穤嘛有人欲娶。	ū tshiū-bók tō ū tsiáu- hioh			1
17	乞食寮在選好漢	1	蹛乞食營嘛有娶某嫁翁的好人選。	khit-tsiáh liâu teh suán hó-hàn			1
18	悔親	1	取消婚約。	hóe-tshin			1
19	娶	8	娶某。	tshuā	炁	2	1
20	娶某	1	查埔結婚。	tshuā-bóo			1
21	娶着	1	查埔結婚。	tshuā-tióh			1
22	老牛哺幼笋	5	老人娶嫩某。	lāu-gû pōo iù-sún	老牛想懷哺幼笋	1	1
23	嫁	3	女人結婚。	kè			1
24	嫁匼	1	女人結婚。	kè-ang			1
25	細脚查某行路倚壁趖	1	形容淑女的端莊形象。／女孩開始關心自己的終身大事，描寫懷春少女的心理。	sè-kha tsa-bóo kiânn-lōo uá piah sô			7/8
26	一馬掛兩鞍	2	一個查某有兩個翁，重婚。	tsit-bé kòa lióng-uann			1
27	一個新娘允二個子婿	1	喻一件事、一個東西答應了兩個人，以至無法處理，例如一魚兩吃、一屋兩賣、一女事二夫。	tsit ê sin-niû ún nňg ê kiánn-sài			7
28	姑換嫂	1	婚姻關係內互相嫁娶。／一對兄妹和一對姊弟兩兩相配婚。	koo-uānn-só			1/2
29	招匼	1	娶翁入門的結婚。	tsio-ang			1
30	招夫去養子	1	讓招贅而來的丈夫養育原有的孩子，實在是出於無奈。	tsio-hu khì tshī-kiánn			3
31	前棚傀儡後棚戲	3	訂婚禮俗，古代於完聘前日，男家懸燈結綵，拜謝天公、三界公及眾神明，奉告兒子長大締婚，並演傀儡戲慶賀。	tsîng-pînn ka-lé āu-pînn hì	前枰戲後枰傀儡	1	*〔註15〕

〔註15〕此俗諺解釋出自林淑慧〈臺灣閩南生命禮俗諺語的文化詮釋〉，《民間文學年刊》創刊號（2007 年 7 月），頁 123。

32	紅轎	1	新娘出嫁的時所坐掛紅色綵帶的轎。	âng-kiō			1
33	上轎	1	坐起哩新娘轎頂。	tsīunn-kiō			1
34	較醜查某囝，上轎會十八變	1	要出嫁的時候，一坐上轎子就會十八變。舉行婚禮送出新娘時，會說很多祝賀詞，這就是其中的一種。祝福新娘坐上轎後容貌和性情都會完全改變，而且變得更好之意。	khah bái tsa-bóo-kiánn, tsīunn-kiō ē tsȧp-pueh-piàn			3
35	入門	1	婦女嫁到夫家。	jip-mn̂g			1
36	入山看山勢，入門看人意	2	上山要了解山勢，進門要揣摩人意。／指做人要懂得隨時注意環境變化，以及察言觀色。	jip suann khuànn suann-sì, jip-mn̂g khuànn lâng ì	入門看人意	1	3/2
37	送嫁	2	新娘的伴娘。／伴娘、陪嫁。陪伴新娘行婚禮的女子。	sàng-kè			1/2
38	嫁粧	1	出嫁的道具。／女子出嫁時陪嫁的物品。	kè-tsng			1/2
39	探房	1	新娘的小弟或甥仔佇嫁後第三工去探訪並送新娘鮮花或造花。／結婚後的第三天，新娘的兄弟前來男方家，探望新婦嫁後的起居情況，而男方家須以禮款待。	thàm-pâng			1/2
40	沖喜	2	謂以吉勝凶也。俗於男子訂婚後，如有重病，父母爲迎其女來家，俾之相見，謂之沖喜。沖本作衝，相忌而相見者也。	tshiong-hí			6
41	喜沖喜	1	喜事佮喜事對沖。	hí-tshiong-hí			1

小計：48/8265；詞頻：0.581%

在嫁娶禮俗相關詞彙中出現頻率最高的前四個詞彙分別爲：#19「娶／秇」（8 次）、#22「老牛哺幼笋／老牛想懍哺幼笋」（5 次）、#23「嫁」（3 次）、與

#31「前棚傀儡後棚戲／前枰戲後枰傀儡」（3 次）。#19「娶／焦」、#22「老牛哺幼笋／老牛想懍哺幼笋」和#31「前棚傀儡後棚戲／前枰戲後枰傀儡」，皆是以男性立場爲主的詞彙。#19「娶／焦」是指男性將女性迎娶進自己的家門，#22「老牛哺幼笋／老牛想懍哺幼笋」除了指年紀大的男性與年紀輕的女性互爲伴侶的情形之外，亦可指男性喜愛年輕貌美女性的普遍心態，而#31「前棚傀儡後棚戲／前枰戲後枰傀儡」則驗證了傳統的婚姻觀念是以男方家族爲主，家中子孫娶妻不但要感謝神明的庇佑，還得敬拜祖先，告知祖先們家族香火傳承有望，更是家族大事，得要熱熱鬧鬧地大似慶祝一番。

一、擇偶標準

受到父系繼嗣的影響，婚姻爲女人帶來的身份轉換，與其說是某個男人的妻子，不如將它視爲是夫家家族中的媳婦更來得貼切。自古以來婚姻媒合是由父母之命、媒妁之言的方式促成一對陌生男女結爲夫妻，婚配決定權通常掌握在家族長輩手裡，當事人沒有發表意見的權利。民間認爲結婚是男女家族勢力結合的途徑，在講求門當戶對#2「對頭親」的婚配價值觀底下，社會地位、家族聲望、家世背景或是#3「一錢二緣三美〔註 16〕四少年」等因素則成爲了雙方家長擇婿、擇媳的標準。〔註 17〕

1. 命運觀的影響

女人一生的命運連繫於婚姻之上，除了外在的家世背景、樣貌條件，看不到的命運觀也是成爲媳婦的門檻之一。由於媳婦是外來者，不但與家族血脈傳承密切相關，她的命格還要能夠與夫家相配，以不剋夫家爲原則。成爲媳婦，除了要經過男方家族長輩的認可，還得通過「換庚帖」（uānn kinn-thiap）儀式的考驗：在訂婚之前將男女雙方的生辰八字、三代祖先的姓氏、名諱、籍貫等寫在紅帖上，經命相師批示吉凶，或是將紅帖置於男方家的祖先牌位

〔註 16〕 由於《三六九小報‧新聲律啓蒙》所使用的臺語漢字，與現階段教育部國語推行委員會所公佈的「臺灣閩南語推薦用字」版本略有不同，爲方便閱讀與查詢，故在行文中先以原著用字爲主。若遇有與「臺灣閩南語推薦用字」同音不同形的台語漢字時，則用註腳標記的方式呈現，如此處的「美」字同於「媠」（suí）。

〔註 17〕 當時的婚配衡量十大條件爲「一錢二緣三美四少年。五敢六好膽七皮八綿爛九跑十羣情」。詳見蕭永東（古圓）〈迎春小唱〉，《三六九小報》第 282 號（昭和 8 年 4 月 23 日）。

前三天，若家中無發生相剋情事，則代表這位既將要進門的新媳婦是不剋夫家的，於是便能開始著手準備結婚的大小事項。

若是八字不好，帶有#4「鐵掃帚／鐵掃箒」、#5「加刀平」〔註18〕等歹命命格，如同文本提到的『歹命婦人帶#5「加刀平」背#4「鐵掃帚」』、『查某盖驚#4「鐵掃箒」』〔註19〕，或是具有斷掌、#6「濶嘴〔註20〕查某食嫁粧」等體面相，基本上是很難找得到婆家。然而，極爲不公的是，若從客觀的命相學觀點來看，無論性別男女皆有剋妻、剋夫體面相或是肢體殘障的機率，但是在《三六九小報‧新聲律啓蒙》或是其他俗諺工具書中，卻鮮少看見男性會因其命格面相不好而失去成家的資格，如同俗諺#7「嫁給跛跤尪〔註21〕，行路會跳童」所描寫的，嫁給跛腳男的女人會被恥笑，但是此諺是在於男人皆有妻可娶的前提下成立，但女人就不一定有夫可嫁。例如署名蒲如所採錄的俗諺，不但羅列出臺灣社會對於殘疾者的夫妻生活觀感，更證明了男性進入婚姻的門檻是較低的：

> 嫁護青暝尪，梳頭抹粉無采工；嫁護跛脚尪，行路會跳童；嫁護矮仔尪，燒香点灼倩別人；嫁護咳龜尪，一暝親像挨土壠；嫁護粗皮尪，挨來捒去會輕鬆；嫁護疕瘑尪，捻棉被塞鼻空；嫁護臭頭尪，親像屎味無彼香；嫁護啞九尪，比手劃刀加了工；嫁護隱龜尪，被內會格空；嫁護大菢尪，親像大龜夯石枋。〔註22〕

上述皆是形容女人嫁給殘疾者的婚後生活，由內容推斷無論男人擁有多少缺點，如瞎子、啞巴、跛腳、體格差、或是有隱疾，都可娶到老婆；反觀女性進入婚姻的門檻較高，又處於被選擇的地位，體面相不好或帶有殘疾的女人是被排除在婚姻市場之外的。如同下面針對男人婚後生活的俗諺，先將外在合格的女性娶回家，隨著時間的推移，再由她所表現出來的性情、行爲來進行評斷是否有達到生兒育女、孝順公婆、操持家務、勤儉持家等賢妻良母的標準，若不符合丈夫的喜好或犯了戒律，男性便可合理地外遇或提出離婚的要求：

> 娶着菁膏某，七顛八剖四處去品榜伊在大腹肚；娶着縹撇某，虛榮

〔註18〕同「鉸刀爿」。
〔註19〕同「查某蓋驚鐵掃帚」。
〔註20〕同「闊喙」。
〔註21〕「跛脚尪」同「跛跤翁」。
〔註22〕蒲如〈二九老新拾嫁詞〉，《三六九小報》第144號（昭和7年1月13日）。

心重奢華濫開濫用無所補；娶着戀愛某，頭興々尾冷々結局離緣方
知苦；娶着夾勢某，不惜本分講話好戲謔眞無普；娶着粗皮某，身
軀揭々扒假意□腰肌；娶着北彪某，銀錢不敷用未受得艱苦想要走；
娶着賢的某，孝敬翁姑料理家事能勤儉同甘同苦。〔註23〕

　　然而男女之間的情愫並不能只靠家世、財富、美貌、體面相等外在實質
條件來衡量，最重要的雙方得要有#8「姻緣」才行，正所謂#9「五百斤緣天
註定」。〔註24〕也許外人看來是#10「好花揷帶牛屎堆」〔註25〕十分不相配，
但對有情人而言卻是#11「妍醜〔註26〕無比止，合意較慘死」，只要彼此互相
意愛，上述的衡量標準也就都不重要了。正因婚姻是人生大事不可兒戲，所
以俗諺#12「呆田望後多，呆〔註27〕某壹世人」勸告世人擇偶的重要性；夫妻
是共同體，若是選到不好的伴侶則會產生#13「歹匸能累某，歹鑼能累鼓」的
情形。俗諺#14「揀々甲一個賣龍眼」〔註28〕則是告訴世人若遇有適合的婚配
對象就應該好好把握，不要太過挑剔，否則最後只剩下不好、不適合的對象。
另外對於老是找不到適合的婚配對象、擔心自家身世不好，或是自覺身體有
缺陷的人，可用#15「尼姑和尙某」、#16「有樹木着有鳥宿」〔註29〕及#17「乞
食寮在〔註30〕選好漢」等俗諺來安撫焦慮不安的心情，因爲無論是貧富、美
醜、聰明或愚笨，皆有與其匹配的對象。

2. 對神職人員不守戒律的批判

　　1930 年代婚姻觀還涉及到宗教觀點，從文本出現俗諺#15「尼姑和尙某」

〔註23〕 在公明々〈拾娶詞〉，《三六九小報》第 150 號（昭和 7 年 2 月 3 日）。
〔註24〕 《台日大辭典》收錄有諺語「五百斤鹽鑄一口鼎」，意思是無論是貧富或是愚
　　　　智都是天注定的；而《臺灣俚諺集覽》則採錄諺語「因緣五百年前註定」專
　　　　指姻緣天注定。雖找不到相近的俗諺，但筆者仍將「五百斤緣天註定」視爲
　　　　一俗諺，原因有二：作者可能將「五百斤鹽鑄一口鼎」和「因緣五百年前註
　　　　定」做結合，取前句「五百斤」的用詞和天注定的意境和後句「因緣」和「註
　　　　定」的用詞創出新的俗諺「五百斤緣天註定」；或是作者在改寫俗諺「因緣五
　　　　百年前註定」時，誤將「年」寫成「斤」。
〔註25〕 「揷帶」同「插佇」。
〔註26〕 「妍醜」同「嬌穤」。
〔註27〕 同「歹」。
〔註28〕 同「揀揀共一个賣龍眼」。
〔註29〕 「鳥宿」同「鳥岫」。《台日大辭典》收錄「有鳥巢 tiòh 有鳥歇」，雖然「鳥巢」
　　　　與文本「樹木」不同，但意思相近。
〔註30〕 同「佇」。

可看出一些端倪。#15「尼姑和尙某」原本是用來比喻一定會有與之相配的伴侶，
用以安撫適婚年齡的男女無須過度擔心。隨著時代和社會的變遷，尼姑、和尙
不守戒律的傳言不斷，在《三六九小報》也出現出家人破戒的文章，如〈開心
文苑‧賀齋姑出閣文〉〔註31〕諷刺尼姑嫁人、〈史遺‧和尚春案〉〔註32〕報導
和尙強暴女孩，最後被害人卻因傷口感染而死的社會案件，使得神職人員的正
面形象蒙上厚厚的陰影。又加上日治時期出現第一批受日本教育的出家人，受
日本佛教的影響，萌發改革佛教、推動臺灣新佛教運動的念頭，認同神職人員
可以吃葷食，也能夠擁有性生活和婚姻，佛教寺院繼承採長男世襲制度等等，
〔註33〕這些觀念皆與傳統的佛教戒律有所衝突，連帶地使得此俗諺衍生出新的
諷刺意涵。

　　林德林（1890～1951）是臺灣新佛教運動最具代表性的人物，他將這些
新的宗教觀念化爲實際行動，如於臺中佛教會館中公然舉行結婚典禮，此舉
不但在宗教界掀起波瀾，引發佛教徒的不滿，在文壇界更是掀起一波「儒佛
之爭」、「儒釋爭論」〔註34〕，彰化崇文社文人還發起「關佛事件」〔註35〕，
動員多人投書於報紙媒體之上，大肆批判、攻擊、羞辱林德林與其他佛教人
士，時任崇文社社長黃臥松還將相關文章、作品集結成冊，出版 5 集《鳴鼓
集》。〔註36〕《三六九小報》也參與此役，曾刊載黑函，批判林德林是「雖身
著袈裟。意存妄想。口誦彌陀。心懷邪念。……勃起淫心。私尼姑以參歡喜
禪。姦齋女爲悟心肝佛。清淨禪房。權作鴛鴦之夢。……紊亂社會。敗壞僧

〔註31〕努目金剛〈開心文苑‧賀齋姑出閣文〉，《三六九小報》第 4 號（昭和 5 年 9
　　　　月 19 日）。

〔註32〕鍊仙〈史遺‧和尚春案〉，《三六九小報》第 8、9 號（昭和 5 年 10 月 3 日、
　　　　昭和 5 年 10 月 6 日）。

〔註33〕參見王俊中〈日本佛教的近代轉變──以佛學研究與教團傳教爲例〉，《獅子
　　　　吼雜誌》第 33 卷第 4 期，1994 年 4 月。

〔註34〕醉徐生〈儒釋爭論〉，《三六九小報》第 99 號（昭和 6 年 8 月 9 日）。

〔註35〕「關佛事件」又稱「中教事件」，詳見宋光宇，《日據時期臺灣人對日本文化
　　　　之迎拒：殖民性、現代化與文化認同》，中國文化大學史學研究所博士論文，
　　　　2007 年。

〔註36〕關於林德林的個人生平、事蹟及日治時期臺灣新佛教運動，研究學者江燦騰
　　　　以歷史學的觀點做了一完整研究，詳見江燦騰，《殖民統治與宗教同化的困境
　　　　──日據時期臺灣新佛教運動的頓挫與轉型》，國立臺灣大學歷史學研究所博
　　　　士論文，1999 年；江燦騰〈日據時期臺灣新佛教運動的先驅──「臺灣佛教
　　　　馬丁路德」林德林的個案研究〉，《中華佛學學報》第 15 期，2002 年，頁 255
　　　　～303。

規」〔註37〕的破戒僧。此文一出，引發臺灣佛教界譁然，文中又未明確指稱破戒僧為何人，佛教高層人士害怕文章中的破戒行為將會影響佛教神職人員的形象，進而引發臺灣民眾反彈，導致信眾流失，於是特地投書至三六九小報社，希望原作者能夠明確指出所影射對象，揪出破壞佛教形象的某破戒僧，期望能與其劃清界線。〔註38〕

二、婚姻形式的常態與變體

1. 婚姻的常態：「娶某嫁翁」

男娶女嫁為婚姻的正常模式，男人結婚為#19「娶／焄」、#20「娶某」和#21「娶着」，俗諺#22「老牛哺幼笋／老牛想慘哺幼笋」〔註39〕常用來揶揄男大女小年紀相差懸殊的婚配狀況或是調侃臨老入花叢的老男人。女人結婚則稱為#23「嫁」和#24「嫁厓」，若是一位女性許配給兩個不同的男性，或者是同一件事情卻同時答應兩個人，則可用#25「一馬掛兩鞍」和#26「一個新娘允二個子婿〔註40〕」來形容。另外，傳統社會認為婚姻關係內若能#27「姑換嫂」互相嫁娶，不但彼此間能互相照應，更是一門親上加親的喜事。但是#27「姑換嫂」也不見得就是一門好的親事，前人用「姑換嫂無通好」、「姑換嫂，一頭好一頭倒」、「家若欲敗，姊妹做同姒」等俗諺來勸誡世人不要陷在親上加親的迷思之中。

俗諺#28「細脚查某行路倚壁趖」有二種意思，一是用來形容女生走路的姿態，早期女性纏腳後，走路不好施力，不是須靠他人攙扶，就是得扶著牆壁慢步行走。由於受到社會達爾文主義及近代生物學等現代文明的影響，臺灣總督府將解纏足當作是教化政策之一，就連民間人士也紛紛創立「臺北天然足會」、「臺南天然足會」、「解纏會」、「風俗改良會」團體提倡解足；加上西方美學觀念進入臺灣、女性被納入經濟生產人力等因素的加總，徹底顛覆了女性身體樣貌，使得女性毋須再受纏足之苦。

第二種意思可從女大當嫁的婚姻觀點切入。家中若有接近適婚年齡的子女，父母親便會四處央請親朋好友或是媒人幫忙尋找匹配的對象。若有人到家

〔註37〕僧斌宗〈忠告某破戒僧〉，《三六九小報》第 252、253 號（昭和 8 年 1 月 13 日、昭和 8 年 1 月 16 日）。

〔註38〕彬拉〈雲箋〉，《三六九小報》第 256 號（昭和 8 年 1 月 26 日）。

〔註39〕「慘」同「欲」，「笋」同「筍」。

〔註40〕「子婿」同「囝婿」。

中說媒提親，女孩出於好奇心及害羞的心態，不敢光明正大，只得偷偷摸摸地「趖」到客廳外偷聽自己的終身將花落誰家。然而，父母之命、媒妁之言的婚姻觀，也隨著自由戀愛觀念的推行而產生質變，以孔孟之學為主體的《三六九小報》也曾刊載鼓吹自由戀愛的白話詩：「父母之命。媒妁之言。這樣受舊禮教包辦的婚姻！在萬事維新的二十世紀底下。還是戀々不捨嗎？」〔註41〕雖然刊載提倡自由戀愛的文章數量不多，但由上述新體詩可刊載於《三六九小報》之上，可看出其編輯群對於新觀念是抱持著相容並蓄的包容態度。〔註42〕

2. 婚姻的變體：「招翁招夫」

　　基本上，臺灣傳統社會的婚姻制度是以女子嫁入男方家，並與男方的親友同住為主要模式，但若家族不幸出現香火無人繼承的窘境，則可藉由招贅的變體婚姻形態來解決傳承的問題，招贅婚分為兩種，一是女方家族幫女兒招丈夫，另一種則是男方家族幫媳婦招丈夫。前者為#29「招匼」，因女方家族沒有男性子孫可傳宗接代、繼承家產，便使用招贅婿的方式，要求男性必須和妻子一同住在娘家，並協議未來所生的嫡子須從母性以延續女方香火。後者為「留媳招夫」，或稱#30「招夫去養子〔註43〕」，也就是當原男主人逝世後留下老母與幼子，需要由其他男人來接手養育兒子、孝順長輩以及祭拜祖先等職責，在不得已的情況之下，只好替寡婦招異姓男子來持家。

　　由於招贅婚與正常婚姻形態相反，又牽涉到家產和繼承的問題，所以早期民眾會以立契字的方式白紙黑字載明婚姻期限和繼承方式。從契字內容也可以看出女方招贅原委，以下舉#29「招匼」與#30「招夫去養子」兩種類型的契字為例：

〈主婚招贅書字〉

> 立主婚招贅書字人番婦李潘氏，有孫女名叫金田，年登拾八歲，尚未及笄，姚天以時，央媒許配，招得吳日新官有胞侄名喚王連，年貳拾伍歲，入贅為夫。同媒議定，備出酒度銀參拾貳大員，擇其吉良，過門入贅，二姓合婚，百年偕老。異日生育弄璋，首男歸李家，

〔註41〕浪龍〈自由詩・包辦婚姻〉，《三六九小報》第 60 號（昭和 6 年 3 月 29 日）。
〔註42〕以擔任小報編輯及理事的王開運為例，他認為新舊文學皆有各自的優點，知識份子應該抱持兩者兼顧的心態，不可偏頗一方。全文詳見王開運（悼庵）〈亂彈〉，《三六九小報》第 254 號（昭和 8 年 1 月 19 日）。
〔註43〕同「匼」。

次男歸吳家；男女對半均分。自此入贅以後，置有租產物業，吳、
李子孫均分，不得涉私。螽斯衍慶，麟趾呈祥，二比甘願，各無反
悔，口恐無憑，今欲有憑，合立主婚招入書字貳紙壹樣，各執壹紙，
付執存炤。

卽日同媒親收過酒席銀叄拾貳大員正，再炤。

一、批明：李家舊租業厝宇等項，異日概歸李家，聲明，炤。

代書人　李謙亭〔註44〕

上列#29「招贅」契字說明吳王連入贅至李家，繼承子嗣是採長男歸李家、次
男歸吳家的方式，而家產則是自入贅之後的產業是吳、李兩家子孫均分，入
贅之前的產業一律歸為李家。

〈憑單字〉

具憑單字人長興下裏土庫莊郭劉氏，為子早年去世，無人奉養，願
媳婦陳氏招夫養子，奉侍老身天年，若生男兒，寫與郭海萬代香烟。
一切田園厝宅，財產物業，准媳婦陳氏掌管，收成納稅，奉祀年節，
房親人等不得迫移他處，亦不得掌管基業，生端滋事。此係二比甘
願，各無反悔，口恐無憑，今欲有憑，同立單一紙，付執為炤。

光緒二十六年七月

知見人　堂叔郭汶
立憑單字人　郭劉氏
代筆人　姪　郭追〔註45〕

〈招夫養兒字〉

立出招夫養兒子人郭門蘇氏，生有子，名阿鳳；娶有妻，名和妹。
因夫早亡，子幼家貧，托得埤頭下莊謝相源為媒，招于曾添官為妻。
憑媒面說，養育子弟並老母年老歸仙，並葬壹事，自招以後，子弟、
老母並年節一切係曾添官應當料理。此係二比甘願，兩無迫勒，恐
口無憑，立出招養字一紙，付執為據。

一、批明：實領到招字銀拾貳元正，立批。

〔註44〕臺灣銀行經濟研究室編，《臺灣私法人事編（第四冊）》（臺北市：臺灣銀行，
1961年），頁541。

〔註45〕臺灣銀行經濟研究室編，《臺灣私法人事編（第四冊）》（臺北市：臺灣銀行，
1961年），頁568。

又批明：老母並兒子係添官養育，立批。

又批明：於本年舊五月初六建生一子，名喜生，面説此係歸于曾添
官爲子，不得異言，立批。

光緒二十八年舊六月二十五日

媒人　謝相源

在場見人　郭阿壬

郭龍生

的筆人　郭登郎

招夫字人　蘇氏〔註46〕

上列契字說明婆婆因兒子去世後，深怕年老之時無人奉養，所以便想替
媳婦招一夫婿，並載明日後若生男性子孫則是歸自家所有，一切家產也是由
媳婦掌管，新來的夫婿並無任何的權利。爲媳婦招夫最重要的目的是希望有
男性可以養育家族子弟和肩負起喪葬祀拜的功能，由此可見，入贅的丈夫在
家中的地位比起一般正常的丈夫要低得許多，在婚姻關係之中也是著重於生
殖與祭祀功能，沒有任何繼承家產的權利，卻負有扶養妻子及其家人的義務。
如同俗諺「好囝毋予人招」所示，站在男性的立場，若非自家的經濟困頓、
家計出現重大危機，一般男性並不會隨便拋棄尊嚴、入贅「予人招」，不但是
丟了自己大男人的面子，連帶地也會使自己的家族、祖先失去臉面。

「囝仔歌」〈戇子去入贅〉便呈現出招贅婿的心酸，不但是地位卑下、無
人疼愛，還有得不到任何男性尊嚴的危機：

番麥開花在半腰，飼着戇子去被招；招得好，人人阿老，招得歹，

丈人丈姆攏無愛；眞正是戇子婿！趁着錢銀丈姆的，心苦病痛做狗

爬，艱苦叫母與叫父。〔註47〕

然而，無論是#29「招囝」或「招夫」都是爲了要延續父系家族血脈才衍
生出來的變體婚姻，但是單就男女的性別位階而言，妻子的地位依舊是低於
入贅的丈夫，並不會因爲變體婚姻而有所提升。

三、傳統婚俗儀式及其涵義

早期臺灣經濟與醫療條件不佳，無論生育還是教養孩子都不是件容易的

〔註46〕臺灣銀行經濟研究室編，《臺灣私法人事編（第四冊）》（臺北市：臺灣銀行，
1961年），頁576～577。

〔註47〕廖漢臣，《臺灣兒歌》（臺中市：臺灣省政府新聞處，1980年6月），頁182。

事。家中若有身體不佳或難以教養的孩子，父母親多半會到廟裡向神明許願，祈求孩子能平安長大好養育，或是央求神明認這個孩子爲「契囝」養子，至成年及結婚之時，再準備豐盛的供品、傀儡戲、或請眞人演出戲劇來「拜天公」，鄭重地向神明表達感謝之意。俗諺#31「前棚傀儡後棚戲」正是訴說傳統結婚儀式，男方先在家中「拜天公」後，再到女方家迎娶新娘入門，之後宴請賓客，爲了加添熱鬧的氣氛，還會請來劇團演出大戲。傳統婚禮中，新嫁娘出嫁時會乘坐#32「紅轎」至男方家，上轎前親朋好友會說些吉祥話，祝福新娘能興旺夫家、未來的人生更爲順遂、幸福，如文本中的「生囝生孫好育飼」便是祝福新娘能早生貴子，或是#34「較醜查某囝，上轎會十八變」〔註48〕則是祝福新娘在婚後能夠變得漂亮、性情變得柔順，以得到夫家的喜愛。

　　另外，結婚這一天是以新娘爲主角，所以有「四个恭喜扛一个也好」〔註49〕的俗諺來說明男女地位互易的短暫情況。由於傳統重男輕女的態度，產婦若是順利產下男嬰，便會得到家族、鄰居的「恭喜」祝賀；若是產下女嬰，所得到的祝詞則是類似「無魚蝦也好」的「也好」、「嘛好」。所以在結婚的這一天，是由四位得到「恭喜」祝福的男性抬著「也好」的女性，在迎娶的這一路上，女性暫時得以一吐長時間被欺壓的怨氣，但這種男女地位互易的情況卻也只是短暫的。

　　文本還提到『叫〔註50〕女兒。#33「上轎」放梹榔。#35「入門」性地着改』的禮俗，父母親在女兒出嫁前會對她耳提面命，如教她在上了紅轎之後，就得將手中的扇子、香煙、手帕或是一雙紅筷子等吉祥物丟在離家不遠處。這種丟吉祥物的儀式有三種用意，第一是表示「放性地」，期望新娘於婚前一切不好的性情脾氣，能夠如同扇子等吉祥物般被丟棄，不會帶著這些不好的「性地」嫁至夫家，如此一來才能成爲「得人緣」的「好新婦」；第二是代表出嫁之後，娘家舊姓正如同吉祥物般被丟棄在娘家，新娘得冠上夫姓，成爲夫家的一份子；第三則是對新娘的祝福，「扇」諧音「散」（suánn）、香煙的臺語爲「薰」，與「分」（hun）同音，表示與娘家緣分已散，期望新娘嫁入夫家後，生活能過得美滿、

〔註48〕　「醜」同「穤」。《臺灣俚諺集覽》只有「上轎十八變」，但是作者加上「較醜查某囝」來對應，爲了呈現完整的意象，故筆者在斷詞時將兩句認定爲一句。

〔註49〕　此俗諺的變體爲「四个恭喜扛一个周市」。

〔註50〕　同「叫」。

夫妻能夠和樂，不要因為夫妻吵架或被丈夫休離而回到娘家。〔註51〕奇特的是，文本提到#33「上轎」之後代表「歹性地」的吉祥物並非扇子、香煙、手帕或紅筷子，而是檳榔，這樣的婚姻禮俗相當少見。〔註52〕

　　除了期望藉由「放性地」的儀式，期許新娘將缺點丟棄，以獲得夫家喜愛，更重要的是，新娘過門後的身份便一分為二，不但是丈夫一人的妻子，還是夫家全家族的媳婦，媳婦的職責是遠遠大過於妻子的職責。然而，新娘獨自一人面對全新的家族，勢必會感到害怕不安。於是，通常在出嫁前，母親會以俗諺#36「入山看山勢，入門看人意／入門看人意」來教育女兒，到了夫家後要認真學習夫家一切的規矩，要懂得隨機應變並觀察夫家家族的喜好及禁忌，若能投其所好是最好，若是辦不到，避免觸碰禁忌也能幫助她成為一個識大體的好媳婦。家境小康的新娘在出嫁的時候，父母會為她準備#38「嫁粧」，包含珠寶首飾等貴重物品和象徵吉利、好兆頭的生活用品。舉行婚禮時不僅有媒人在旁張羅、指導一切儀式，還有一群年齡相仿的親友充當#37「送嫁」陪著新娘舉行婚禮儀式。

　　傳統認為守貞節與生兒子是女人一生中最重要的生存價值，同時也是婚後獲得夫家喜愛的籌碼，所以在迎娶過程中，處處可見用來張顯新嫁娘的貞節象徵以及強調女性「生囝」的生育功能，例如在迎娶隊伍的最前方須有綁著豬肉、連根帶葉的青竹，取竹子有節的意象來代表新娘的貞節，而豬肉則有趨避「白虎神」的意涵。新娘穿著白色的內衣褲、並在新床鋪上白色床單，方便用來檢驗新娘在新婚之夜是否落紅，來推斷她是否在婚前仍保有貞節，在新婚之夜隔天，婆家和娘家都會派親屬檢查，如『舅仔#39「探房」』的婚

〔註51〕「放性地」相關禮俗詳見薛雅萍撰「丟扇」，《臺灣大百科全書》。

〔註52〕一般而言，檳榔是具有排解糾紛的功能，如《臺海見聞錄》提到的「閭里詬誶，輒易搆訟，親到其家，送檳榔數口，即可消怨釋忿」；《諸羅縣志·風俗志·漢俗》紀錄了檳榔的療效和社會作用：「土產檳榔，無益饑飽，云可解瘴氣；薦客，先於茶酒。閭里雀角或相詬誶，其大者親鄰置酒解之，小者輒用檳榔。百文之費，而息兩氏一朝之忿；物有以無用為有用者，此類是也。」；清巡台御史張湄以〈檳榔〉為題寫下「睚眦小忿久難忘，牙角頻爭雀鼠傷。一抹腮紅還舊好，解紛惟有送檳榔」；而劉家謀也以〈詠檳榔〉為題寫下「鼠牙雀角各爭強，空費條條誥誡詳；解釋兩家無限恨，不如銀盒捧檳榔。」文句中的檳榔都是作為解紛之用，並無權當嫁娶吉祥物的作法。雖然如此，但從文本來看，此處的檳榔並不是為了配合音韻而安插的，所以檳榔做為「放性地」的吉祥物可能是實際的做法，只是因為年代久遠，加上民間習俗的地域性特質，所以較鮮為人知。

俗正是娘家爲了檢查新娘的貞節所衍生出來的。

　　婚後第三天，新娘的男性親屬如兄弟或是姪子要帶著紅花到男方家探望問候，即爲『舅仔#39「探房」』，不但有祝福新娘早日生子的涵義，也有代替娘家父母前來探視新娘是否幸福快樂的暗示，最重要的工作是要將新娘於初夜所穿的內衣褲帶回娘家，讓父母檢查有無落紅，證明新娘是否是以完璧之身出嫁，這不只是關係到新娘個人的貞節的問題，更是攸關娘家全體家族的面子，新娘在婚前保守貞節代表著家庭教育的成功。嫁妝「子孫桶」中的「腰桶」，「腰」與「育」（io）同音，有祈望生子的意象；新娘入門前的跨「烘爐」、「踏瓦」儀式，皆有一舉得男之意。貞節除了是婚姻禮俗的焦點之外，更是貫穿女性的生命歷程，此點將於往後幾小節做一深入探討。

　　賴惠川（1887～1962）〔註53〕曾以臺灣傳統婚俗儀式爲元素創作竹枝詞，由於寫作年代及背景相似，筆者便將其作品拿來做爲參照對象。

　　　鄰家阿妷出閨時　性地如今要放開　嬌憨習慣母收回　彩輿待到肩
　　　扶起　小扇輕輕擲出來　彩輿將到大門開　多謝親朋賀喜來　拜託
　　　小郎請出轎　朱盤高捧兩柑排　出轎匆匆起步趨　身邊老婦免來扶
　　　新娘肥腯大根腳　踏瓦何難跨火爐。〔註54〕

新娘坐在紅轎中，在離家不遠處將扇子丟出轎外，也就是「放性地」，表示婚前的嬌憨習氣已放在娘家，不會帶到夫家。抵達夫家後，有男童捧著紅盤迎接新娘下轎，紅盤中擺放著數個象徵吉祥、圓滿的橘子。從文句中可看出身體美觀已逐漸改變，從前女人纏足的部分原因是爲了日後覓得好夫婿，在婚姻市場中一雙小腳極具競爭力，媒人會根據腳的大小來選擇婚配的人家，男方也會因爲女生是否纏有小腳來判斷她的家世門風。

　　隨著時代的進步，女人毋須忍受纏足之苦，作者更是以「纏足／天足」的體態做爲對比，提倡女人不用纏足也能嫁得出去。作者生動地描寫天足新

〔註53〕賴惠川，名尚益，字惠川，以字行，號頤園，一號芸園，署名悶紅老人，嘉義人。著有《悶紅小草》、《悶紅墨屑》、《悶紅墨審》、《悶紅墨餘》等書。資料源自《臺灣記憶‧臺灣人物小傳》網站（來源：http://memory.ncl.edu.tw/tm_cgi/hypage.cgi?HYPAGE=toolbox_home.hpg，讀取日期：2010 年 6 月 6 日）。《悶紅墨屑》爲竹枝詞作品集，正文有 672 首，補錄 170 首，共計 842 首竹枝詞，全部作品收錄於賴惠川，《臺灣先賢詩文集彙刊第四輯‧悶紅館全集》（中）（臺北縣：龍文出版社，2006 年）。

〔註54〕賴惠川，《臺灣先賢詩文集彙刊第四輯‧悶紅館全集》（中）（臺北縣：龍文出版社，2006 年），頁 335。

娘動作俐落，不須旁人攙扶就能憑著自己的力量踏破瓦片、跨過火爐、走進新房，與小腳新娘處處須靠全福婦人攙扶之下才能完成儀式的樣子一比對，更可看出女人少了小腳的羈絆，行動更為獨立自主。特別的是，作者使用「大根腳」來描寫新娘的天足，「大根」為日語，也就是「菜頭」、蘿蔔的意思，從前是以「三寸金蓮」來比喻女人的一雙小腳，現在作者使用「菜頭」來比喻女人的一雙大腳，以小而脆弱的「金蓮」和大而健康的「大根」相比，十分有趣。

> 鴛帷深鎖寂無譁　春夢驚回月欲斜　枕畔與郎金戒指　願郎莫去採
> 閒花　鴛鴦白首百年偕　香夢溫柔領略纏　聞令要郎遵一一　悄開
> 羅帳踏郎鞋　紛紛俗例太磨人　嫁娶雙方亦認真　舅仔探房銀結帶
> 新郎回禮帶添銀〔註55〕

結婚儀式又多又繁複，但是這些儀式都被賦予了神祕的力量，攸關新人的未來幸福，所以嫁娶雙方都十分認真地看待並一一操作，許多儀式也具有夫妻雙方彼此角力、「壓落底」的意涵，如戴戒指和衣物擺放的上下位置。民間相信若將戒指一套到底就代表被帶戒指的那一方被「壓落底」，一切事物將在婚後受對方所控。由於雙方都不願意處於劣勢，通常戴到第二指節時，當事人都會略將手指微彎，好阻止對方一套到底的意圖。若是自己的衣物被對方的衣物壓住，也表示在婚後會處於劣勢，於是雙方都要趁對方不注意時，偷偷地把自己的衣物置於上方。「悄開羅帳踏郎鞋」正是描寫新娘不願被新郎「壓落底」，於是趁著新郎不注意，偷偷將自己的鞋子放在新郎的上方，要使新郎於婚後能聽命於自己的行為。

　　賴惠川也寫下了『舅仔#39「探房」』的儀式：「舅仔探房銀結帶　新郎回禮帶添銀」，新婚第三日新娘的兄弟或姪子欲帶新娘回娘家歸寧，夫家須準備禮物讓新娘帶回娘家，稱為「結帶」；隔天新郎前往岳家迎回妻子，岳家要準備更多的禮物回贈男方，如兩支綁著紅線的連根帶葉的甘蔗祝福夫妻有頭有尾、白頭偕老、一公一母的「毛路雞」祝福新娘早生貴子，有「年頭飼雞栽，年尾做月內」的涵意。另外，相傳「毛路雞」具有預測新娘頭胎嬰兒性別的能力，將一對「毛路雞」放在床底下，若是公雞先走出來，就表示會先生男生，

〔註55〕賴惠川，《臺灣先賢詩文集彙刊第四輯‧悶紅館全集》（中）（臺北縣：龍文出版社，2006年），頁336。

若是母雞，則會生女生。〔註56〕

　　#40「沖〔註57〕喜」是藉由喜氣來改變家中不好的氣場，如家中長輩久病不癒或是家運突然衰微，希望透過男性子孫結婚的喜氣改變氣場，使長輩痊癒或家運提升。傳統社會非常忌諱#41「喜沖喜」的情形，認為若是兩椿喜事相遇，必定會有一方的喜氣被另一方奪去，造成喜事變凶事的後果。所以若兩家的迎娶隊伍不巧在路上相遇，必須經由「換花」儀式，藉由媒人之手交換新娘身上所載花朵以化解喜事對沖的不吉祥。另外，#41「喜沖喜」的範圍也可擴大規範至日常生活，民間流傳準新娘不可吃自己的喜餅，怕把喜氣吃掉會轉吉為凶，新婚四個月內不能參與他人的婚禮，而孕婦也不可以參加婚禮、進入新娘房或「月內房」，皆是基於為避免#41「喜沖喜」所衍生出的禁忌。

四、小　結

　　俗話說「是姻緣到，毋是媒人勢」、「姻緣天註定，毋是媒人跤勢行」，兩個陌生男女結為夫妻除了人為的促成之外，緣份也是關鍵所在，只要姻緣一到，命中註定的那位真命天子／女就一定會出現。傳統的婚姻觀是以父母之命、媒妁之言來決定婚配對象，由於結婚是雙方家族的結合，所以彼此的社會地位、家世背景等條件便成雙方家長擇媳、擇婿的標準。然而，女性結婚的門檻高於男性，無論是身材外貌的外在條件，或是性格、人品，甚至是命格，都成為男方家族篩選的條件。

　　俗諺「尼姑和尚某」不但隱含了傳統知識份子對當時代出家人破戒行為的批判，如和尚強暴婦女、尼姑與人私通等行徑；同時，也用來暗指日治時期的臺灣新佛教運動的種種概念，較不為民眾所接受，如提倡出家人不用吃素、可以擁有性生活、還能夠結婚生子等等。為了傳宗接代、生兒育女，除了正規的婚姻形態男娶女嫁之外，民間還發展出兩種招贅婚：#26「招匼」與「招夫養子」，以確保夫家家族的血脈得以傳承。而傳統婚俗儀式其背後的意義有二：一是告訴新娘出嫁就是與娘家的徹底分離，如新娘在離家後所丟掉的吉祥物，除了是希望新娘的小姐脾氣能夠丟棄之外，最重要的是代表新娘已經拋棄娘家舊姓，並且與娘家的緣分已散，從此成為夫家人；另外，為了

〔註56〕許富盛撰「娶路雞」，《臺灣大百科全書》。
〔註57〕同「沖」。詳細儀式可參見陳宛瑜撰「沖喜」，《臺灣大百科全書》。

確保父系家族血脈的正統性，新娘的貞節便成爲整場傳統婚俗儀式的焦點所在，不但得處處張顯，婚後的驗貞儀式更是婚姻的重頭戲。

　　婚後女人的品性決定了她是否爲賢妻的評價，或者，我們將這情況放大來看，傳統夫妻關係的促成並非出自當事人對愛情的認知，當事人也沒有自由選擇配偶的權利，難免會變成「相敬如冰」、「相看兩相厭」的怨偶，但是男性卻擁有外遇和主動提出離婚二種離開婚姻的方式，在婚姻關係裡還算是保有一點自主權利；反觀女性，她在婚姻之中，有的只是無止盡的義務和服從。

第三節　教養觀──「生囝師仔，飼囝師父」 〔註58〕

　　家族血脈傳承是子孫應盡的責任和義務，本節專門討論生育禮俗及教育等相關詞彙共有 60 個，累計詞頻爲 0.726%，如下表 3-2 生育禮俗相關詞彙表所示。

表 3-2 生育禮俗相關詞彙表

#	主要詞條	總詞數	釋　　義	音　　讀	異用字	異用字詞數	來　源
1	大肚	4	大的腹肚，女人懷孕。	tuā-tōo			1
2	生囝	2	生產。	sinn-kiánn			1
3	生	21	生育、生產。	sinn			2
4	栽花換斗	1	囝仔歹育飼的時，請童乩或巫女做紙花樹，提去廟寺下願，將紙花樹燒掉，提芙蓉轉去厝裡培養，努力顧予伊莫死去，囝仔就免死，這就是「栽花」。那是無囝的時抑是欲求查埔囝的時，斗貯米去祈求童乩，就是「換斗」。	tsai-hue uānn-táu			1
5	人生咱咱生人	1	鼓勵陣痛中的產婦，要她忍耐痛楚，甘心承受。	lâng sinn lán lán sinn lâng			7

〔註58〕意指生育孩子簡單，但是養育孩子長大成人是一件困難的事情。查詢自《臺灣閩南語常用詞辭典》線上版。

6	坐斗	1	分娩的時嬰仔尻川斗先出來。	tsē-táu			1
7	漏胎	1	流產。	làu-the			1
8	脫胎	1	（1）墮胎。 （2）流產。	thut-the			1
9	墮胎	1	（1）流產。 （2）除掉胎兒。	tūi-thai			1
10	滿月	1	產後滿一個月。	muá-gueh			1
11	收涎餅	1	爲著予小兒停止流瀾，產後四個月愛送人收瀾餅，也就是酥餅。	siu-nuā-piánn			1
12	發齒	1	生嘴齒。	huat-khí			1
13	七坐八爬九發牙	6	嬰兒七個月大時學會坐、八個月大學會爬、九個月大時就長牙齒。	tshit tsē peh pê káu huat-gê	七坐／八爬／七月坐八月爬九月發乳牙	2/2/1	2
14	三歲乖四歲崖五歲掠來刣	1	形容小孩子成長過程中的一段。	sann-hè kuai sì-hè gâi gōo-hè liàh lâi thâi			7
15	好腰飼	2	囡仔好勢育飼。／指孩子健康，很好養育。	hó-io-tshī	好搖飼	1	1/2
16	鼻空上青苔	2	鼻子下長青苔。流出青色鼻涕，變得不乾淨。／多用來形容小孩子疏於照顧，或照顧不良所引發的狀況。	phīnn- khang tshiūnn tshenn-thî	鼻孔口上青苔	1	3/7
17	育	3	養育。／撫養小孩長大。	io			1/2
18	養	2	養育。	iúnn			
19	飼	3	養飼。	tshī			1
20	養飼	1	養育。	iúnn-tshī			1
21	飼囝	2	予囝食飯。／養育小孩。	tshī-kiánn			1/2
22	飼大	1	養大	tshī-tuā			1
23	教訓	1	教示訓練，教育指導。	kàu-hùn			1
24	栽培	1	（1）培養。 （2）提拔，眷顧，愛顧。	tsai-pôe			1
25	不是哮就是笑，不	1	形容養育兒女的艱苦。	m̄-sī háu tō-sī tshiò, m̄-sī sái			7

				tō-sī jiō			
	是屎就是尿						
26	乘子不孝，乘豬夯灶	3	過份寵溺小孩的話，他會不孝；過份放任的豬話，牠會用鼻子的前端把灶推翻。	sīng-kiánn put-hàu, sīng-ti giâ tsàu	盛子愛不孝盛豬愛夯灶／乘囝成不孝	1/1	3
27	打草好驚蛇	3	處罰囝仔的時小可拍一下來予伊驚。	phah tsháu hó kiann tsuâ	打草會驚蛇	2	1
28	牽狗去落湯	1	指囝仔等受父母命令勉強遵守。	khan-káu khì lòh-thng			1
29	無教示	1	沒教養。	bô-kà-sī			1
30	扱繳蚶殼起，作賊偷摸米	3	小時候賭博以貝殼做賭注，賭久了就會愈賭愈大；如偶爾偷米，也就會愈偷愈大，到最後什麼都偷。比喻教育小孩要自小時候開始。幼兒時期切不可放縱。	puàh-kiáu ham-khak khí, tsò tshàt thau mi bí	扱繳蛤壳起／做賊偷抓米	1/1	7
31	頂厝人教囝，下厝人囝乖	1	上面的家庭在訓誡孩子，下面家庭的小孩會變得順從變話。	tíng-tshù lâng kà-kiánn, ē-tshù lâng kiánn kuai			3
32	大狗搬墻，細狗看樣	1	看到大狗跳過圍牆的話，小狗就會模仿。小孩子會模仿大人的意思。	tuā káu puânn tshiûnn, sè káu khuànn-iūnn			3
33	草索也拖阿父，草索也拖阿公	1	家己若不孝，囝嘛會不孝。／父親如果對自己的父親（祖父）做用繩子綁住強拉那樣的事，他自身也會被兒子做出相同的對待。出於己身，還諸己身。	tsháu-soh iā thua a-pa, tsháu-soh iā thua a-kong			1/3
34	扒壁	1	指囝仔頑皮臭賤。	peh-piah			1
35	搬墻	1	指囝仔頑皮臭賤。	pinn-tshiûnn			1
36	賊骨	1	指囝仔敢若賊盜的骨頭，按怎拍都袂疼。	tshàt-kut			1
37	双生	1	一胎雙囝。	siang-sinn			1
38	能生得子身，沒生得子心	1	用來說明，雖然兒女是父母所生，但也有自己的意志，父母不能左右的。	ē senn tit kiánn sin, bē senn tit kiánn sim			2

39	指頭咬着枝々痛	1	形容父母對子女的疼心是一樣的，不會有偏心大小眼。	tsíng-thâu kā-tio̍h ki-ki thiànn			7
40	虎母雖歹，無掠虎子咬食	1	老虎雖然是兇殘的獸類，但不會捕食自己的孩子。指沒有不愛孩子的父母。	hóo-bú sui pháinn, bô lia̍h hóo-kiánn kā tsia̍h			3
41	油柑好尾味	1	用來開化重男輕女的父母	iû-kam hó bé bī			8
42	孝	8	（1）孝行。 （2）祭拜祖先，供養。	hàu			1
43	不孝	1	無孝順父母。	put-hàu			1
44	多子誤煞爸	3	孩子不必多，只要有人孝順奉養就夠了。	tsē kiánn gō-sí pē	厝裡多子餓煞父／多囝誤煞父	1／1	7
45	猪子飼大不認猪哥做父	3	指佮情婦生的囝母認家己做老父。	ti-kiánn tshī tuā m̄-jīn ti-ko tsò-pē	猪仔飼大物認猪哥做父／猪仔飼大不認父	1／1	1
46	父母痛子兒親像長流水，子兒愛父母可比樹尾風	1	父母對於孩子的愛惜就如同長遠的流水，說孩子對於父母的關愛則如樹梢的風。父母總是愛護孩子，但孩子對於父母的關懷卻是一時的。	pē-bú thiànn kiánn-jî tshin-tshiūnn tn̂g lâu-tsuí, kiánn-jî ài pē-bú khóo-pí tshiū-bué hong			3

小計：60／8265；詞頻：0.726%

　　在生育禮俗相關詞彙中，出現頻率最高的三個詞彙分別是：#3「生」（21次）、#42「孝」（8次）與#13「七坐八爬九發牙／七坐／八爬／七月坐八月爬九月發乳牙」（6次）。#3「生」有生育能力和生產兩種意思，#42「孝」則是孝順長輩的意思，若將#3「生」與#42「孝」互相連結，便會出現「不孝有三，無後為大」的觀念，也就是說傳宗接代不但是身為子孫最重要的責任與義務，更是孝道的表現。另外，#3「生」與#42「孝」的連結還會產生教育子女是父母親最重要的責任。而#13「七坐八爬九發牙／七坐／八爬／七月坐八月爬九月發乳牙」則是早期社會拿來視為嬰孩成長的進程。

一、女人的價值：生兒子

　　三從四德（註59）的觀念灌輸人們女性是男性附屬品，女人從未被視做獨立個體，唯有依附在男人身旁時才暫時具備「人」的身份；再者婚姻最終目的在於延續家族香火，夫家與娘家的長輩們無不深切盼望剛進門的媳婦能快快產下繼承人。生兒子的期望與整個家族具有緊密的連帶關係，可從家族本身和婆婆立場先看起：對家族而言，媳婦一職本身就帶有生兒子的任務，因為只有兒子才能傳承家族一切事宜，在男嬰出生的那一刻起，整個家族的傳承工作才算開始運作；對婆婆而言，唯有等待媳婦替家族生下男嬰，才表示自己身為女人和夫家媳婦的任務已經達成，過世之後才可以安心地去見列祖列宗。

　　以父系家族的整體利益為考量、基於父系繼嗣的立場所制定的「七出之條」，更將已婚婦女豢養在重重禁忌的婚姻象牙塔之中。七出，又稱七去、七棄，是丈夫對妻子所提出的合法離婚條件，《大戴禮記・本命》記載：「婦有七去：不順父母去，無子去，淫去，妒去，有惡疾去，多言去，竊盜去。不順父母去，為其逆德也；無子，為其絕世也；淫，為其亂族也；妒，為其亂家也；有惡疾，為其不可與共粢盛也；口多言，為其離親也；盜竊，為其反義也。」前三項罪證是出自祖先崇拜文化，規定媳婦應服侍公婆以維護夫家長輩的尊嚴、無子指的是生不出兒子，既使已經生了女兒也會被認為是犯了無子的罪，因為生不出兒子就代表家族有絕子絕孫的可能、而淫僻的後果將會造成父系血統的不純正。從三從和七出的觀念可以看出，在傳統父系社會底下，身為女人最重要的價值在於替夫家生下強壯的男性子嗣延續香火，若生不出兒子，將會危害到整個家族的傳承，換句話說，女人獨有的生育功能讓她毫無拒絕空間，終其一生都得背負著整個夫家家族的血脈傳承，若不盡力發揮其生育功能，就是整個家族的敵人、是造成家族絕嗣的兇手。

　　若站在女性的觀點來探討，女人究竟是受到什麼樣的動力趨使，得在嫁人之後拼了命地也要生出一個兒子呢？筆者認為可以從二方面來看：第一、為了獲得更穩固的依附關係。由於媳婦是沒有血緣關係的異姓外來者，加上女人無法獨立為一房的緣故，她必須依附著男人才能勉強擁有身份，但是丈夫對她來說是個不可靠的支柱，他可以合法地擁有多位配偶，也可隨意地拋

〔註59〕《儀禮・喪服・子夏傳》提及婦女應遵守的規範，「婦人有三從之義，無專用之道，故未嫁從父，既嫁從夫，夫死從子」；「四德」出自於《周禮・天官・九嬪》，指的是婦德、婦言、婦容和婦功。

棄配偶，由婚姻所建構出來的夫婦關係是較為薄弱的；但兒子就不同了，「母以子貴」、「憑囝食，憑囝睏，憑囝領雙份」，兒子是她懷胎十月所生，母子的血緣關係是無法切割、分離的，所以兒子對女人來說，才算的上是一個穩固的支柱，有了這一個極為穩固的支柱，女人在夫家家族的地位才得以確保。

　　另外，站在「大某」的立場來看，生兒子則是可以確保未來當家主母的地位，只要不犯錯就不會有其他女人能夠取代她的家族位置，若是做為「細姨」的女性生了兒子，對於其家族地位的提升也有所幫助，雖然依舊得受制於「大某」之下。換言之，因為兒子的關係，女人終於可以在她漂泊無根的生命洪流中找到一個得以安身立命的棲身之所。

　　第二，為了取得家族身份認同。結婚的目的在於生兒子，而生兒子的重責大任則是落在被視為是生產工具的媳婦身上。身為一個外來的生產工具，她必須不斷地努力、為夫家有所貢獻，才能替自己取得一個穩固且不可替換的身份，其中，最容易的、也是最大的貢獻正是生兒子。女人一但生下兒子後就算是取得母親資格，因確保夫家香火繼承不成問題，而可取得成為祖先資格，並擁有被祭祀權，可於死後榮登祖宗之列享有子孫祭拜。也就是說，女人必須通過出嫁、生兒子、養育兒子成人、替家族找媳婦、媳婦生下繼承人等等一系列關卡，才能夠從最低階的妻職（媳婦）爬升到較高階的母職，最終到達女人的最高家族身份——「大家」婆婆，並於死後享祀。

1. 「也著神，也著人」的祈子儀式

　　女人婚後重要的職責正是懷孕#1「大肚」、#2「生囝」。文本裡的#3「生」有生育能力和生產之意，表生育能力的有「袂生撲損人兮 X」、〔註60〕「煩惱〔註61〕到會生也是袂生」、「袂生對假死」、『卜〔註62〕生着#4「栽花換斗」』四句。由於神祕的懷胎生產能力為女性所獨有，所以傳統認為只有女性才有「袂生」無法生育的問題。正因如此，女人的一生，從未婚、結婚、懷孕至生產的各個階段，都必須承受生育能力被質疑的壓力，如是否擁有受孕能力、是否會生男孩、所生嬰孩是否擁有強壯的體質等。

　　生育對傳統家族及社會是重要且神祕的，民間也發展出許多祈子儀式，

〔註60〕 同「袂生拍損人的 X」。根據上下文，筆者推測 X 為潲（siâu），精液之意，此句是諷刺女人無法生育，浪費男人寶貴的精液。
〔註61〕 同「惱」。
〔註62〕 同「欲」。

一般而言是仰賴神明之力，向專司生育的神祇祈求子嗣，如九天玄女、註生娘娘、觀音菩薩等。文本提到的#4「栽花換斗」是民間最普遍的祈子儀式，它有祈求早生貴子和變換胎兒二種作用。民間相信人的元神在地府，男性的元神化身爲樹欉，女性則是花欉，花欉上的每一個花苞代表一個孩子，白花代表生男生、紅花代表生女生。#4「栽花換斗」作用之一是爲久婚不孕或是孩子早夭的婦女祈求受孕，請乩童或尪姨等靈媒觀落陰，進入地府探看當事者的花欉上是否存有花苞，若花苞枯萎就表示孩子的健康有問題，若是花欉遭蟲咬或佈滿蜘蛛網表示母體不健康，經由靈媒之手將花欉施肥、換土、清除害蟲和蜘蛛網之後，當事者便可順利懷孕。〔註63〕

在「重男輕女」的觀念趨使之下，#4「栽花換斗」更進展爲具有變換胎兒性別的作用，方式有二：一是由靈媒在孕婦臥房內放置一盆象徵男性生殖器「羼脬」（lān-pha）的蓮蕉花，並於床頭貼符咒和燒金紙，等儀式完成後再將蓮蕉花種在臥房後方，求子當事人細心照料之下便可如願生出兒子；第二種方式是帶一盆芙蓉花（音同扶陽 hû-iông）到供奉註生娘娘或臨水夫人的廟宇，經由法師或道士在孕婦頭上插白花祈求生男孩或是插紅花祈求女孩。〔註64〕

《台日大辭典》則對#4「栽花換斗」有另外的解釋，「栽花」是指爲祈求嬰兒健康的儀式，當嬰兒久病不癒或病得很重，快要死了，其父母長輩便會請乩童或是尪姨折紙花，先到廟裡把紙花燒掉，後於屋後種植芙蓉花，只要芙蓉花不枯萎，就表示這個嬰兒會好起來，不會死掉。而「換斗」則是婦女拿家中的白米到寺廟向神明祈求生兒子的儀式。可惜的是，《台日大辭典》並未註明這種儀式是那個地方的習俗、該如何舉行，也並未說明米與男性之間有什麼樣的關連，使得民間相信可以用米祈求男嬰。

2. 懷孕期間的苦痛

懷孕是延續家族血脈的大事，但早期醫療並不發達，所以女性在懷孕過程中須付出相當大的代價，俗諺「生贏雞酒芳，生輸四塊枋」說的正是#2「生囝」的危險性，若順利生產，產婦坐月子時就有麻油雞可以補身體，若是不幸難產，很有可能會危害到母體的健康，甚至是生命，若因此死亡所得到的

〔註63〕陳瑞隆，《臺灣生育、冠禮、壽慶禮俗》（臺南市：世峰出版社，1998年1月），頁10～11。

〔註64〕詳情請參見李秀娥，《臺灣的生命禮俗——漢人篇》（臺北縣：遠足文化事業股份有限公司，2006年7月），頁19～21。

物品便是「四塊枋」——棺材。女性不但得承受懷孕帶來的身心變化、經歷「病囝」的不適，還得承擔#2「生囝」的風險，從〈十月花胎歌〉〔註65〕的內容可以看出女性在懷孕期間所受的苦痛：

> 正月花胎龍眼大，父母有身大受磨，
> 沒食要吐眞坐掛，眞眞艱苦無快活。〔註66〕
>
> 二月花胎肚圓圓，一粒宛然若荔枝，
> 田螺吐子爲子死，生子生命在水墘。〔註67〕
>
> 三月花胎人眞善，父母懷胎艱苦年，
> 脚酸手軟歸身變，倒落眠床咳咳干。〔註68〕
>
> 四月花胎分脚手，肚尾親像生肉瘤，
> 爲着生子難得求，三分腹肚不時憂。〔註69〕
>
> 五月花胎分鼻嘴，好物任食都沒肥，
> 脚盤宛然若匱水，腰骨親像塊要開。〔註70〕
>
> 六月花胎分男女，恐驚胎神會參滋，
> 三分若是有世事，靜符緊食結身軀。〔註71〕
>
> 七月花胎會煞位，一日一日大肚歸，
> 行着有心大心愧，一個腹肚圓錐錐。〔註72〕

〔註65〕 吳瀛濤〈從歌謠看民俗〉，《臺灣文物論集》（臺中縣：臺灣省文獻委員會：1984年），頁286。

〔註66〕 作者原將字義解釋以括號的方式附於文本之中，如以「坐掛」（受罪）的方式呈現，也就是「坐掛」是受罪的意思。但爲求閱讀方便，故筆者將釋義一律置於註腳中，若與「臺灣閩南語推薦用字」不同用字也一併置於註腳中，也就是以同「罪過」（tsē-kuà）的方式呈現。「無快活」（bô-khuìnn-uah）作者解釋爲不容易，但應是指身體不舒服的意思。

〔註67〕 文本的「子」皆同「囝」（kiánn）。「生命在水墘」作者注爲「很危險」的意思。

〔註68〕 「善」是累的意思，同「痠」（sian）。「歸」是全的意思，同「規」（kui）。「咳咳干」是「喘息」的意思。

〔註69〕 「親像」是好像的意思。「憂」是痛的意思。

〔註70〕 「任」是怎麼的意思。「都沒」是不會的意思，同「都無」（too-bô）。「匱水」是水腫的意思，同「膭水」（kuī-tsuí）。「塊要開」是好似要裂開的意思，同「咧欲開」（teh beh khui）。

〔註71〕 「驚」是怕的意思。「參滋」是干擾的意思。「靜符」爲安胎符。

〔註72〕 「煞位」是移地方的意思，同「徙位」（suá-uī）。「大肚歸」是肚子大起來的意思，同「大肚歸」（tuā-tōo-kui）。「大心愧」（tuā-sim-khuì）是喘息的意思。

八月花胎肚凸凸，早暗代志着知防，

這號艱苦不敢講，失頭着叫罩換。〔註73〕

九月花胎會振動，爲着病子不成人，

花粉減抹歸斗籠，無食腹肚亦沒空。〔註74〕

十月花胎苦憐代，一個腹肚這大咳，

想着要生流目屎，求要順序生出來。〔註75〕

孕婦受了十個月的折磨，終於等到臨盆之日到來，唯一祈求的不是生男生女，而是希望孩子能夠平安出生。基本上，分娩時應該是嬰兒的頭先生出來，此爲順產，代表嬰兒平安且順利的出生，母子均安，若是以其他姿勢出產道都稱爲難產，可能會危害到嬰兒和母親的健康，如文本提到的屁股先出來稱#6「坐斗」、手先出來稱「坦橫生」（thán-huâinn-senn）雙腳先出來稱「倒踏蓮花」（tò-táh-lian-hue）等。由於懷孕造成生理和心理上的不舒服，加上分娩時有難產的風險存在，於是便出現#5「人生咱咱生人」的俗諺來鼓勵產婦要忍耐懷孕的一切不便和分娩時的痛楚，更要勇於面對生死關頭，因爲這是每個女人都要經歷的過程。

　　#7「漏胎」、#8「脫胎」和#9「墮胎」是與懷孕、生產互爲對應的詞彙，指的是流產。文本出現『生囝袂閣#8「脫胎」會』的句子，以不會生孩子只會流產的刺人言論來嘲諷老是流產保不住胎兒的女人。『挂匿對#9「墮胎」』也是用來諷刺不孕的女人，「挂匿」〔註76〕指的是水稻開花結穗和獸類懷孕的意思，由於一枝水稻可結成許多小稻穗，常見家禽也幾乎都是多產的動物，如狗一胎平均可產下 2-10 隻小狗、豬一胎平均也能產下 10 隻小豬。但是人類生產習性是平均一胎一個，與多產動物相比，胎兒數量可說是十分稀少，於

〔註73〕 「早暗」（tsá-àm）是朝夕的意思，「代志」（tāi-tsì）是工作的意思，「知防」（ti-hông）是謹慎的意思，「這號」（tsit-hō）是這樣的意思。「失頭」同「穡頭」（sit-thâu）是工作的意思，「罩換」是幫忙做的意思，此句少一字應是「罩換做」，同「鬥換做」（tàu-uānn-tsò）。

〔註74〕 「不成人」同「毋成人」（m̄-tsiânn-lâng），是苦得不像樣子的意思，「花粉減抹歸斗籠」註爲談不到一身的美容，應是以胭脂水粉少抹了好幾籠的意象來形容因懷孕而無心打扮的意思。「沒空」，同「無空」（bô-khang）是不會餓的意思。

〔註75〕 「代」是事的意思。「這大咳」是這麼大的意思。「流目屎」是流淚的意思。「順序」（sūn-sū）註爲安產的意思，原是形容事情能按照程序進行而沒有阻礙，在此則是轉爲形容分娩時能順利進行。

〔註76〕 同《台日大辭典》「掛孕」辭條。

是作者利用動植物多產的習性來比對女人流產，來暗諷女人無法像其他動物一樣一次生下許多子女就算了，還不幸流產，無法完成最重要的任務，眞是比動植物還不如。

二、生育禮俗儀式及其涵義

「重男輕女」、「男尊女卑」的性別意識形態貫穿生育禮俗，從《詩經・小雅・斯干》可明顯地看出傳統對於男孩、女孩有著不同的期望，進而發展出不同的教養方式：

> 乃生男子，載寢之牀，載衣之裳，載弄之璋。其泣喤喤，朱芾斯皇，
> 室家君王；乃生女子，載寢之地，載衣之裼，載弄之瓦。無非無儀，
> 唯酒食是議，無父母詒罹。

男嬰可讓他睡在床上、穿上衣服，若是女嬰，就讓她睡在地上、只用條被褥包著，就連玩具也是天差地別，男嬰就拿貴重的禮器——璋，期望他長大後擁有如同玉器般高貴的品德，更期待他日後能出人頭地，成爲大官或是繼承家產；女嬰就給她玩紡織用的陶製紗錠，期望她能勝任女紅、操持家務，做事能夠不逾矩、不要讓父母蒙羞就好了。這種「重男輕女」的概念也助長了溺女、賣女以及「新婦仔」收養養女／養媳的風氣。

嬰兒出生後第三天稱爲「三朝」，這一天要幫嬰兒洗澡，洗完澡後穿上由產婦娘家所準備的新衣服，再抱到宗祠及神明廳祭拜神明和祖先。洗澡水是用龍眼葉、石頭和十二枚銅錢所煮成的，幫嬰兒洗澡時還要拿起石頭在他的胸前輕拍三下，象徵爲其「做膽」，祈望將來擁有敢做敢當的膽量。在早期男尊女卑的觀念下，普遍只幫男嬰舉行「做膽」儀式，民間認爲女命低賤、無須膽量，再者，也希望女孩長大後順從父母的一切指示，若是幫她做了膽，將來可能會反抗父母的命令、不聽管教。〔註77〕嬰兒出生後滿一個月稱爲#10「滿月」，當天以油飯和雞酒祭拜祖先及神明，告知祖先嬰兒的名字並寫進族譜之中，還要分送親友紅蛋或油飯；同時這天也代表產婦「做月內」的期間結束，生活作息可回復正常。

「做月內」的用意有二，一是考慮到產婦的身體在懷孕和生產過程過於

〔註77〕 「做膽」儀式參考自陳瑞隆，《臺灣生育、冠禮、壽慶禮俗》（臺南市：世峰出版社，1998 年 1 月），頁 77。隨著時代的演進，「做膽」儀式已經打破性別差異，無論男嬰、女嬰皆可做爲其「做膽」。

辛勞，身體十分虛弱，必須有一段時間專門讓她調養生息，爲下一次的懷孕做準備。二則與月經禁忌有關，民間認爲生產後的女性是「無清氣」的，因爲她的身上帶有極爲不潔的經血，必須與外界隔離，以免將她身上的穢氣傳染給周圍的人事物，直到她身上已無任何不潔的經血，才能回歸原本的生活領域。〔註78〕

　　嬰兒出生後由於吞嚥功能尚未發展完成，往往口水會流到下巴及胸前衣物，於是傳統禮俗中在嬰兒四個月大時會舉行「收瀾」儀式，將12、24或48個酥餅串成#11「收涎〔註79〕餅」掛在嬰兒胸前，請長輩取酥餅在嬰兒嘴巴上塗抹並說些吉祥話如「收瀾收離離，明年招小弟」祝福產婦明年能生兒子，或是「祝你努大漢」祈望嬰孩平安成長；一方面也期許經由「收瀾」儀式後能改善流口水的現象。俗諺#13「七坐八爬九發牙」教導新手父母嬰兒成長的進程，而#14「三歲乖四歲崖五歲掠來刣」則是用來形容小孩的成長過程，爲人父母也都希望孩子能夠平安成長#15「好腰飼／好搖飼」〔註80〕。

　　最後，#16「鼻孔〔註81〕口上青苔」是以鼻水、鼻涕的處理方式，述說早期臺灣落後衛生習慣，在此以民間所流傳的歌謠來佐證：

> 以前頭殼是眞定，社會非常無衛生，
> 囝仔鼻流沒曉銃，愛哭嘴食無時停。〔註82〕

小孩子流鼻水或鼻涕後不知道該怎麼處理，不是放著不管讓它留在臉上，就是直接用手擦拭或是隨手拿取衣袖擦拭，於是給人一種骯髒、不乾淨的印象，進而衍生爲隱喻父母疏於照顧小孩或照顧不周的行爲。

三、教養的重要

　　從『#3「生」對#17「育」』、『#18「養」對#19「飼」』的對應顯示嬰孩出生之後，「教」與「養」的工作是同等重要。父母除了要滿足孩子飲食及睡眠的生理需求，還得將生活經驗教給下一代，也就是文本所提到的#23「教訓」

〔註78〕游淑珺，《女界門風：臺灣俗諺中的女性》（臺北市：前衛出版社，2010年8月），頁282～284。

〔註79〕同「瀾」，口水。

〔註80〕同「好育飼」。

〔註81〕同「鼻孔」。

〔註82〕吳瀛濤〈從歌謠看民俗〉，《臺灣文物論集》（臺中縣：臺灣省文獻委員會：1984年），頁278。「定」同「有」（tīng）硬的意思，「頭殼定」指的是處事態度不知變通。「沒曉銃」同「袂曉摒」（bē-hiáu tshing），是指不會摒鼻涕。

和#24「栽培」。啓蒙讀本《三字經》明確指出「教」的重要性：「人之初，性本善，性相近，習相遠。苟不教，性乃遷，教之道，貴以尊。昔孟母，擇鄰處，子不學，斷機杼。竇燕山，有義方，教五子，名俱揚」，更以「養不教，父之過」直指教育子女是父母的責任。

1. 教養觀中的性別差異

《禮記・內則》不但規畫幼童教育的進程，更提出「七年男女不同席，不共食」的「男女有別」觀念。此觀點也反映在歌謠「搖囝仔歌」，以七歲爲分水嶺，因性別而有不同的教育態度及期望：

〈育男歌〉

> 一歲兩歲手裏抱，三歲四歲土腳趖。
> 五歲六歲漸漸大，有時頭燒與耳熱。
> 七歲八歲去上學，九歲十歲知人事。
> 十一、十二、十三、十四；讀書、考教、中舉人。
> 十五、十六、中進士；十七、十八、娶新娘。

〈育女歌〉

> 一歲兩歲手裏抱，三歲四歲土腳趖。
> 五歲六歲漸漸大，有時頭燒與耳熱。
> 七歲八歲眞賢吵，一日顧伊兩支腳。
> 九歲十歲教針黹，驚伊四界去庚絲。
> 十一十二着打罵，此去着那學做衫。
> 十三十四學煮菜，一塊桌面辦會來。
> 十五十六要轉大，驚了跟人去風花。
> 十七十八做親成，一半歡喜一半驚。〔註83〕

無論男嬰或是女嬰在兩歲以前都還不太會自己走路，到了三、四歲時習得爬行的能力，五、六歲的時侯身體容易生病、出狀況，父母得在旁細心照料。小孩長到七歲時，父母開始抱持著不同的教養態度來#24「栽培」孩子。以「萬般皆下品，唯有讀書高」的心態來養育男孩，希望他能讀書識字、參加科舉，將來能夠功成名就、金榜題名以光宗耀祖。不同於男孩的仕途期許，

〔註83〕以上兩首「搖囝仔歌」皆出自廖漢臣，《臺灣兒歌》（臺中市：臺灣省政府新聞處，1980 年 6 月），頁 66～68。

女孩的#24「栽培」方面和層面更為複雜，女性教育完全聚焦於如何成為「好新婦」之上，可分為三從四德的觀念養成和家庭事務的實際操作兩方面。

父母為了女兒未來不可知的良緣，從小就得教育她如何成為好媳婦，如「一日顧伊兩支跤」說明在纏足風氣盛行的年代，擁有一雙小而美、小而巧的雙足是各家挑選媳婦的基本條件，所以母親為了美好的遠景，只得狠下心來趁著腳版尚未定型前趕緊替她纏腳，纏腳後又得擔心腳型是否好看、腳是否纏的夠小，還要心疼女兒所受的纏腳之苦。「教針黹」、「學做衫」、「學煮菜」驗證了女孩的教育只限於家務操持的範圍，而「驚伊四界去經絲」、「驚了綴人去風葦」則是與俗諺「佮好人行，有布通經，佮歹人行，有囝通生」意思相近，怕女兒誤交損友，引發探索家庭以外世界的好奇心，跟人四處遊玩而破壞名聲，或是與異性發生性行為，導致婚前失貞或是未婚懷孕等等情事發生，為了固守女兒的貞節名聲，只好以「拍罵」的管教方式控管她的一切行為言論。

等到女兒終於覓得婆家的那一刻，「一半歡喜一半驚」卻透露出父母的微妙心情，一方面為女兒有所歸宿而感到開心，一方面卻又提心吊膽，擔心她無法擔任媳婦工作，被貼上「爸母無教訓」、「無家教」等指責家教不好的標籤使娘家蒙羞；也擔心她是否能生出健康的子嗣、既使是順利生下外孫，接連而來的「嫁妝」、「月內」、「滿月」、「度晬」、「做十六」等儀式，都需靠娘家替外孫張羅「頭尾」，這也算的上是一筆不小的開銷。

從〈飼查某子〉的「囡仔歌」也可看出重男輕女的觀念深植人心，連帶地影響到父母的教養態度：

〈飼查某子〉

> 挨嘹挨，碎米粟飼閹雞，飼雞快大隻，飼後生有後嗣；飼查某子別人的。十七、十八就要嫁，嫁着好，人呵咾；嫁着歹，無彩好花插牛屎。也要討房內，也要討廳面，也要做衫褲，也要吊鏡巾；父母想到頭殼眩！〔註84〕

其中「飼後生養後嗣，飼查某子別人的」則是站在養兒防老的觀念，認為生兒子表示家族香火得以傳承，而且父母年老時也能夠得到照護，但生女兒就是別人的，因為她成年後就得嫁人，與娘家脫離一切關係。雖說養女兒是替

〔註84〕廖漢臣，《臺灣兒歌》（臺中市：臺灣省政府新聞處，1980年6月），頁176。

別人養媳婦，但是父母仍舊得爲女兒挑選歸宿，若是覓得良緣、獲得好歸宿，得到的也只是別人的一句「呵咾」、讚美、褒獎的話而已，若是嫁不好，就像是一朵鮮花插在牛糞上，但做父母的也無可奈何。此外，在「婚姻論財」的年代裡，嫁妝在婚姻生活中是具有重要的地位的，一方面可用來顯示娘家家族財力雄厚的程度，一方面也是希望藉由具有吉祥意涵的各式物品，使女兒的婚姻圓滿，於是父母得要費盡心力和財力來張羅。

2. 管教的方式

#18「養」、#17「育」是父母的責任與義務，也是件十分累人的工作，在嬰兒的階段#25「不是哮就是笑，不是屎就是尿」〔註85〕，得時時刻刻注意孩子的生理需求，長大後還得肩負起管教子女的責任，引領他們走入正途。俗諺#26「乘〔註86〕子不孝，乘豬夯灶」提醒爲人父母者不可太過寵溺孩子，要適時地給予適當的懲處，也就是#27「打草好驚蛇」，這樣小孩才會順從父母的指令，如同#28「牽狗去落湯」一般地順從聽話。若是孩子犯錯時放任不管，難保將來有『細漢#29「無教示」。#21「飼大」壞東西』的情事發生，有道是#30「扷繳蚶殼起，作賊偷摸米」〔註87〕、「細漢偷挽匏，大漢偷牽牛」，爲人父母者不可不愼。傳統懲戒男童的方式，會因年歲而有區別，7歲以下的幼童是以指掌輕打或拿取藤條或竹板作勢威嚇，7至13歲則是以藤條或竹板打手臂或臀部，而14、15歲則是以「閉居」的方式，也就是將他監禁在室內、不得外出。〔註88〕另外，當左鄰右舍在教訓自家孩子時，其他的小孩看到此情境同樣也會感到害怕而變得乖順，深怕下一個被教訓的是自己，這就是#31「頂厝人教囝，下厝人囝乖」的集體管訓原理。

身教對小孩的教養也是同等重要，俗諺#32「大狗搬墻，細狗看樣」說明小孩會模仿大人的言行舉止，#33「草索也拖阿父，草索也拖阿公」用來警惕世人不可對父母不孝，因爲若對自己的父母不孝，等有一天老了，孩子也會用同樣的方式對待你。然而，署名變態偉人對於此諺，別有一番見解，認

〔註85〕「不」同「毋」，「哮」同「吼」。

〔註86〕同「倅」。

〔註87〕同「跋筊蚶殼起，做賊偷搣米」。

〔註88〕劉寧顏主編〈兒童懲戒法〉，《臺灣慣習記事第壹卷下（中譯本）》（臺中縣：臺灣省文獻委員會，1984年），頁205。文本只專注於父母對兒子的處罰方式，卻不見女兒的，可能是女兒在父母的地位不像兒子如此崇高，所以沒有一套固定、制式的處罰方法。

為對父母不孝順的人卻是期望著孩子能夠孝順自己可謂是世間最大的矛盾，他更認為與其把此句俗諺拿來與佛教的因果報應概念對比，不如拿孔子的「恕」做為參照更為貼切，〔註89〕這也可看出傳統文人試圖將「文以載道」的觀念置於臺灣俗諺之中，同時，也可看出傳統知識份子深受儒學思想的影響。

　　創作群對只生不教的父母有所感慨，寫下了「會生袂曉養」、「能生物養飼。害死續滅屍」的對應，雖無法推測殘忍的殺子行徑所反應的究竟是現實事件或是如《殺子報》般的傳說故事，但仍可看出知識份子對於殺子的逆倫行為感到反感；文本也將人類與動物的生產活動做一對比：「生對孵」與「鴨卵扳落土。有生那無孵」，人類產子為#3「生」，而家禽類動物在產卵之後，仍需將卵孵化成雛才算完成生產過程。若將動物孵卵的行為比喻成人類教養子女的活動，那麼沒有受到管教的子女就等同於未被孵化成雛的卵一般，生產過程是尚未完成的。但是有些孩子的本性是#34「扒壁」#35「搬墻〔註90〕」較為頑皮，又或者是#36「賊骨」，無論怎麼管教就是不學乖、不學好，文本便以『#21「飼囝」是矛盾矛盾。一半天成一半人成』的道理，告訴為人父母者不要過於執著，因為孩子不受教可能是天意使然，可能是基因遺傳的因素，也可能深受父母的身教影響。對於那些不被教養或是無法教育的孩子可用「生屁塞」和「恁娘生爾真無踩」〔註91〕來嘲諷。

　　然而，每一個子女都是獨立的個體，有其自由意志，不是父母所能夠完全掌握的，正所謂#41「能生得子身，沒生得子心」〔註92〕；俗諺#42「指頭咬着枝々痛」說明了父母對每一個子女的疼愛之心是相同的，並無差異；俗諺#43「虎母雖歹，無掠虎子咬食」證明父母親對孩子的愛是天性、是與生俱來的，天底下沒有不愛孩子的父母。然而，雖說#42「指頭咬着枝々痛」，但是也不是每一個做父母的都能夠公平的疼愛每一個子女，尤其傳統社會重男

〔註89〕 變態偉人〈雜俎・幸盦隨筆〉，《三六九小報》第37號（昭和6年1月13日）。文章中提到「有親不能孝。有子而求其報，非恕也。」此句出自《孔子家語・三恕第九》，全文為：「君子有三恕：有君不能事，有臣而求其使，非恕也；有親不能孝，有子而求其報，非恕也；有兄不能敬，有弟而求其順，非恕也。士能明於三恕之本，則可謂端身矣。」

〔註90〕 同「牆」。

〔註91〕 「爾」同「你」、「無踩」同「無彩」，為可惜、枉然之意。

〔註92〕 「子」同「囝」。

輕女的觀念根深蒂固，認爲女孩是賠錢貨，不但長大嫁人時要給予豐厚的嫁妝，更是無法長期地爲家庭提供勞務，不但女孩不受家族喜愛，更有溺女、賣女、換女的風俗盛行，作者則以俗諺#44「油柑好尾味」勸誡父母不要有重男輕女觀念。

生兒育女除了傳宗接代外，更是一種孝道的表現，除了維持祖先崇拜的信念，最重要的是使長輩的身邊能有子孫隨伺在側、孝順敬從。#45「孝」在文本中有兩種用法，一爲孝順長輩，二爲以牲醴祭拜祖先或神明，如「七娘媽着孝米糕」和「七夕孝雞酒」，文本有「有人孝牲醴無人孝菜飯」的句子，使用「牲醴」和「菜飯」互爲對應，牲醴是用來祭拜神佛，而菜飯則是用來供養死去的人，暗指只懂得禮拜神明，卻不懂得孝敬祖宗及孝順父母，與俗諺「在生食一粒塗豆，較贏死了拜一个豬頭」一樣，皆是勸人父母在世時就要孝順父母，不要等到父母逝世後才大肆鋪張，準備豐富的祭品來祭拜父母。

#46「不孝」是#45「孝」的反義詞，用#47「多子誤煞爸」〔註93〕打破多子多孫多福氣的迷思，孩子生得多反而會互相推拖奉養父母的責任。俗諺#48「豬子飼大不認豬哥做父」意指與情婦生的小孩不認自己爲父親，除了用來指責孩子不孝之外，也用來告誡男人要忠於家庭，不要在外面跟別的女人亂來，否則即使生了小孩卻礙於情面及義理，無法時時陪伴情婦及其孩子，換來的只有孩子的願懟和不諒解而已。俗諺#49「父母痛子兒親像長流水，子兒愛父母可比樹尾風」，說明父母對子女的關愛是如流水般源遠流長，但是子女對父母的關愛就如同微風似地一陣吹拂就沒有了，也提醒子女要及時回報父母的養育之恩及關愛之情。

四、小　結

父母對子女的擔心和牽掛是一輩子的，如同俗諺所說「細漢煩惱伊袂大，大漢煩惱伊袂娶」，只有在兒子娶妻生子，才能夠放下心裡的重擔。在父系繼嗣的社會底下，女人一生的最重要的工作和價值是生兒子，唯有生下兒子她才能有生前爲人、死後爲祖先的權利，並且穩固自己在夫家的地位。於是女人無不盼望自己的肚皮能夠爭氣，爲夫家生個白白胖胖的兒子，若是久婚不

〔註93〕同「濟囝餓死爸」。

孕，或是生不出兒子來，還得尋求形而上世界的協助，如文本提到的「栽花換斗」，正是臺灣民間普遍的祈子儀式。

從本節生育禮俗相關詞彙可以觀察到濃厚的性別差異，如祈求生兒子的儀式、只爲男嬰「做膽」、「收瀾」時說的吉祥話是期望產婦下一胎能（再）生個兒子，幫家族開枝散葉；甚至在教養觀中，一心期盼兒子能成龍成鳳，於是用心栽培、細心呵護，但對於女兒的期望，卻只是希望她將來能夠覓得良緣，成爲好媳婦。

最後，《三六九小報‧新聲律啓蒙》告訴讀者教養孩子是父母的責任，孝順父母是孩子的義務，用『#21「飼囝」是矛盾矛盾。一半天成一半人成』和俗諺#41「能生得子身，沒生得子心」勸告爲人父母者，孩子是獨立自主的個體，不是父母的傀儡，不可過份執著要孩子一定得走自己爲他所規劃的人生道路。同時也以相關詞彙拼湊出父母養育子女的辛勞，表示父母對子女的愛護之情是無微不至，並告訴爲人子女者要及時回報父母的愛，否則將後悔莫及。另外，俗諺#33「草索也拖阿父，草索也拖阿公」立基於因果報應論點，告誡不孝父母之人，總有一天報應將會降臨，等他們年邁時，必定會遭受到其子女同等的對待。

第四節　死亡觀——「在生食一粒塗豆，較贏死了拜一个豬頭」〔註94〕

生老病死是人生必經的階段，新生讓人愉悅，死亡卻帶給人們悲痛與不捨，加上死亡的概念是神祕、隱晦不明的，必須透過層層禮俗儀式安頓亡者靈魂並且安慰、淨化家屬的心情。加上漢人社會注重血脈傳承和孝道，也反映在喪葬禮俗之上。陽世子孫舉辦喪禮的目的即是將先人從家鬼的身份晉升至家神的身份，而禮俗是約定俗成的，由先民代代相傳而來，因此無論是歲時習俗或生命禮俗，臺灣社會皆謹守「新例無設，舊例無除」的理念。在《三六九小報‧新聲律啓蒙》中出現與死亡與喪葬禮俗相關的詞彙共有 52 個，累計詞頻爲 0.665%，如表 3-3 喪葬禮俗相關詞彙所示。由於臺灣的宗教流派眾多，筆者根據文本的上下文，取民間普遍的說法做爲闡述立場。

〔註94〕此俗諺查詢自《臺灣閩南語常用詞辭典》，提醒爲人子女者應及時行孝，否則後悔莫及。

表3-3 喪葬禮俗相關詞彙表

#	主要詞條	總詞數	釋　義	音　讀	異用字	異用字詞數	來源
1	上吊	1	吊櫸自殺。	tsīunn-tiàu			1
2	去櫓	1	死去。	khì-lóo			1
3	辭公婆	1	告辭祖先的位牌，死去。	sî-kong-pô			1
4	昇天	1	（1）升上天。（2）死去。	sing-thian			1
5	手尾	5	遺物。	tshiú-bé			1
6	手尾錢	1	（1）過世的人手上或身上所帶的錢。（2）臺灣地方習俗，人死後還沒入棺之前，先讓死者手中握一些錢，然後再取下來分給死者的子孫，那筆錢叫做「手尾錢」。（3）遺產。有些地方稱祖先的遺產爲「手尾錢」。	tshiú-bé-tsînn			2
7	蔴燈債	1	放蕩団等家己將來分配的遺產提來借高利貸。	môa-ting-tsè			1
8	死人	3	死去的人。	sí-lâng			1
9	屍	1	死體。	si			1
10	脚尾紙	1	佇死人的脚前燒的銀紙。	kha-bé-tsuá			1
11	喪	1	喪事。	song			1
12	孝男	4	（1）喪事中的男人，喪主。（2）（罵人的詞）戇呆，無路用的人。	hàu-lâm			1
13	奔喪	1	從異鄉奔赴親喪。	phun-song			9
14	棹頭嫺	1	共死人埋葬了後，佇後室設牌位祭拜，其雙片貼紙的男女的像。	toh-thâu-kán			1
15	紙厝	2	用紙做厝的模樣來安置靈魂。	tsuá-tshù			1
16	超度	1	（佛教）拯救靈魂。	tshiau-tōu			1
17	旬	1	（1）十日等於一旬。（2）死了每七日等於一旬。	sûn			1

18	棺	1	棺木。	kuan/kuann			1
19	棺材	2	棺木。	kuann-tshâ			1
20	圍庫錢	1	燒庫錢的時，遺族手牽手佇周圍踅。	ûi khòo-tsînn			1
21	庫神	1	謂人之癡愚。俗遇喪事之時，焚化庫錢，糊兩紙像，置於案上，謂之庫官、庫吏。所謂庫神，則以其人之無能如紙偶也。	khòo-sîn			1
22	墓	1	墳墓。	bōng			1
23	踏山龍	2	相墓地的位置。	táh-suann-lêng			1
24	埋	8	埋葬，埋藏。	tâi			1
25	凶葬	1	埋葬死體。	hiong-tsòng			1
26	金斗	1	貯死人骨頭的甕。	kim-táu			1
27	七煞八敗	2	死人埋了第七年拾骨的時有煞神，第八年拾骨家運的衰。	tshit-suah pueh-pāi	八敗	1	1
28	草仔墓	1	草生較真濟的墓，荒廢的墓。	tsháu-á-bōng			1
29	出山	3	出殯葬式。	tshut-suann			1
30	子孫釘	1	包紅布來釘棺木的釘。	tsú-sun-ting			1
31	送去二王食肉粽	1	二王即二王崙，昔日此地有菜頭市，為菜脯、花瓜、菜豆、茄等蔬菜的集散地。自然也有賣肉粽、碗粿等點心攤，故送去二王吃肉粽。另外，此地亦有墳場，依民俗剛死時祭以三角肉，形如肉粽，故送出二王崙吃三角肉，即送入墳場。	sang--khì jī-ông tsiáh bah-tsàng			*〔註95〕
32	除靈	2	人死了佇祭日期滿（大部分是四十九日）請司公來做式。	tû-lêng			1
33	做忌	2	每年忌日祭拜。	tsuè-kī			1

〔註95〕此俗諺解釋出自花松村《台灣鄉土全誌 第七冊（臺南市、臺南縣）》，臺北市：中一出版社，1996年5月，第394頁。

34	對年	1	週年忌。	tùi-nî			1
35	扷舌地獄	1	執行拔舌刑的地獄。	pùih-tsih tē-gàk			
36	浸血池	1	地獄的處刑場之一。	tsìm-huih-tî			
37	吞鐵員	1	地獄的刑罰的一種。	thun thih-înn			
38	剝皮袋粗糠	1	刑罰的一種。	pak-phuê tē tshoo-khng			1
39	拜塹	1	做功德的一部分,為死人誦經。	pài-tshàm			1
40	豐都地獄	1	地獄	hong-too tē-gàk			
41	牽水狀	1	為著救淹死的人靈魂,誦經來共伊對水裡摸起來。	khan-tsuí-tsōng			1
42	牽亡	1	求神明降臨,招魂。/由靈媒牽引死者的亡魂來與生者見面或者對話。	khan-bông			1/2
43	紅姨順話尾	2	靈媒常要抓住對方的心意,揣摩對方的意思,讓自己說的話與對方配合。比喻揣摩情況來決定說話內容。/女巫會順著他人說的話來回答。指沒有實際判斷的能力與一定的思考見解。	ang-î sūn uē-bué			2/3
44	普度	4	七月半 ê 祭拜好兄弟(餓鬼)。	phóo-tōo	普肚	2	1
45	竪燈篙	1	普度或做醮的時,為著祭神共燈火吊懸。	khiā ting-ko			1
46	搶孤	1	超渡眾生的式後分配供物。	tshiúnn-koo			1
47	輸人不輸陣,輸陣屧鳥面	3	雖然無資力或地位低嘛毋認輸。/輸給某人無所謂,但在那麼多人中,若排在最後就很難看了。鼓勵人奮發向上,勿落人後。	su-lâng m̄-su-tīn, su-tīn lān-tsiáu-bīn	輸人不輸陣/輸人勿輸陣	1/1	1/2
48	死人無坐卦	1	指平生素行,縱有瑕疵,其人一死,則應為之掩過文非。	sí-lâng bô tsuē-kuà			5
					小計:55/8265;詞頻:0.665%		

　　喪葬禮俗相關詞彙中出現頻率最高的前四個詞彙分別為：#24「埋」（8次）、#5「手尾」（5次）、#12「孝男」（4次）和#44「普度／普肚」（4次）。從出現次數最多的#24「埋」來看，表示傳統漢人社會是以「入土為安」的觀念來處理遺體，相信人於死後埋葬在土地之中能夠獲得安息，並含有「落葉歸根」的土地觀。#5「手尾」在此指的是先人的遺產、遺物，傳統的家族傳承方式是父傳子、子傳孫，而傳承的時點通常是在長輩快要死亡前召集晚輩前來聆聽家產分配情形，於是死亡的觀念便與遺產#5「手尾」互相連結。#12「孝男」指的是為父母親服喪的兒子，在男尊女卑的觀念下，孝男在喪葬禮俗中是擔任極為重要且不可取代的角色，如「捧斗」（phâng-táu）〔註96〕是只有#12「孝男」或「孝孫」才能執行的儀式，女性是萬萬不可做的動作。#44「普度／普肚」不但是庶民生活中最重要的民俗活動，同時也是日治時期飽受爭議的民俗活動之一，而#44「普度／普肚」一詞在《三六九小報・新聲律啓蒙》所出現的高次數，則是展現了傳統知識份子關懷社會時事的態度。

　　文本以『#1「上吊」對倒栽』為對應，#1「上吊」是自縊的意思，將繩子懸在高處，套住脖子自殺，人體以頭上腳下的狀態呈現，而「倒栽」則與之相反，是倒吊、四腳朝天、頭下腳上的狀態。傳統將死亡分為自然／非自然二種情形，認為非自然死亡的鬼魂必定變成厲鬼作祟人間，於是便發展出王爺信仰和有應公信仰來解決民眾恐慌的情緒。非自然死亡包含含冤、含恨而死的自殺和受外力殺害而死的情形，由於這些亡魂帶有深深的怨氣，民間認為這些亡魂會採取可怕的報復手段來為自己吐冤，如找尋替死鬼、讓人生病、受到驚嚇，甚至可能會危害到他人的性命，於是便衍生出特殊儀式來處理、驅趕這些非自然死亡的亡魂，藉此安撫民眾的恐慌心理。

　　舉「送肉粽」儀式為例，「送肉粽」是臺灣沿海地區的習俗，當地居民相信在社區中若有人上吊自殺或是含冤而死，一定是受到厲鬼所害，成為替死鬼；而此冤魂同樣也會成為厲鬼，找尋下一個替死鬼來頂替，因而會危害到整體社區居民的生命安全。於是當地便發展出「送肉粽」，又稱「送吊鬼」的儀式，社區附近的廟宇會舉辦聯合法會，請法力高超的法師借助王爺之力，於夜晚押著厲鬼與自殺者所使用的工具到海邊燒掉，象徵此冤魂已被送出社區之外，不再留在社區之中，危害無辜居民的生命安全。這種「送肉粽」的

〔註96〕「捧斗」是指在喪禮中，由長子或長孫捧著裝神主牌的木斗。參考自《臺灣閩南語常用詞辭典》。

儀式，直到現代依舊存在，如 2010 年彰化縣有一名中年男子在國小校園的樹林中上吊自殺，校方尊重當地習俗，由老師們集資舉辦「送肉粽」儀式，希望藉由儀式化解煞氣、使亡者安息與撫慰居民不安的情緒。另外，校方也利用此次事件進行生命教育，教導學生要尊重生命，不應以自殺的方式逃避現實。〔註97〕

一、喪葬禮俗及其涵義

臺灣人普遍對死亡一事感到害怕、有所忌諱，必須使用較為含蓄、間接的詞彙來指稱死亡，所以文本裡有#2「去櫸」、#3「辭公婆」和#4「昇天」三種詞彙指稱死亡。喪葬禮俗十分繁瑣，臨終前家屬要先將瀕臨死亡的人移至正廳，等待死亡來臨。分#5「手尾」及#6「手尾錢」的時間則是沒有一定，有些人會在自己斷氣前會召集子孫宣布財產事宜，而有些則是在死亡後，由家屬自行分配。由於財產與個人利益相關，經常會因分配不公而出現家族爭執、爭產甚至提出告訴等情況。署名庸察覺傳統家產分配弊端，尤其是「舊家庭有財產未分者。無論叔姪間之難得公平。則兄弟之間。亦多有不得其平者」，〔註98〕，於是提倡為避免後代子孫因家產分配問題而訴諸法律，長輩在世時便應將家產分配妥當。

文本以『#11「孝男」肖想分#5「手尾」』、『定々想得#10「脚尾紙」#6「手尾錢」』來批判不務正業、遊手好閒，不努力工作賺錢，覬覦長輩所留下來的家產過日子的不孝子孫。#7「蔴燈債」指的是後代子孫將長輩所留下來的遺產，做為本金放款，並向借款人收取高額利息，也就是「放高利貸」，而文本以『無空串假草包金。有錢慣放#7「蔴燈債」』來描寫不孝子孫不事生產，成天在外招搖撞騙，一等到長輩過世分配到遺產後，便放起高利貸做起無本生意的荒唐行徑。

人斷氣後成為#8「死人」和#9「屍」，家屬須在亡者的腳尾附近放上一碗

〔註97〕詳細新聞內容請參見張聰秋〈男子校園上吊　老師集資「送肉粽」〉，《自由時報電子報》（2010 年 10 月 13 日）（來源：http://www.libertytimes.com.tw/2010/new/oct/13/today-so1.htm，讀取日期：2011 年 2 月 14 日）；蔡文正〈送肉粽習俗／送走吊死鬼魂魄 化煞氣〉，《自由時報電子報》（2010 年 10 月 13 日）（來源：http://www.libertytimes.com.tw/2010/new/oct/13/today-so1-2.htm，讀取日期：2011 年 2 月 14 日）。

〔註98〕庸〈雜俎・人世百面觀（92）〉，《三六九小報》第 278 號（昭和 8 年 4 月 9 日）。

白飯和一顆鹹鴨蛋，並在白飯上直插一雙筷子，俗稱「腳尾飯」，希望亡者吃了以後有力氣向陰間報到，並在亡者的腳尾附近燒#10「腳〔註99〕尾紙」，提供亡者做為前往陰間的盤纏之用。為父母親服喪的兒子為#12「孝男」，女兒則為「孝女」。若長輩身亡時已出嫁的女兒在接到噩耗後得盡快換素衣回家#13「奔喪」，在離家一段距離時必須一邊大哭一邊跪爬至門前，表示自己無法隨伺在側沒有盡到孝道，並且有著無法見亡者最後一面的遺憾，此種行為便為「哭路頭」。

安葬亡者有風水時辰的考量，在等候、尋找好的陰宅及下葬吉時的期間，須將亡者的大體放至家中。死後到出殯的這段期間，家屬須替亡者設置靈桌，於桌上放置亡者遺像、牌位、香爐、燭台和一對紙糊或紙剪的#14「棹〔註100〕頭嫺」，此為「徛靈」。「棹頭嫺」的用意大致可分為二種，一種認為「棹頭嫺」是帶領亡者魂魄進入陰間的引魂使者；另外「棹頭嫺」則是供亡者於死後世界所使喚的僕婢。#15「紙厝」是以紙糊成的房子，火化後可供亡者居住。子孫在亡者過世後每隔七天便要延請法師、和尚或尼姑前來誦經、#16「超度」亡者、以亡者的名義「做功德」，還要準備供品及焚燒香燭、紙錢祭拜亡者。

原本超渡法事有「做七」和「做旬」兩種之分，「做七」是以七天為一單位，主要是超渡死者之用，每一次的主祭都不同，如「二七」是由媳婦負責，「三七」是由已出嫁的女兒負責，共要做七次，也就是四十九天才算功德圓滿。民間認為亡者的靈魂會每七天回到陽世一趟，除了了解自己在世時所做的一切因果功過，還可藉由探望其親人和儀式，讓亡者相信自己已經死亡，從此陰陽兩隔、不再往來。『做#17「旬」』是以十天為一單位，『做#17「旬」』的觀念與死後審判相關，是用來祭拜判決亡者功過的判官，希望他們能夠從輕量刑。基本上，每七日一次的「做七」儀式舉辦完畢之後，才能開始進行每十天一次的「做旬」，直到四旬皆做滿才能緊接做「百日」儀式。〔註101〕

但是從辭典的解釋，「做七」和「做旬」的概念已經混淆不清，甚至是被視做是相同的儀式，如《臺灣閩南語常用詞辭典》將「做旬」與「做七」

〔註99〕同「腳」，以下亦不再贅述。

〔註100〕同「桌」。

〔註101〕周慶芳、洪富連、陳瑤塘、黃文榮、鍾進添合著，《臺灣民間殯葬禮俗彙編》（高雄市：高雄復文圖書出版社，2005年），頁210。

兩種不同的概念視爲類似的儀式,「做旬」的解釋爲:「人過世後,每七天要做一旬,請和尚尼姑來誦經,並且燒香祭拜、焚燒紙錢給故人用,共有七旬,四十九天」,也就是說,「旬」是計算日期的單位,每七天爲一單位;另外,從「做七」的解釋也能看出「做七」與「做旬」兩個詞彙已經成爲同義詞:「傳統喪禮儀式中每七天爲一旬。一、三、五、七旬爲大旬,必須請道士做法會,稱作「做七」或是「做旬」,到七旬結束才算功德圓滿」。另外,《台日大辭典》則是將#17「旬」分爲陽間和陰間兩種時間單位:「(1)十日等於一旬。(2)死了每七日等於一旬」,也就是說在日治時期,民眾普遍認爲「旬」是計算時間的單位,陽間計算時間的單位是以十日爲基礎,而陰間則以七日爲一單位。

入殮前要先買#18「棺」和#19「棺材」,擇一良辰吉日將棺木運回家中,由喪家跪在門口迎接,即爲「接棺」;接棺後家屬便可著手進行#20「庫錢」儀式,民間相信人在出生時皆向所屬生肖神明,也就是#21「庫神」,借一筆錢做爲他在人世的費用,在死亡後須由其家屬替他歸還,家屬在進行「燒庫錢」儀式,也就是燒冥紙時,必須手牽手圍成一圈,以防其他鬼魂接近搶奪。另外,根據《台日大辭典》的解釋,#20「庫神」是以紙糊成的,既無神又呆滯,於是後人便將#21「庫神」一詞轉化嘲諷無能之人。

爲求諸事平安,民間大多會請地理師根據亡者和其子女的生辰八字決定入殮、安葬的吉日吉時,並探察陰宅和#22「墓」的坐向方位是否吉利,俗稱#23「踏山龍」。臺灣社會最普遍的埋葬方法爲#24「埋」,也就是土葬,但是民間認爲以棺木入土的方式是#25「凶葬」〔註102〕,數年後子孫會請「土公仔」撿骨師擇吉日開墳、撿拾遺骨及陪葬品並清洗骨骸後,將骨骸依序放入#26「金斗」(金斗甕仔)之中,再另擇吉日或吉處安葬,則爲「吉葬」。〔註103〕文本寫下民間認爲「抾骨」的禁忌:#27「七煞八敗」,認爲第七年抾骨會招來凶神,對陽世子孫不好,而第八年抾骨則會導致家運敗落衰微。臺灣人注重祖先崇拜,除了定期祭拜之外,於農曆三月初三或元宵節後也得準備祭品前往祖墳「挂紙」,做一簡單的祭拜、除草和壓墓紙,代表該墳是有子孫祭拜的。若是埋葬未滿三年的新墓或是家中有新添人口、置產等喜事,則

〔註102〕同「兇葬」。
〔註103〕詳見李秀娥,《臺灣的生命禮俗──漢人篇》(臺北縣:遠足文化,2006年7月),頁149。

要準備較爲豐盛的牲禮來「培墓」。而文本以『#28「草仔墓」會出狀元』諷刺功成名就的人卻沒有飲水思源、愼終追遠的心意，放任祖墳荒廢，可說是不孝的行徑。

#29「出山」當天，在家屬最後一次瞻仰遺容後，便要進行封釘儀式，由道士邊說吉祥話邊引領封釘者以鐵鎚將四根四角形的長釘釘在棺蓋四端，最後再將#30「子孫釘」輕釘在棺木正前方，由長子以牙齒將釘子拔起，此爲「出丁」，祈求家族人丁興旺之意。文本以#31「送去二王食肉粽」代稱#29「出山」，《臺灣鄉土全誌》也收錄俗諺「送啊送，送去二王吃肉粽」與文本相似，「二王」是臺南永康二王崙，昔日是蔬果集散中心，不遠處有一墳場，送葬隊伍無論是送亡者上山或是完成安葬儀式，都得路經「二王」。〔註104〕另外，根據民間習俗，安葬完畢後喪家得宴請親友，以表感謝之意，於是此喪宴則稱爲「食三角肉」，「三角肉」指的是不齊之肉，表示喪事無法比照喜事大肆舉辦，主人家因遭逢喪事，無心準備豐盛的菜餚，只能請大家吃個便飯，以表謝意。〔註105〕於是，俗諺「送去二王吃肉粽」不但具有地域色彩的俗諺，更可代指送入墳場、#29「出山」之意。

做完「滿七」、「百日」或「對年」後既可著手#32「除靈」儀式，作者寫下『#32「除靈」兼撤桌』的對應，爲臺灣喪葬禮俗留下文本紀錄，#32「除靈」是將「徛靈」期間所設置的靈桌擺設、器具，朝著吉祥的方向全數丟棄，並請法師或道士念經文、焚香、燒銀紙，以表祭日期滿。亡者往生當天爲忌日，每年家屬將於此日祭拜往生的親人，爲#33「做忌」，這一天也是家族聚集在一起祭拜團圓的大日子。文本寫下『護汝同日好#33「做忌」』，表示咀咒別人同天死亡的意思。而亡者逝世後滿一年則要舉行#34「對年」儀式，文本以『滿月對#34「對年」。生孫對祭祖』的對應告訴世人若是生產後一個月要替產婦及嬰兒做滿月，若是逝世則是滿一年後替亡者做對年儀式。

二、善惡到頭終有報——地獄審判

民間相信若是在世時多做善事，死後有可能上天堂享福，若是做壞事，

〔註104〕花松村《台灣鄉土全誌第七冊（臺南市、臺南縣）》，臺北市：中一出版社，1996 年 5 月，第 394 頁。

〔註105〕黃文博，《臺灣人的生死學》（臺北市：常民文化出版社，2000 年 8 月），頁57。

將會下地獄受苦。從吳瀛濤所採錄的歌謠〈天堂地獄歌〉〔註106〕可以得知天堂和地獄的雛型：

> 要論天堂地獄內，做好做歹朗巢知，天地日月相交界，又神又佛塊摧排。不信世間人勸改，若到死了着會知，有設刑具闊罔罔，比咱陽間大不同。〔註107〕

天堂和地獄是由神和佛所掌控，位在天地、日月的交界地帶，在地獄之中還滿佈著刑具。

　　臺灣民間信仰的最大特色就是佛道混合，道教和佛教皆有地獄的傳說，在此也可看出混合的軌跡。道佛兩教皆相信死後靈魂會進入地府接受審判，道教以閻羅王爲最高主宰，佛教則認爲地獄最高主宰是地藏菩薩，祂化身爲閻羅超渡眾生，道教的地獄中負責審判並執行處罰的神祇是十殿閻王，而佛教的則是十大佛菩薩，每個亡魂都得依據生前所犯下的罪行進入地獄接受審判，直到罪惡消弭才可前往西方淨土或進入輪迴道投胎轉世成萬物。

　　民間普遍相信陰曹地府有十殿，每一殿都有一位閻王把關，除第一殿和第十殿之外，二至九殿共設有十八層地獄，分別是割舌地獄、剪刀地獄、吊鐵樹地獄、孽鏡台地獄、落蒸地獄、銅柱地獄、劍山地獄、寒冰地獄、油鼎地獄、牛坑地獄、石壓地獄、舂臼地獄、浸血池地獄、枉死城地獄、木磔地獄、火山地獄、落磨地獄和刀鋸地獄，〔註108〕文本提到三種地獄刑罰：#35「扳舌地獄」、#36「浸血池」和#37「吞鐵員」，在此以張深切《人間與地獄——李世民遊地府》〔註109〕和歌仔冊《天堂地獄歌》〔註110〕兩種文本爲參照，希望能清楚呈現傳統社會對地獄的印象。

　　張深切寫下「刮舌地獄」是負責懲罰「妖術騙人」、「藉神行騙」、「造謠惑眾」、「誣告累犯」、「搬弄是非，損害他人」等犯人，由負責執行的鬼卒以

〔註106〕吳瀛濤〈從歌謠看民俗〉，《臺灣文物論集》（臺中縣：臺灣省文獻委員會：1984年），頁286。

〔註107〕「要」同「欲」。「朗巢知」同「人齊知」（lâng-tsiâu-tsai）指人人都知道。「塊」同「咧」。「摧排」（tshui-pâi）是安排之意。「不」同「毋」。「闊罔罔」是一片都是的意思，也就是形容非常遼闊的樣子，同「闊莽莽」。

〔註108〕參見林明義主編，《臺灣冠婚葬祭家禮全書》（臺北市：武陵，四版，2002年6月），頁49～51。

〔註109〕張深切著、陳芳明、張炎憲、邱坤良、黃英哲、廖仁義主編，《張深切全集卷10·人間與地獄——李世民遊地府、荔鏡傳——陳三五娘》（臺北市：文經出版社，1998年1月）。

〔註110〕佚名，《天堂地獄歌》（新竹：竹林書局，1987年2月）。

鐵夾將犯人的舌頭夾出，用剪刀剪掉後，將舌頭丟給怪獸吃掉。同樣的，文本也以『若有亂講。卽護〔註111〕伊落#35「扳舌地獄」』的句子告誡造謠生事、誣陷他人於死後將會到#35「扳舌地獄」受罰。浸血池地獄主要是懲罰難產婦人、對灶神不敬、對父母不孝的媳婦、虐待繼子的後母、不貞的女孩及尼姑、逼迫或拐騙女子爲娼等；而歌仔冊《天堂地獄歌》則將#36「浸血池」歸類爲懲罰六根不清的尼姑和死於難產的女人，特別的是民間認爲因生子而死的女人無法晉升爲祖宗，須透過「牽血轆」儀式後，靈魂才可進入其他地獄接受審判與刑罰：

> 來到七殿是太山，太山語罪第一按。血池女人千俗萬，受罪咧浸無
> 人牽。尼姑生子眞現世，剪髮手閣抱孩兒。閻君刑具煞批示，俗伊
> 判斷浸血池。生囝死去可憐代，咧浸血池無人知。佇厝牽轆有三擺，
> 時到去牽就起來。〔註112〕

從#36「浸血池」的懲罰可以再次看出女人的任務及價值是著重於生育功能，無子是罪惡，難產更是重罪，不但與不貞、不孝等罪並列，更觸犯了月經禁忌，所以被視爲是最爲危險的亡魂，死後必須終日浸泡在血池之中受盡磨難，不得超生，除非有人爲她舉辦「牽血轆」超渡儀式來解除禁忌，才得以解脫。換句話說，女性一生的存在價值在於她可替父系家族產下具有繼承香火的子嗣，如果在懷孕過程中因母體無法負荷或是過失等因素而導致胎兒或母體的死亡，代表她觸犯了懷孕禁忌，而且也沒有保護好胎兒，等於是犯下殺子重罪，死後必須受到應有的責罰。

由於民間相信人死後必須成爲祖先，進入家族祭祀體系，然而因非壽終正寢而無法得到祭祀的亡魂，和因無後嗣祭祀而無法成爲祖先的亡魂，便會成爲家鬼，必定會對陽世子孫不利，可能會產生久病不癒或家運衰微等壞事，爲解決此問題特別會替死於難產、溺水、枉死或凶死的冤魂舉行「牽血轆」、#41「牽水狀〔註113〕」和打城法事等特殊儀式，目的都是爲了救出非壽終正寢、受困在枉死城中不得超生的冤魂，〔註114〕經過#16「超度」、焚燒庫錢、#15

〔註111〕「卽護」同「才子」。

〔註112〕佚名，《天堂地獄歌》（新竹：竹林書局，1987 年 2 月）。由於文本所使用的臺語漢字系統不一致，會產生閱讀上的障礙，筆者遂根據教育部所公布的「臺灣閩南語推薦用字」作更改。

〔註113〕同「轆」。

〔註114〕關於各式超度法事，詳見呂理政，《傳統信仰與現代社會》（臺北縣：稻鄉出

「紙厝」等儀式後，再將亡魂送回陰間接受應有的審判。換句話說，非壽終正寢的亡魂本爲家鬼，陽世子孫透過層層超度法事使其從家鬼的身份晉升爲家神的身分，得以享受祭祀或使其能進入六道輪迴之中。

　　#37「呑鐵員」的懲罰張深切也詳細地描寫，在「呑燒丸地獄」中鬼卒將鐵丸燒得通紅後再把燒鐵丸塞入犯下「趁火打劫」、「放火燒糧」、「貪污害民」、「不孝父母」等罪的罪犯嘴巴之中。而在《佛說鬼問目連經白話》中提到某餓鬼詢問目連尊者犯下何種罪的人要承受「呑鐵丸」的懲罰，目連尊者回答因爲某餓鬼在世時是一位負責取乾淨的水做石蜜漿，也就是糖水，提供給眾僧食用的沙彌，但是無法控制欲望，偷吃了一小塊石蜜，所以死後受到#37「呑鐵員」的處罰。〔註115〕文本以『掠來活々剖。#38「剝皮袋粗糠」』的句子強化了#38「剝皮袋粗糠」之刑的疼痛，在歌仔冊《天堂地獄歌》也提及通姦害夫的外遇男女得接受#38「剝皮袋粗糠」：

　　通姦害夫掠來問，掠來剝皮袋粗糠。貪著外人好花損，無想親翁較
　　久長。第一粗心查某人，通姦敢害伊親翁。提來剝皮袂振動，勸恁
　　姊妹先毋通。〔註116〕

地獄的種種酷刑皆痛苦萬分，陽世子孫不忍親人受苦，希望透過「過王儀式」請求十殿閻王能赦免亡者生前所犯一切罪過，好讓亡魂順利進入輪迴得以轉世或進入極樂世界不再受苦痛。民間多請烏頭師公或香花和尚延請神佛及招喚亡魂至靈前聽經聞懺，由死者家屬跟著法師或和尚爲亡者#39「拜墊〔註117〕」，唸誦太上慈悲滅罪寶懺、女兒懺、藥王寶懺、藥師寶懺、般若波羅蜜多心經等經文，希望借助神佛的力量超度亡魂，使亡魂離苦得樂。〔註118〕

　　『作歹事着落#40「豐都地獄」』〔註119〕。受好報扒上樂國天臺』以歹事／好報、地獄／天堂的對比告誡世人諸惡莫作眾善奉行。又因臺灣宗教流派眾

　　　　　版社，一版二刷，2000 年 5 月）。
〔註115〕《佛說鬼問目連經白話》的內容爲十七個餓鬼向目連尊者提出十七個因果問
　　　　　題。原文來自「報佛恩網」（來源：http://www.bfnn.org/book/books2/1324.htm，
　　　　　讀取日期：2009 年 12 月 17 日）。
〔註116〕佚名，《天堂地獄歌》（新竹：竹林書局，1987 年 2 月）。臺語用字已做更
　　　　　改。
〔註117〕同「懺」。
〔註118〕參見呂理政，《傳統信仰與現代社會》（臺北縣：稻鄉出版社，1990 年），頁
　　　　　128～129。
〔註119〕同「酆都地獄」，傳說爲冥府所在。

多，各地風俗亦不盡相同，關於靈魂去處也是眾說紛紜：「三教接引靈魂。道士率向地獄而爲超度。和尚即挽向佛國。齋友欲帶往西天極樂。三教三路。未知其亡魂欲從何教」〔註120〕，所以作者將分屬於不同宗教觀點的#40「豐都地獄」與「樂國天臺」互爲對比，有可能是作者故意形成矛盾，或是作者本身對於靈魂去處也產生了混淆。另外，古典名著如《西遊記》、《聊齋志異》、《鐘馗傳》和《封神演義》等對#40「豐都地獄」鬼城皆有生動的描寫。

三、牽亡與普度的批判

1. 牽 亡

民間普遍相信死後靈魂不滅，於是發展出獨特的#42「牽亡」儀式，又稱「牽紅姨」，以靈媒的身體爲媒介，招引亡者的靈魂暫時依附在上面，親人可透過乩童或尫姨，與亡魂面對面說話，進而了解亡者臨終的情況、在陰間的生活狀況或是需求。此處的「紅姨」指的是漢人社會中的女性乩童，又稱「查某佛」，與平埔族女巫「尫姨」的作用並不相同。「紅姨」是家鬼的媒介，主要的法術是爲有需求的民眾進行#42「牽亡」儀式，引導亡靈與生人對話；而平埔族的「尫姨」於部落中負責公廨的整潔和祭典，族人若有祭祀、祈求、去邪、治病、還願等需求，皆可透過「尫姨」解決。〔註121〕此外，賴惠川的竹枝詞中也有提及牽亡儀式：「牽亡愛待日斜時　牽出亡來苦又悲　老嫗傴僂同醜鬼　嬌名辜負喚紅姨」〔註122〕，可知牽亡儀式多於晚間舉辦，而從事牽亡儀式的人爲年邁的婦人。

臺灣民眾相信#42「牽亡」儀式可和死去的親人說話，但是靈媒果眞有這種能力可以做爲陽間和陰間的橋樑嗎？亡魂眞的會前來附身在靈媒身上嗎？再者靈媒說的話都是眞實可信的嗎？還是像俗諺所說「算命喙糊瘰瘰」都是誇大不實的內容？作者以俗諺#43「紅姨順話尾」一語戳破通靈的假象，與其說靈媒具有神祕的通靈能力，不如說是爲了安撫家屬不安的情緒，依照家屬的話語揣測亡者的心理情形做其回應。#43「紅姨順話尾」後引申爲與人交談

〔註120〕蕭永東（古圓）〈秋鳴館苦笑錄‧風俗小話〉，《三六九小報》第54號（昭和6年3月9日）。

〔註121〕許卉茹撰「平埔族尫姨」，《臺灣大百科全書》線上版。

〔註122〕賴惠川，《臺灣先賢詩文集彙刊第四輯‧悶紅館全集》（中）（臺北縣：龍文出版社，2006年），頁329。

時揣摩他人心理來決定話語內容，或是嘲諷他人沒有判斷或思考能力，只會順著他人回話。

2. 普 度

普度是臺灣庶民生活中最為重要的祭拜項目，但是普度的最終目的和意義在日治時期卻已經被人所忽略，變成眾人比拼財力的狂歡節日。本節先從普度的意義談起，再根據其他文本藉由知識份子之眼探討普度的變形和對當時代社會所造成的影響。

賴惠川所寫「蘭盆從俗祭紛紛　今朝為拜好兄弟　大展頭皮肉一斤」〔註123〕詩句映證了臺灣社會的#44「普度／普肚」儀式具有盂蘭盆會和「好兄弟」兩個不同宗教的概念，最為人知的形式是在農曆七月半時備以豐盛牲醴祭拜孤魂野鬼，俗稱中元普度。對道教來說，中元節普度具有二種意義，一是七月十五日為三官大帝（三界公）中的赦罪清虛大帝誕辰之日，於此日舉辦法會慶賀誕辰；二是民間普遍認為無人埋葬、祭祀或非壽終正寢的亡靈會成為厲鬼作祟害人，於是統一於七月十五日這段時間建醮或舉辦法會以超度俗稱「好兄弟」（hó-hiann-tī）、「老大公」（lāu-tuā-kong）的孤魂野鬼，希望能助他們脫離苦海進入輪迴道，並相信透過普度儀式，能為生者帶來祈福、延壽、消災、解厄、贖罪、謝恩、還願的效用。〔註124〕

佛教進入漢人世界後受到孝道觀念影響，出現強調孝道的佛教經典，如《佛說父母恩難報經》、《佛說盂蘭盆經》、《孝子經》等，與普度相關的儀式則是「盂蘭盆會」。源自「目蓮救母」傳說，相傳佛陀弟子目蓮為救母親脫離地獄苦刑，懇求佛陀網開一面，佛陀告訴目蓮若要救母親，就必須在七月十五日，以盂蘭盆中裝滿人間百味甘美供養神佛與僧侶，藉由施與他人與眾僧助念的功德，幫助目蓮母親前往西方極樂。佛陀還告訴眾人每年的七月十五日都要做盂蘭盆供養世間人鬼，以報七世父母大恩，〔註125〕此後七月十五日便成為以普度眾生為宗旨的節日。縱觀上述，七月十五日的#44「普度／普肚」先是出自道教中元薦拔亡魂習俗的習俗，後引進佛教，以救贖亡魂的目的加

〔註123〕賴惠川，《臺灣先賢詩文集彙刊第四輯・悶紅館全集》（中）（臺北縣：龍文出版社，2006年），頁308。

〔註124〕江志宏，《臺灣傳統常民社會的明幽二元思維——普度、祭厲與善書》（臺北縣板橋市：稻鄉出版社，2005年5月），頁26。

〔註125〕蕭登福，《道佛十王地獄說》（臺北市：新文豐出版公司，1996年9月），頁35。

入孝道觀點變成「盂蘭盆會」，是一個道佛兩教共同的節日。〔註126〕

#44「普度／普肚」儀式最重要的準備工作就是#45「豎燈篙」，「燈篙」通常選擇高大挺直、頭尾完整的刺竹，豎起後代表普度法會即將到來，#45「豎燈篙」的意義有二，一是敬邀天上神祇前來監醮，二爲「照引四方幽魂，燈篙愈高，普照愈遠，招引孤魂亦愈多，而普度祭典亦愈盛」〔註127〕。有趣的是，文本中作者把「燈篙」比喻成男性生殖器「屌鳥」，寫下『褲內#45「豎燈篙」』的句子，影射男性雄風。若說#44「普度／普肚」是超度鬼魂的活動，那麼#46「搶孤」就是救濟人間的活動。#46「搶孤」爲眾人爭奪祭品的活動，民間相信祭拜過的祭品具有神力，吃了以後就可以得到神明的庇護，無論是爲求神明庇佑或是純粹想得到食物的人，都會參與#46「搶孤」活動，於是普度過後最重要也是最混亂的活動就是#46「搶孤」。文本寫下『無彼本事敢應人鹽埕#46「搶孤」』，表示搶孤不僅要靠體力，還需要智力和膽勢，同時也代表當時鹽埕地區的搶孤競賽十分激烈。

殖民政策的鞭笞、警察制度的監視、民生經濟的窘迫，在在使得生活壓力逐漸升高，加上臺灣總督府對於臺灣當地宗教採取放任寬鬆的態度，剛好爲常民生活開啓一扇新的窗口，無論是爲了紓緩壓力、消災祈福或是謝恩還願，常民求助於神佛之道的情形越來越普遍。民間相信在祭祀活動中捐獻越多或擔任較重要的職務的人所能得到庇祐的機會便越大，在#47「輸人不輸陣，輸陣屌鳥面」愛面子心態的趨使之下，各式迎神賽會慶典就越辦越盛大。

但知識份子的眼中，普度等祭祀活動已經失去原意，演變成財力展現的競賽，爲了「拚輸贏」、求庇佑，不惜砸下大筆金錢、「刣豬屠羊」，只爲了求得神助。對於這種耗費大量財力、物力和人力的變調祭祀活動，知識份子紛紛提出批評或感嘆，如文本出現「普肚」一詞，「肚」與「度」同音，而「肚」指的是受祭祀的鬼神之肚，同時也意指常民之肚，由爲普度用的豐盛祭品在祭祀之後，多成爲佳餚進入五臟廟，於是作者以「普肚」表達祭品的豐盛程度。賴和（1894～1943）在〈鬥鬧熱〉透過村民的對話展現當時代臺灣社會迎神賽會的鋪張情形、〔註128〕施士洁（1853～1922）寫下傾家盪產只爲一日鋪

〔註126〕蕭登福，《道佛十王地獄説》（臺北市：新文豐出版公司，1996年9月），頁37～38。

〔註127〕朱仲西等，〈第十九種：文物篇〉，《基隆市志》（基隆市：基隆市政府，1986年4月），頁127。

〔註128〕賴和〈鬥鬧熱〉，收錄於李南衡主編，《日據下臺灣新文學‧賴和先生全集》（臺

張的情景：

> 夜闌人散劇已畢，紙錢堆裏灰猶熱。明朝灶冷斷炊煙，賣盡田園癡
> 可憐！田園已賣誰復贖？普度年年愁不足。牲牢缺欠鬼神瞋，燈火
> 蕭條門戶辱。〔註129〕

內容描寫廟會過後，戲班散場、人群也跟著散去，只剩下用金錢所買的紙錢
還在悶燒著；由紙錢燃燒所產生的餘煙聯想到裊裊炊煙，不禁替變賣家產以
資普度的民眾感到擔憂。熱鬧過後的夜晚，卻帶給人悲涼沉痛的感覺，加上
普度的變調，便產生了「我聞盂蘭救母目蓮之遺事，何意今俗沿之普度作游
戲」〔註130〕的感嘆。

　　普度原本是為了超度孤魂野鬼所舉辦的儀式，但卻演變成大開殺戒、祭品
滿佈的嘉年華會，如此大的轉變也令知識份子不解，追溯起普度的源起和目的，
再與當今的嘉年華會式的宴客活動一對照，更顯出普度儀式的矛盾和怪異。陳
肇興（1831～？）以杯盤狼藉、酒池肉林來形容普度的盛大規模，更以烏鴉反
哺、目蓮救母的孝心提醒世人切勿扭曲、遺忘普度儀式最初的意義：

> 狼藉杯盤等布金，給孤園裏肉成林。不知一例談功德，可有慈烏反
> 哺心。〔註131〕

謝汝銓（1871～1953）站在經濟的立場批判普度的奢華鋪張，揭露普度經費
是向村民半強迫募款而得的，無論貧者或富人都得要贊助經費。此外，作者
以普度會場所鋪排羅列的豐盛祭品比照蕭條的經濟情景，並批評官員、民眾
只關注鬼神問題，卻將急須解決的失業、貧窮等民生問題暫放一旁，突顯出
本末倒置的可笑：

> 豪奢七月紛普度，尚鬼南人迷未悟。道場水陸廟門多，泥沙金錢皆
> 不顧。爐主按圖索驥如，所需經費半強募。先放河燈後盂蘭，公普
> 私普期難誤。盤盂碗碟列長筵，海錯山肴用無數。獸禽殺盡供犧牲，
> 大者羊豚小雞鶩。相逢便說經濟難，節儉不知猶如故。富家揮霍縱

　　　北市：明潭出版社，1979 年），頁 3～9。

〔註129〕施士洁〈泉南新樂府・普渡〉，《臺灣文獻叢刊第二一五種・後蘇龕合集》（臺
　　　　北市：臺灣銀行，1965 年）。

〔註130〕施士洁〈泉南新樂府・普渡〉，《臺灣文獻叢刊第二一五種・後蘇龕合集》（臺
　　　　北市：臺灣銀行，1965 年）。

〔註131〕陳肇興〈到鹿津觀水陸清醮普度（三）〉，收錄於《臺灣文獻叢刊第一四四種・
　　　　陶村詩稿》（臺北市：臺灣銀行，1962 年）。

無妨，貧戶虆廩慘誰訴。吁磋乎方今失業人正多，忍餓徬徨在歧路。

賑鬼何如籌賑人，四海義聲差可布。〔註 132〕

《三六九小報》抱持著更爲激進的態度，認爲：

親喪之做功德。開魂路。過三旬。做尾日。糊紙厝。燒冥資。均爲無

用之靡費。若七月之普度。各處之迎神賽會。皆在可廢之列。〔註 133〕

還提出當時代喪葬禮俗「燒紙厝」的矛盾之處：

以宇宙之大。天下事。實無處不有矛盾。如臺俗。每逢人死。則以

紙製高樓大廈。火化與之。父死然。母死亦然。夫死如是。婦死亦

如是。豈謂父子夫妻。緣盡今生。一旦無常。便要各家另食耶。矛

盾如是。而世人則因循不然爲怪。〔註 134〕

認爲在人死後要爲他燒一紙厝，以供其於陰間有房屋可住，但是夫妻於生前
同住一屋，在死後卻必須分住二屋，這種拆散夫妻的作法十分怪異。

俗諺#48「死人無坐卦」中的「坐卦」音同「罪過」，也就是罪惡過失之
意，隱含死者爲大的觀念。雖說死者爲大，但是知識份子對於報紙媒體或是
喪葬場合裡一味掩飾亡者的缺點或過失、誇大亡者的優點的情況頗有微詞，
如下面文章所示：

凡官吏殉職。報紙必盛稱其生前。頭腦明晰。理事敏捷。又如某國。

每遇飛機墜落。輒曰操縱者技術純熟。無出其右。然試問頭腦明晰。

向何不爲提拔。技術純熟。何至一落千丈。以君之矛。攻君之盾。

未免形式太甚。〔註 135〕

作者提出當時代報紙在爲名人官吏做訃文時，常寫出掩蓋缺點、放大優點、
文過飾非的不實報導，並舉報導飛機墜機的內容爲例，報導內容大肆稱讚機
長技術純熟、頭腦清晰，但矛盾的是，若是真的技術純熟，又怎會無法排除
危險、喪生於墜機意外之中呢？也就是說，報紙想要討好死者家屬，將死者
的缺點或是罪過抹消，一味地張顯死者優點，卻是犯了邏輯上的錯誤，使整
篇報導充斥自相矛盾的可笑。

〔註 132〕謝汝銓，〈嗟盂蘭盆會〉，《臺灣先賢詩文集彙刊第二輯‧奎府樓詩草》（臺北
　　　縣：龍文出版社，1992 年）。

〔註 133〕庸〈開心文苑‧人世百面觀（12）〉，《三六九小報》第 169 號（昭和 7 年 4
　　　月 6 日）。

〔註 134〕楓山客〈炎々錄〉，《三六九小報》第 6 號（昭和 5 年 9 月 26 日）。

〔註 135〕楓山客〈炎々錄〉，《三六九小報》第 6 號（昭和 5 年 9 月 26 日）。

四、小 結

民間相信人死後必定成鬼，受到祖先崇拜的影響，認爲陽世子孫必須通過一系列繁複且嚴肅的喪葬禮俗，才能使祖先從家鬼晉升到家神的地位。而死亡可分爲兩種，自然死亡和非自然死亡，人們對非自然死亡的情形感到害怕，認爲非自然死亡是鬼魅作祟的原因和結果，若不及時爲亡者及鬼魅舉辦超度法會，必定會爲生人帶來更大的禍害。喪葬禮俗除了是祖先崇拜的實踐，更隱含著孝道及愼終追遠的思想，長輩在世時要盡孝道，逝世後子孫也應遵照祭祀禮儀祈望祖先在死後世界能過得舒服、安穩。

無論東方或西方，皆以死後必將受審來告誡世人諸惡莫做、諸善奉行。西洋文學中但丁（1265～1321）以《神曲》（The Divine Comedy）寫下了對死後世界的想像以及嚴厲的懲處；在臺灣文學之中，有張深切透過李世民之眼寫下地獄遊記，歌仔冊和鸞書也以地獄的想像來教導世人生存的意義及方法。另外，普度儀式從感念父母辛勞及超度孤魂野鬼的目的轉而成爲民眾狂歡的嘉年華會，知識份子對此轉變感到相當頭疼，於是#45「普度／普肚」也成爲眾所批判的對象。從上述文句可看出，傳統知識份子對於臺灣傳統禮俗思維已經產生質變，可惜的是，傳統知識份子只是一味地批判、反對奢華鋪張的儀禮，並未明確指出既有保留價值又符合儒家思想，值得傳承的禮俗。

第五節　生命禮俗相關詞彙再現的文化意涵：女性身份認同的游移過程

乙未割臺後，受過傳統儒學教育的知識份子基於「華夷之辨」的信念，或以武力或以文化對抗日本殖民政權。由於臺灣總督府運用儒學理念實行同化政策，加上西方文化大舉入侵、反傳統的聲浪不斷、社會快速變動的種種因素，使得知識份子的內心深處產生了傳統文化根基即將滅亡的恐懼，於是他們積極走入民間，尋找、挖掘臺灣本土文化面象，滿足自我認同的需求。《三六九小報·新聲律啓蒙》的創作群們找到了最具臺灣文化代表的標的物，也就是蘊藏豐富臺灣庶民文化特徵的生命禮俗，將它置入《三六九小報·新聲律啓蒙》之中，不僅將一幕幕精彩的庶民生活眞實面象展演於紙上，還保存珍貴的當時代臺灣文學與文化。《三六九小報·新聲律啓蒙》極度關注庶民文化層面，生命禮俗相關詞彙共有 161 個，共佔文本 1.972%。如下表 3-4 生命

禮俗詞彙總表所示。

表 3-4 生命禮俗詞彙總表

表 格 名 稱	詞　　　數	累 計 詞 頻
表 3-1 嫁娶禮俗相關詞彙表	49	0.581%
表 3-2 生育禮俗相關詞彙表	60	0.726%
表 3-3 喪葬禮俗相關詞彙表	52	0.665%
總計	161	1.972%

　　生命禮俗相關詞彙不但展現出臺灣庶民文化與生活方式，還反應出傳統社會中男性與女性天差地別的身份地位和極度不公的職能分配情形，在此我們從出生、結婚和死亡三階段觀看家族身份認同與「在場／缺席」（presence/absence）的角色定位。

一、性別決定「在場」或「缺席」的家族身份

1. 男性擔任主動的、支配的、在場的角色

　　傳統父系社會中，男性的角色是固定的、無須流動的，他們從出生到死亡都可以安穩地在原生家庭內生活，享受一切做為兒子、丈夫和父親的至高權利，既使因子嗣或經濟問題而被迫出養或入贅女家等，他們身份地位依舊是高於女性的、依然能夠行使男性的權利。對於家族的身份認同，他們永遠擔任「在場」（presence）的角色，佔有重要地位，也不會因為死亡的到來轉換成「缺席」（absence）。

　　傳統婚姻鮮少由男女雙方各自出於對愛情的共同認知所結合，多半是由父母之命、媒妁之言撮合而成，婚姻關係到兩個家族的結合，所以男方家族在挑選合適的「新婦」人選時，必定以父系家族整體利益做為出發點，除了觀察彼此的家世門風、社經地位是否匹配之外，對於「新婦」個人的命格也十分看重，以不剋夫家為基礎，若能具有興旺夫家、改善夫家家族經濟或運勢等命格的話更能加分不少；另外，外貌、體相也是命格的一種，不但攸關夫家家族的命運，還具有優生學的考量。除了上述考量之外，對於男方家族來說，娶「新婦」的意義和目的是為了生下合法繼承人，為了確保血統純正，對未來「新婦」的貞節更是要求，不但以「在室女」為優先媳婦人選，甚至

在整個婚禮儀式和婚俗物品中也要處處張顯新娘的貞節。

　　日治時期民間流傳著「一錢二緣三婿四少年」的擇婿條件，男方的經濟能力排名第一，可看出女方家族在挑選女婿時同樣也是出於家族利益考量。然而，相較於女性成為「新婦」前後的層層檢驗關卡，男性要成為「翁婿」、「囝婿」似乎是較為容易的，命格、體面相和年紀比較不會成為娶妻的障礙。

2. 女性擔任被動的、附屬的、看似在場實則缺席的角色

　　「女有所歸」的禮教觀念將女性置入十分弔詭的家族身份認同之中，她被設定成一個看似「在場」、實則永遠「缺席」的角色。三從觀念把女性定位在終其一生都無法獨立的工具性角色，必須依附在不同身份的男性身上才能獲得身份認同，得以暫時在家族中穩定下來。無論生前還是死後，女性的身份認同都得被迫不斷游移、更動，尚未出嫁時得依附在父親的角色之下，做好女兒的角色，出嫁之後得依附在丈夫之下，扮好妻子的角色，等到丈夫逝世後又得依附在兒子的角色之下，藉由母親的角色，成為夫家家族的成員。這種無法長久穩固的依附關係時常將女性排除於家族之外，造成女性的家族身份認同基礎十分薄弱，婚姻與死亡會造成現階段家族身份認同的瓦解，直到下一階段的依附者出現，才得以再次獲得一個新的身份認同。

　　女性在漫長的生命歷程中，第一個弔詭的身份認同是：實為親生女兒但卻被認定成他家媳婦的角色。對生養女兒的家庭來說，女兒是麻煩、無用且浪費錢的存在，她們無法像兒子一樣長久地待在家中提供勞務，所以不具備任何繼承的權利和義務，而「女有所歸」的觀念讓她們從一出生就被排除在原生家庭之外。矛盾的是，對父母來說養女兒等同幫別人養媳婦，成年後終究得脫離原生家庭嫁到異姓人家去，但父母又得承擔「養不教，父之過」的教養職責，出嫁的女兒帶到夫家去的不只是個人的身體或嫁粧等等有形物品，家庭教育更會被婆家做為「好新媳」的評判標準。為顧全家族面子，希望女兒於婚後的一切作為能不使娘家蒙羞，所以女性的教育完全聚焦於如何成為「好新婦」之上，分為三從四德的觀念養成和家庭事務的實際操作兩方面。

　　在三從四德的觀念底下，好媳婦的評判標準不僅僅只是侍奉公婆、相夫教子、節儉持家而已，貞節的保有更是女德的終極表現。所以女性被教育成終其一生都要為丈夫保守貞節，在出嫁前，娘家父母必須嚴格控管女兒的一切行動，如出外、交友等，阻擋任何失去貞節的可能。如此一來，在出嫁時才能對女婿及親家有所交待，同時女兒的貞節也能張顯出娘家家族是個治家

甚嚴、家教優良的好人家。換言之,女性在出嫁前是以成爲媳婦爲人生目標,
活著不是爲自己,也不是爲原生家庭,而是爲了一個如夢似幻、以貞節爲最
高標準的理想婚姻而活。她們所接受的一切思想意識、價值觀和生活教育都
是圍繞著理想婚姻打轉,更要恪守傳統禮教規範,種種作爲皆是爲了想要成
爲好媳婦,並期望未來的婚姻能夠帶給她渴望已久的歸屬感,並讓身份認同
從「缺席」轉爲「在場」的狀態。

第二個弔詭的身份認同是:實爲媳婦但卻被認定爲生產工具的角色。婚
姻是女性取得家族認同和身份轉換的第一道關卡,代表她得以脫離原生家
庭,進入夫系家族體系,讓她從「在室女」轉變爲「新婦」的身份。然而,
婚姻對於女性而言,其實是一樁極度不平等的人身買賣交易,婚姻論財的競
賽風氣加上結婚的費用多半是男方出資,於是妻子這個角色不但被貼上「某
是錢娶餅換」的價格標籤,其生殖功能的工具性更得不斷地被張顯於世人面
前,無論是站在男方家族娶媳婦或是女方家族嫁女兒的立場,幾乎所有的責
任、儀式或是禁忌都是針對標的物——新娘。

若依循傳統禮教「女有所歸」的概念,婚姻應能夠給予女性一個具有穩固、
安定的歸屬感,但實則不然。婚姻爲女性帶來的往往不是擁有身份認同後的安
全感,反而是一股前所未有的壓力,除了得面對全然陌生的生活及人際交往壓
力之外,成爲媳婦之後更得嚴加遵守三從四德的道德規範,「七出」的離婚條件
還不時地威脅著不穩固的婚姻關係,於是女性終日得戰戰兢兢,時時恪守爲人
媳、爲人妻的本分。另外,婚姻的目的在於生兒子,而生產又是唯有女性才具
備的特殊生殖功能,所以無論是不孕、生不出兒子、或是孩子沒有健康的身體
等問題都被劃分在媳婦的責任範圍之內。身爲媳婦的女性爲了替夫家家族有所
貢獻、或是穩固自己在夫家的地位,只得想方設法、四處求醫拜神、「栽花換斗」,
只求能生下兒子繼承香火,使家族能代代傳承下去。

第三個弔詭的身份認同是:實爲家族成員但卻被註記爲有姓無名的無名
氏。死亡是女性取得家族認同和身份轉換的第二道關卡,也是最後的關卡。
若能生下具有父系血緣的親生兒子是最好,若沒有兒子也要想辦法過繼養子
或是招贅婿,來使夫家家族不會斷根倒房、絕嗣絕世。女性唯有將她生殖功
能發揮到最大產能,並且做好家族傳承的監督角色,才表示她完成了身爲女
人的最大任務——「成爲媳婦」,死後不但不會成爲無主孤魂,淪落到無人祭
祀的淒慘下場,還能夠光榮地去見夫家的列祖列宗。換句話說,女性因爲兒

子的關係得以晉升夫家家族的「公媽」位階,並且獲得最終的家族身份認同——祖宗。但可悲的是,女性的一生爲了追求家族歸屬感和取得他人認同,在兩個不同的家族中疲於奔命,換來的終就是一場空。她們在神主牌與夫家族譜中也只能被註記爲「某媽某氏」,依舊是不被承認具有「人」身份資格的無名氏,終其一生,無論是在娘家還是在婆家,都被視爲只有短暫依附關係的外人。

　　由上述可知,父親和丈夫對女性的前半生佔據著最重要的位置,他們握有掌控權,可以決定女性一生的去處,父親可以指定女兒嫁往何處,同樣的丈夫也可以決定妻子是否能夠繼續留在自家;而兒子是女性在後半生與死後世界能夠獲得妥善照顧的重要關鍵人物,唯有生兒子,女性才能眞正地被承認是家族成員的一份子,其身份認同才得以在夫家家族體系穩定下來,將「缺席」切換成「在場」的狀態;可惜的是,女性在死後世界裡「在場」狀態也只是暫時的,依舊得依附在原生家庭和夫家家族之下,隨著時間的流逝終將被人遺忘,到頭來女性仍然是處於「缺席」的狀態。在父系繼嗣的社會底下,性別決定了人一生的作爲,男性的人生目標在於成家立業和光宗耀祖,女性則是著重在「成爲媳婦」以追求家族身份認同,但矛盾的是,無論女性做再多的努力,家族身份認同對她來說如同海市蜃樓般是個可望而不可及的虛幻存在。

二、喪葬過渡儀式可安頓亡者靈魂及重新劃分家族成員的身份職能

　　臺灣民眾普遍相信人最終且最崇高的生命價值爲列位家族祖先,享受萬世子孫祭祀,這一點已從女性的家族身份認同歷程得到映證。死亡的神祕性讓一般人將它視爲禁忌不太願意談論,但是它偏偏又是人生中極爲重要的關鍵時刻,所以庶民大眾只好求助於專業的神職人員和宗教,希望透過層層喪葬禮俗和儀式安頓亡者靈魂,幫助亡者從靈魂／家鬼晉升爲祖先／家神之位。但是臺灣的宗教流派多且繁雜,加上原始社會交通不便、社區封閉與地域限制關係,使得神祕喪葬禮俗的儀式與意義呈現出分岐且混雜的狀態。

　　舉例來說,佛教和道教對於靈魂及死後世界的見解各有不同,導致喪葬禮俗的作用與意義、和地獄審判的概念出現不一致、甚至互爲矛盾的情形,《三六九小報・新聲律啓蒙》也忠實地呈現出這種狀況。筆者認爲這是因爲臺灣

民眾秉持著「新例無設,舊例無除」的理念,加上對死亡的懼怕,使得死亡成為生活的禁忌,在不願意和禁止提及的前提之下,死亡便被神祕感和恐懼感層層包覆著,一旦面臨死亡議題,便抱持著「寧可信其有,不可信其無」的態度來嚴格遵行先人所流傳下來的禮俗。長久下來,喪葬禮俗便自成一套看似一致實為分歧且互有矛盾的系統。雖然喪葬儀式和意義是多元且混雜,依舊圍繞在祖先崇拜和孝道兩個觀念,所有的儀式是以孝出發,提醒子孫們要以「事死如生,事亡如存」的態度來對待亡者。

喪葬禮俗不但再次提醒子孫與亡者的關係,也重新劃分了家族各人的身份位階,如亡者的兒子稱為「孝男」、媳婦稱為「孝婦」、女兒稱為「孝女」、女婿稱為「孝婿」等,得依其身份位階獲得權利與工作分配。舉例來說,「手尾錢」只有男性子孫才有資格擁有;「孝女」在奔喪時要「哭路頭」表達遺憾之情;而「孝婦」的工作重於「孝女」,晨昏定省的工作轉為「叫起叫眠」的儀式,並由「孝婦」執行;無論是「做七」還是身份的排序,「孝婦」皆是先於「孝女」等等。這些禮俗儀式的進行,不但可提醒著自己與亡者及其家屬的身份關係,還能整頓家族人倫關係,將遺族重新凝聚在一起。

另外,從本節各式生命禮俗相關詞彙來看,1930 年代的臺灣社會籠罩在虛榮、「輸人不輸陣,輸陣屄鳥面」的氛圍之中,為張顯身分地位和財富,將各式生命禮俗當成是競賽項目來舉辦,如嫁娶和喪葬場面講究排場、祭祀講求祭品豐盛鋪張等等,但是其背後的深沉涵義卻早已民眾遺忘。創作者們對此社會亂象頗為反感,尤其對於民眾將嚴肅的「普度」儀式當作迎神賽會的嘉年華來舉辦,更是感到不解與遺憾,雖未明說,卻是以詞彙堆疊、拼湊的方式將心得與感想編織在字裡行間。

整體來說,《三六九小報‧新聲律啟蒙》不但是透過詞彙的重現來反映當時代社會亂象,更重申了生命禮俗的真正意涵,更重要的是,它間接地告訴讀者如此豐富且多元的生命禮俗皆蘊含臺灣意識,這些生命禮俗是臺灣式的禮俗,只有臺灣人才知道這些生命禮俗,也只有臺灣人才會一一遵守奉行。當臺灣人實際操作生命禮俗的那一刻,臺灣-日本的連結就斷裂了,於是臺灣人所獨具的臺灣意識就被突顯‧出來了,連帶地使民族認同重新凝聚在一起。

第四章　〈新聲律啓蒙〉詞彙中反映的處世教化觀察

第一節　「百善孝爲先」的社會秩序架構

一、敬天崇祖的孝道觀念

　　中國以「禮儀之邦」自稱，禮具有維繫社會、約束個人行爲舉止的功能，源自於祭祀祖宗、尊敬長輩，也就是「孝」的概念。〔註1〕孝原爲「善事父母」之意，指的是父母在世時的奉養和逝世後的祭祀，子曰：「生事之以禮，死葬之以禮，祭之以禮」正是強調孝應在禮儀的規範下表現。對於形而上的鬼神祭祀及死後世界，孔子抱持著「未能事人，爲能事鬼？」「未知生爲知死？」「敬鬼神而遠之」的態度，並不否定鬼神的存在，反而十分認同祭天地祭祖先的行爲，認爲祭祀天地祖先是孝道的延續，也就是提醒自己不忘本源，其思維並不是基於靈魂不朽的信念，也不是爲了祈求消災解厄，而是爲了實現道德義務與宣泄情感，達到「決定自我的存在方式」的最終目的，將單獨個人的短暫生命置於歷史、文化的洪流之中，找到生命的定位。〔註2〕

　　宋代大儒朱熹以孔子鬼神觀爲立論基礎，不同於佛、道教講求彼世，朱

〔註1〕　莊振局，《春秋時代倫理研究》，玄奘大學中國語文學系碩士論文，2005年，頁13。

〔註2〕　王祥齡，《中國古代崇祖敬天思想》（臺北市：臺灣學生書局，1992年），頁219～225。

熹是站在現世的立場來探討祭祖儀式。他反對佛家的輪迴觀念，提出人死有終，認為人的身體是由魂、魄氣聚而成，人死後魂先消散，體魄不久後也會跟著消失，成為「非人」。倘若人死後魂魄必定消散，那麼陽世子孫祭祀之時，祖先能感受到嗎？朱熹認為子孫是祖先留在現世的根，只要子孫於祭祀時持虔誠之心，祖先的氣便能感受到而暫時團聚接受子孫祭祀，等儀式完成後便又散去。〔註3〕

祭拜祖先的目的在於盡孝，長輩透過祭拜祖先的種種儀式傳達子孫孝順的概念。孝也是宗族的基礎，其範圍與人際關係互相重疊，上至祭祀祖先、侍奉父母，下可推展至親子關係，旁及到其他的人倫關係，進而發展出宗法制度。〔註4〕宗法制度是以道德為核心，依照上下尊卑的社會階級和血緣親疏遠近的關係所建立的一套規範社會、國家秩序典章制度，對後世產生了深遠的影響。〔註5〕自古以來，漢人社會注重孝道，時至今日，孝道觀念已經和宗法制度、民間信仰以及生命禮俗緊密結合在一起。

二、「寧賣祖宗田，不忘祖宗言」不亡本的民族性

儒學於明鄭時期在臺灣母土上萌芽，加上清代大量移民移居臺灣，成為臺灣人生活文化的基本。受科舉制度影響，知識份子長期浸淫在儒學知識系統之內，無論是精神思想或是生活方式，皆依循以儒學為核心的倫常規範和禮教制度，而不識字的庶民大眾則是因宗族的概念、祭祀的禮儀或是人際關係等因素，間接地受到儒學的影響。〔註6〕

〔註3〕 杜保瑞〈從朱熹鬼神觀談三教辨正問題的儒學理論建構〉，《東吳哲學學報》第10期（2004年8月），頁55～92。

〔註4〕 蕭燕榮，《春秋時代孝親倫理研究》，玄奘大學中國語文學系碩士在職專班論文，2008年，頁47。

〔註5〕 關於宗法制度和人倫規範，可參見王麗珍，《「孝道」與「生命實踐」關係之研究——歸本於《論語》》，佛光大學生命學研究所碩士論文，2005年、蕭燕榮，《春秋時代孝親倫理研究》，玄奘大學中國語文學系碩士在職專班論文，2007年、蘇志明，《孔孟荀禮學思想研究》，華梵大學東方人文思想研究所碩士論文，2006年、吳少剛，《群己關係的儒學省察——以《論語》《孟子》倫理思想為中心》，南華大學哲學研究所碩士論文，2008年等論文。

〔註6〕 潘朝陽以「民族意識的臺灣意識」為出發點，提出臺灣意識是以傳統儒家思想為核心，並可分為上下雙層儒學，上層儒學是「知識菁英人格生命中的儒學修養」、下層儒學則是「以民間儒學而形成的鄉土性」。詳見潘朝陽〈日據臺灣的雙層儒學與外來思想：以吳濁流、洪棄生、賴和為中心〉一文，收錄

　　1895 年中日甲午戰爭清廷戰敗將臺灣割讓給日本，臺灣各地武裝抗日活動不斷，許多受過傳統儒學教育的知識份子〔註7〕基於「華夷之辨」〔註8〕的信念，不願受外來政權統治而參與抗日戰爭，雖然受到臺灣總督府以強烈手法鎮壓後，激烈的武裝抗日行動逐漸平息，但「華夷之辨」的思想仍深植傳統知識份子心中，轉而以文教社團凝聚力量，做爲軟性文化抗日的手段。隨之而來的同化政策、西方政治哲學思潮，再再對以儒學系統爲主體的臺灣社會造成衝擊，如傳統知識份子崇尊倫常規範，認爲新文化運動所提倡的自由戀愛、享樂主義等觀念與禮教規範互相抵觸、婚姻自主與倫常規範相抵觸，於是自由戀愛、婚姻自主等新興觀念常被化約成家庭瓦解、道德淪喪的源頭。

　　新女性形象的出現更被認爲是三從四德、貞節信仰崩潰的前兆，一切的社會人心失序情形都會被架接在漢學漸趨式微的結果之上，於是儒學遂成爲傳統知識份子所要捍衛的對象，如蔡培楚斷言正是因爲漢文學衰弱不振才使得社會風氣日漸偏向洋式作風，爲導正風氣、匡正人心，漢文學絕不可廢：

> 彼青年男女之盲從歐化。無非不修漢學。未能溯本追源所致。於是
> 須知漢文之不可偏廢者。有如此慕重。獨怪夫唱廢漢文者。豈無子
> 女。寧不爲世道人心。細加放察。〔註9〕

儒學系統指涉的不僅是語言、文字與經典而已，還包含支撐民族性的文

於潘朝陽，《臺灣儒學的傳統與現代》（臺北市：國立臺灣大學出版中心，2008 年），頁 139～195。

〔註7〕林爲恩、林久遠、曾春華等人皆爲抗日份子。林爲恩（不詳），字詠罿，淡水縣桃澗堡（今桃園）人，爲清代庠生。在乙未之役中因召集鄉民抵抗日軍被捕，因不屈服臺灣總督府而被殺死。林久遠（1854～1900），通稱林九，擔任三角湧（今三峽）義民營統領，率領千餘人抗日，後被捕處死。曾春華（不詳），字景三，安平縣人，爲舉人蔡國琳的門生。率領鄉眾包圍警察署和軍營，後被大批日軍鎮壓。上述資料皆源自《臺灣記憶‧人與事》網站（來源：http://memory.ncl.edu.tw/tm_cgi/hypage.cgi?HYPAGE=toolbox_home.hpg，讀取日期：2010 年 6 月 6 日）。

〔註8〕「華夷之辨」出自於傳統中國中心主義，認爲只有中原地區具有儒家文化禮儀的高度文明社會，周邊種族和國家皆爲落後的蠻夷、化外之民。而陳昭瑛更以連雅堂、洪棄生、吳湯興等人文章爲證，提出日治初期的武裝抗日行動是以「華夷之辨」的民族思想爲口號，號召臺灣民眾群起抵抗異族統治以保護家園。參見陳昭瑛，《臺灣與傳統文化》（臺北市：臺灣書店，1999 年），頁 34～37。另外，李喬小說《情歸大地》所改編的電影《一八九五》，正是以秀才吳湯興爲主角，率領村民組成客家義民軍反抗日軍的故事。

〔註9〕蔡培楚（植歷）〈雜俎‧芳圃閒話〉，《三六九小報》第 332 號（昭和 9 年 4 月 16 日）。

化價值體系，一旦語言文字系統被消滅或改變，連帶地將影響到民族認同和族群意識。臺灣長期籠罩在漢文系統之下，無論是思想意識、價值觀還是典章制度皆遵照儒學規範，卻因殖民統治、西學入侵等因素，撼動了長久立於不敗之地的儒學體系。自改隸以來，社會制度和文化層面處於新舊相交的狀態，使得傳統知識份子不免產生焦慮和徬徨的情緒，為適應變動的社會或受其影響，文學觀點也有所變更，除了須不斷地吸收新學、新知以便跟上社會脈動，又深受儒學影響，秉持文以載道的文學觀，認為文學應與倫理道德、儒學文化做結合，且應具淑世教化的精神，不時回頭審視、篩選、挪用漢文學的精華，搭起連接傳統與現代、新與舊的橋樑。〔註10〕

第二節　宗法制度──「爸傳囝，囝傳孫，三代公家一口鼎」〔註11〕

孔孟教育注重人倫禮儀，《禮記‧禮運》明確指出五倫與十義：

> 何謂人情？喜怒哀懼愛惡欲，七者，弗學而能。何謂人義？父慈，子孝，兄良，弟弟，夫義，婦聽，長惠，幼順，君仁，臣忠，十者，謂之人義。講信脩睦，謂之人利。爭奪相殺，謂之人患。故聖人所以治人七情，脩十義，講信脩睦，尚辭讓，去爭奪，舍禮何以治之？飲食男女，人之大欲存焉。死亡貧苦，人之大惡存焉。故欲惡者，心之大端也。人藏其心，不可測度也，美惡皆在其心不見其色也，欲一以窮之，舍禮何以哉？

臺灣深受儒學思想影響，社會結構以家族為重，為維持以男性為主軸的宗祧制度且鞏固父權文化秩序，對於血脈傳承一事相當重視，相信先人死後必須從家鬼晉升為祖先，而成為祖先的第一要務則須賴後人組織家庭、養兒育女以延續香火。家族的名譽聲望凌駕於個人之上，維護傳承良好門風、光耀門

〔註10〕相反地，新知識份子主張純文學的文學觀，認為文學應具備其獨立性，否則將會淪為道德的附庸，於是爆發了新舊文學論爭。根據翁聖峯的考察，新舊文學論爭除了針對文體形式（文言文、中國白話文、臺灣話文）之外，文學的定義、定位和內容同樣也是論爭的重點。相關議題於詳見翁聖峯《日據時期臺灣新舊文學論爭新探》一書中有深入地探討。翁聖峯，《日據時期臺灣新舊文學論爭新探》（臺北市：五南圖書出版股份有限公司，2007年1月）。

〔註11〕此句俗諺出自陳主顯，《台灣俗諺語典》（臺北市：前衛出版社，1997～2009），表示父系社會是依尋父傳子、子傳孫的傳承制度。

楣則成爲了做人處事的最高指導原則。

傳統知識份子深怕漢文一旦被廢棄，鞏固家庭的倫常理念也會隨之崩解，加上文以載道的創作使命，於是在《三六九小報·新聲律啓蒙》中寫下了 48 個攸關血脈傳承的詞彙，累計詞頻爲 0.581%，如表 4-1 血脈傳承相關詞彙表所示。

表 4-1 血脈傳承相關詞彙表

#	主要詞條	總詞數	釋義	音讀	異用字	異用字詞數	來源
1	六親	1	（文）指父、母、兄、弟、妻、子。	liȯk-tshin			1
2	公婆龕	1	祖先神主牌的祭壇。	kong-pô-kham			1
3	拜祖	2	祭拜祖先。	pài-tsóo	拜祖公	1	1
4	祭祖	1	祭拜祖先。	tsè-tsóo			1
5	神主	1	位牌。	sîn-tsú			1
6	子弟	4	後代。	tsú-tē			1
7	子孫	2	後代。	kiánn-sun			1
8	世傳世	1	一代傳一代。	sè-thôan-sè			1
9	添丁	2	加添男丁。	thiam-ting			1
10	顯祖	1	顯榮祖宗的名。	hián-tsóo			1
11	榮宗	1	顯榮祖宗的名。	îng-tsong			1
12	瀉祖辱宗	1	損害祖先的名譽。	sià-tsóo jiȯk-tsong			1
13	背祖	2	違背祖先。	puē-tsóo			1
14	同胞	1	全族。	tông-pau			1
15	無大無細	1	無視長幼的順序，目無尊長。	bô-tuā-bô-suè			1
16	大是兄細是弟	2	年長的是兄，年幼的是弟。長幼有序是既定的義理。	tuā-sī-hiann suè-sī-tī			3
17	打虎親兄弟	1	非常的場合著愛上親的人。／要打老虎的話，一定要是親兄弟才行。指在非常時刻，如果是外人的話無法成功。	phah-hóo tshin-hiann-tī			1/3

18	自己狗咬無妨	2	即使被自己的狗咬了，也不會發炎。指兄弟親屬間的爭吵不但關係容易修復，也不會有什麼損失。	ka-kī káu kā bô hông	自己飼狗咬無妨	1	3
19	指頭伸出無平長	1	無可能完全公平。／形容兄弟姊妹的智慧、性情、機運都不相同。	tsíng-thâu tshun--tshut bô pînn tn̂g			1/7
20	一人生五子，六代變千丁	1	一個人如果有五子的話，到第六代時就會達到千人之多。	it-jîn sinn ngóo kiánn, la̍k-tāi pìnn tshian ting			3
21	好種不傳，歹種又不斷	1	好的種子不流傳下去，不好的種子卻不會斷絕。	hó-tsíng put thôan, pháinn-tsíng iū put tn̄g			3
22	歹竹也會出好筍	1	不好的竹筍，長出好的竹筍。平凡普通的父母生出了不起的人，鳶生鷹。(日本諺語，比喻平凡的父母生出優秀的子女。)	pháinn-tik iā ē tshut-hó-sún			3
23	螟蛉	1	用錢買來的養子。	bîng-lîng			1
24	過塊	1	指女子出嫁或予人做養女幾若擺轉來本厝。	kè-tè			1
25	財產	1	錢財和土地、屋宅等的總稱。	tsâi-sán			2
26	家伙	3	家財，家產。	ke-hé			1
27	分家伙	2	家庭分財產。	pun-ke-hé			1
28	田園	5	田地，耕地。	tshân-hn̂g			1
29	厝	4	家屋，家宅。	tshù			1
30	厝宅	4	家屋的宅地。	tshù-the̍h			1
31	大厝	1	大間的厝宅。	tuā-tshù			1
32	祖厝	2	宗祠、家廟。祠堂，同一宗族的人供奉祖先神主的祠廟。祖產。由祖先遺留下來的房子或同一宗族的人所居住的房子。	tsóo-tshù			2
33	祖家	1	祖先的厝，本家。	tsóo-ke			1
34	厝契	1	家屋賣渡證書。	tshù-khuè			1

35	派下	1	系統；後裔。	phài-ē			1
36	承業	1	繼承產業。	sîn-giàp			1
37	承祧	1	承繼奉祀祖先的宗廟。	chéng tiāo			9
38	外家	1	外頭厝，娘家。	guā-ke			1
39	強弱房	1	家族中有勢力的房，豪族和較弱勢的房柱。	kiông-jiòk-pâng			1
40	拚房	1	本房較分房相拚。	piànn-pâng			1
41	分無平，敢會打甲廿九暝	1	形容做事不公，會引起紛爭。	pun bē pênn, kám-ē phah kah Jī-káu-mê			2
42	男子得田園，女子得嫁粧	1	說明臺灣早期社會家庭財產繼承的狀況。	lâm-tsú tit tshân-hn̂g, lú-tsú tit kè-tsng			2
43	俗賣	1	俗價賣出。	siòk-bōe			1
44	傾家	2	用盡家產。	qīng jiā			9
45	破產	1	喪失所有的家產。	phò-sán			2
46	中保	1	保證人，仲人。	tiong-pó			1
				小計：48/8265；詞頻：0.581%			

在血脈傳承相關詞彙中出現頻率最高的前四個詞彙分別爲：#28「田園」（5次）、#29「厝」（4次）、#30「厝宅」（4次）和#6「子弟」（4次），#28「田園」、#29「厝」和#30「厝宅」不但是家族的主要資產、傳承的標的物，其背後更隱含著「安土重遷」的土地觀，擁有土地後才會產生歸屬感，有了歸屬感便可在這塊土地上安身立命、開枝散葉，而#6「子弟」是後代的泛稱，表示家族得靠著一代又一代子孫們的努力開創守成，才得以承繼下去。

一、愼終追遠的孝道觀

#1「六親」指的是與自己最親近、親密的六種親屬身份，也就是家庭中最基本、最核心的人倫關係，#1「六親」有多種解釋，如《左傳‧昭公二十五年》指的是父子、兄弟、姑姊、甥舅、婚媾、姻婭﹝註12﹞六種對應關係；《周易‧家人》指的是父子、兄弟和夫婦；《史記‧管晏列傳》指的是外祖父母、祖父母、父母、姊妹、妻兄弟之子、從父母之子女之子；《管子‧牧民》的「上

﹝註12﹞原文：「爲父子、兄弟、姑姊、甥舅、昏媾、姻亞，以像天明」。

服度，則六親固」指的則是父、母、兄、弟、妻、子；《後漢書・卷七十六・循史傳・秦彭傳》指的是父、子、兄、弟、夫、婦；〔註13〕《台日大辭典》的解釋同於《管子・牧民》，爲父、母、兄、弟、妻、子等等。從上述意義的演變可看出傳統家族結構從原本的繼嗣群體變成擴展家庭，再發展成核心家庭，由於日治時期的臺灣家庭觀念受到東西洋文化衝擊的影響，於是創作者欲以#1「六親」一詞帶出傳統人倫關係，提醒讀者欲使家庭和樂則應遵守父慈子孝、夫義婦德和兄友弟恭的傳統道德規範。

1. 以男性爲主的父系繼嗣制度

陳其南以「房」的概念釐清傳統中國社會的父系繼嗣的運作方式，「房」指的是兒子相對於父親的身份，房有六大原則：（1）只有男性能稱爲一房，女性無論如何都無法構成一房、（2）只有兒子對父親才足以構成房的關係、（3）每一個兒子只能單獨構成一房、（4）房永遠是次於以父親爲主的家族、（5）房具有擴展性，房可指一個兒子，也可包含屬於同一祖先的男性後代及其妻等所構成的父系團體、（6）分房時採取諸子均分的原則。〔註14〕照此看來，兒子是原生家庭的支柱，一出生即可成爲一房，具有姓氏、家產的繼承權，無論已婚或未婚，死後能直接成爲祖先享祀。

附屬於男性之下的女性，則是不具有任何繼承權利，只能稱爲「室」，如未出嫁女性稱爲「在室女」、妻妾稱爲「正室／側室」。〔註15〕如同俗諺「飼查埔囝家己的，飼查某囝別人的」、「飼後生替老爸，飼新婦替大家」所說，女兒一出生就被視作是「外頭家神」、是別人的，被排除在原生家庭的房份之外，唯有透過婚姻儀式，取得他家「新婦」身份，才能夠依著丈夫房份，成爲家族的一員，並且死後列入「公媽牌」的祖先之位接受子孫祭祀。〔註16〕從臺灣慣習法來看，女性雖藉由婚姻關係取得丈夫家族成員的身份，卻仍與原生家族保有關係，婚後除冠上夫姓外依舊得保有本姓。從表面上看來女性好像被視爲是家族的成員，但實際上卻是排除在原生家庭之外，同時也無法完全融入夫系家族體系之內。

〔註13〕原文：「乃爲人設四誡，以定六親長幼之禮」。
〔註14〕陳其南，《家族與社會——臺灣與中國社會研究的基礎理念》（臺北市：聯經出版社，1990年），頁129～213。
〔註15〕法務部，《臺灣民事習慣調查報告》（臺北市：法務通訊雜誌社，1994年），頁324～325。
〔註16〕同前註4，頁169。

『子孫袋。#2「公婆龕」』的對應證明傳統祖先崇拜是以圍繞在父傳子、子傳孫的父系繼嗣爲主,「子孫袋」指的是男性生殖器官——陰囊,而#2「公婆龕」則是安置「公媽牌」的祭壇,代表著家族歷代祖先,從這組詞彙的對應可看出傳統認爲唯有男人才能肩負傳宗接代的責任,女人只是父系傳承的生產工具而已。《詩經・周南・桃夭》提到「之子于歸,宜其室家」,「歸」指的是女子出嫁,《禮記・禮運》的「男有分,女有歸」劃分了男女不同的職責,男性要有適當的工作、女性要離開原生家庭嫁到夫家,才算是盡了本分。

誠如上述所言,未出嫁的女性違反父系社會「女有歸」的觀念,而未出嫁就死亡的女性不但破壞了社會秩序的平衡,更是觸碰非自然死亡的禁忌,被視爲是汙穢且不潔的鬼魂〔註17〕。正所謂「桌頂無祀姑婆」,這些早夭而亡、未嫁而亡的女鬼,其神主牌是無法進入宗廟祠堂,更不可能晉升祖先之列。民間相信不被祭祀的女鬼將來會變成厲鬼作祟於家人、鄉里,於是發展出兩套解決未婚女鬼作祟的方法,一是藉由冥婚儀式,讓她跟陽間的男性結爲夫妻,將其身份從未婚的「孤娘」轉爲已婚的「新婦」,得以進入夫家宗廟接受後嗣祭拜;二是將未婚女鬼安置於祀奉女性的姑娘廟中。

2. 血脈傳承是祖先崇拜文化的重要元素

關於靈魂的概念,儒、釋、道有著不同的解釋。理學家朱熹認爲人死後魂魄會消散,但並不會完全不見,因爲陽世子孫就是他的根,透過祭祀儀式召喚祖先之氣,它便會尋根而來,暫時凝聚成一團,等祭拜完畢之後才會消散;〔註18〕道教認爲人有三魂七魄,人死後,三魂會分別依附在神主牌上供子孫供奉、置於墳墓之中和前往陰間接受審判,而七魄則是隨著肉體腐化而逐漸消失不見;〔註19〕佛教則是認爲人死雖爲鬼,但靈魂是永恆不滅的,將會再次進入輪迴道,等待投胎轉世。然而,無論從儒學、道教還是佛教對於

〔註17〕黃萍瑛,《臺灣民間信仰「孤娘」的奉祀——一個社會史的考察》(臺北縣:稻鄉出版社,2008年10月),頁10。

〔註18〕杜保瑞〈從朱熹鬼神觀談三教辨正問題的儒學理論建構〉,《東吳哲學學報》第10期(2004年8月),頁65~66。

〔註19〕道教對於「魂魄」的看法眾說紛紜,本文則依民間最通俗的「三魂七魄」爲依歸。「魂魄」相關說法詳見李坤達,《死亡與不死——臺灣俗民道教魂魄觀的死亡哲學研究》,東吳大學哲學系碩士論文,2002年、董芳苑〈臺灣民間的鬼魂信仰〉一文,收錄於張炎憲主編,《歷史文化與台灣:臺灣研究研討會紀錄》(臺北市:臺灣風物雜誌社,1988)。

靈魂的觀點來看，祭祀祖先的靈魂可說是一種孝道的表現，象徵香火不斷。陽世子孫透過#3「拜祖／拜祖公」以及#4「祭祖」儀式，向代表先人靈魂的#5「神主」牌位祭拜，使先人晉升成爲享有後裔祭拜的祖先，也就是說，血脈傳承是維持祖宗崇拜文化的重要元素。

血脈傳承不僅只是講究現世的生兒育女，更是期望在死後能有#6「子弟」、#7「子孫」等後裔祭拜，如文本提到的「食到六十九生一個跤尾哮」〔註20〕正巧映證了傳統漢人的死亡觀，認爲人死後得要有子孫跪在身邊啼哭、祭拜，才算得上人生圓滿，即使是高齡六、七十歲，也得想辦法生出兒子或女兒來「跤尾哮」、替自己披麻帶孝、「捀斗」。除此之外，家族宗廟、姓氏、財產和聲望的#8「世傳世」、繼承和延續，以及維繫家族良好門風同樣也是身爲後世子孫最重要的責任。文本中以『生孫對#4「祭祖」』的對應暗示#4「祭祖」除了一般節日之外，當家裡有喜事，如結婚、#9「添丁」生男孩等人口增加時或是家中子弟出人頭地時也要告知祖先。

文本以『#10「顯祖」對#11「榮宗」』和#12「瀆祖辱宗」、#13「背祖」兩種概念相反的詞彙告知後代子孫無論做任何事情，最終的評論都會反應在自家祖宗門風之上，即使是個人的「無志無氣」也會造成#12「瀆祖辱宗」的後果。傳統社會重視家庭倫理，所以家中長輩常以『不可#15「無大無細」。#16「大是兄細是弟」』來告誡子弟時時懷有長幼有序、兄友弟恭的觀念；又因兄弟是與自己最親近的人，遇到非常時刻，無論是創業或是抵抗外辱，只要團結一心便能無往不利，正所謂#17「打虎親兄弟」，唯有最親近的家人才能給予最強大的支持力量；又因彼此是最親近的人，即便有所爭執也會看在兄弟的情份上手下留情，正就是俗諺所說#18「自己狗咬無妨／自己飼狗咬無妨」〔註21〕，兄弟之間因爭吵所產生的傷害和嫌隙與他人相比較爲輕微。俗諺#19「指頭伸出無平長」有二種涵義，一用五枝指頭都長得不一樣來說明世間沒有完全公平之事，二則用來勸誡人不要太過計較，即使是血緣相近的兄弟姐妹，也會因爲聰明才智或運氣好壞而成就出不同的人生。在此，作者用『比上不足比下有餘。#19「指頭伸出無平長」』的對應呈現出莫強求的人生態度。

依照俗諺#20「一人生五子，六代變千丁」的邏輯看來，家族要開枝散葉、

〔註20〕同「食到六十九生一个跤尾吼」。
〔註21〕「自己」同「家己」，另外，此處的「妨」應爲「癀」（hông），發炎之意。

人口興旺並非難事。此句俗諺也隱含了重男輕女的觀念，丁即男丁，也就是說只有男性才能被計入家庭人口數，女性必須透過結婚的儀式才能被計入夫家的家庭人口數之中。另外此諺也用來反對當時代的產兒限制理念，產兒限制源自英國經濟學家馬爾薩斯（Thomas Robert Malthus, 1766～1834），是研究近代人口問題的先行者，於 1798 年發表《人口論》（*An Essay on the Principle of Population*），率先將人口問題與社會做連接，指出以等比速度成長的人口數，遠遠快於以等差速度生產的物產，唯有依靠「墮落」（也就是避孕）、「災難」與「自我抑制」才能遏止人口的過度成長趨勢，否則必定會招受到飢荒、戰爭和疾病的「積極抑制」。後來他更提出以晚婚晚育或不婚不育的「預防抑制」方法來延緩人口成長數量。〔註 22〕為此，鄭坤五提出十項反對產兒限制的理由，認為養兒育女不僅是為人子女的義務，也是大自然的原理，而禁慾或避孕更是有礙身體健康，不婚不育還會引發滅種、滅族的危機。〔註 23〕

　　傳承，不只是血緣、家產，連生活習慣、思考模式也會透過身教、言教傳承給後代，如俗諺#21「好種不傳，歹種又不斷」、#22「歹竹也會出好筍〔註 24〕」、「出此欵〔註 25〕父，生此欵囝」等，皆是對基因遺傳神祕性所做的註解，小孩有可能會遺傳到與父母相同的特質，但有變數存在。所以在評斷一個人時，不能只以家世門風做評論基礎，家世門風優良顯赫的家族不一定代表其子弟也必定優於他人，而家世不好的家族也不表示其子弟的成就必定遠低於他人。

二、「不孝有三，無後為大」的收養觀

　　由於血脈傳承是維護祖先崇拜文化的重要環節，所以傳統漢人社會對於後代觀念十分看重，正所謂「不孝有三，無後為大」，無後的範圍很廣，包含不孕（生不出孩子）、不生男（只生女兒，生不出兒子）、孩子早夭或畸形（生出不健康的孩子）等。若能擁有親生子女、開枝散葉的話當然是最好的，若不幸夫妻不孕、生不出兒子或健康的孩子、或為了家族事業的拓展與傳承、

〔註22〕「馬爾薩斯」，《大英百科全書》大英線上繁體中文版。（來源：http://daying.wordpedia.com/content.aspx?id=047124，讀取日期：2010 年 5 月 4 日。）

〔註23〕鄭坤五（坤五）〈話柄〉，《三六九小報》第 460～464 號（昭和 10 年 4 月 3 日～昭和 10 年 7 月 16 日）。

〔註24〕同「筍」。

〔註25〕同「款」。

增加家中勞力人口等等原因，民間發展出收養他人子女過繼至自家的風俗。

1. 收養子女的原因

　　被人收養的男性稱爲養子，又可分爲「過房子」和「螟蛉子」兩種形式，由於養子定義分岐，在此分別以《臺灣私法》和臺灣舊慣的解釋來釐清此觀念。《臺灣私法》以是否脫離本家爲判別標準，若與本家斷絕關係，即是「螟蛉子」，若無，即爲「過房子」；臺灣舊慣以是否爲同宗家族爲判別標準，若是收養同宗男性，就是「過房子」，也稱「過繼子」，若收養異宗男性，則爲「螟蛉子」，〔註26〕而「螟蛉子」多是透過買賣的方式進行收養。

　　而被人收養的女性，原先是依照收養身份的不同而有不同的名稱，若是做爲女兒則稱養女，若是視爲未來的兒媳婦則稱養媳。然而養女與養媳的概念發展到後來卻出現混淆的狀況，不再單純地從女兒或媳婦的身份來定義，或以是否有婚配對象爲判別標準，在當時代，有些妓院甚至會打著買賣養女的名號，進行人口販售或逼迫女性出賣靈肉。〔註27〕由於本文旨在探討傳統臺灣社會收養他人子女的風俗，故在此以「新婦仔」泛稱養女與養媳〔註28〕

　　署名庸聚焦於收養制度，從買子過繼的風俗來探討收養他人子女背後的成因，他認爲當時代臺灣社會收養他人兒子，已從單純的香火傳承考量，變成以提升勞動生產力與增加經濟收入爲主要目的。養子經常被視爲奴隸使喚，年幼時雖無法付出大量勞力工作，但仍須負責家務工作，如割草撿柴、養豬種田等，至年長時便可外出工作賺錢，所得薪資自然成爲家中經濟來源。〔註29〕換句話說，家務操持與經濟因素是讓收養制度得以盛行的主因，收養他人子女不但可爲家族提供更多勞動生產力，還可增加經濟收入。

　　另外，創作者還從教育、生活品質、金錢收入和財產分配四大觀點切入，來比較親生兒子與養子的差別待遇：

〔註26〕法務部，《臺灣民事習慣調查報告》（臺北市：法務通訊雜誌社，1994年），頁152。

〔註27〕在專欄〈花叢小記〉中經常可見某某藝旦原爲養女，卻不幸淪入風塵出賣靈肉的報導。

〔註28〕關於「新婦仔」的定義、演變及心路歷程，詳見曾秋美，《台灣媳婦仔的生活世界》（台北市：玉山社，1998年6月）。

〔註29〕雖然創作者只聚焦於養子身份來探究收養制度的成因，但日治時期的臺灣女性，對於家庭的勞動生產力與經濟能力的提升，也可提供相當大的助益，故筆者認爲勞動力和經濟的原因可擴大至收養制度。

於教育上之差別。則親生子必使其入大學而爲學士。螟蛉子則使其
入小學而爲農夫。於衣食住之差別。則親生子必錦衣玉食。高樓大
廈。螟蛉子必粗衣淡飯。矮屋頹垣。而歲時所入則又責螟蛉子者獨
多。以螟蛉子血汗所得之金錢。供爲親生子之浪費。一旦分家。則
美田華廈歸之親生。荒地矮屋歸之螟蛉。〔註30〕

於文後更是呼籲天下父母，自己辛苦懷胎所生的兒子是心肝寶貝，但買來的
養子同樣也是別人懷胎十月辛苦所生，雖是用錢買來的，但養子爲家庭付出
的心力並不會少於親生子，應該一視同仁，不應有貴賤之分的差別待遇。

　　相較於養子還能享有教育權、繼承權，「新媳仔」除了具有未來媳婦的身
份之外，卻是經常被視作是供人使喚、任意差遣的「查某嫺」，這點可以從指
稱女婢、女僕的詞彙：「嫺」（8次）、「嫺婢」（2次）和「幼嫺」（4次），所出
現頻率較高的情況得到映證。在文本中，代表女婢的「嫺」字，經常是與千金
小姐的「娘」字互爲對應，如「嫺對娘」、俗諺「查某嫺揹肉，生見熟無分」
描寫女婢提著生肉回家，煮熟後直接端給主人吃，只能看不能吃的抑鬱心情、
俗諺「做娘叫做嫺使，眞正拖磨」描寫小姐只要出一張嘴，女婢就要想盡辦法
來達成她的需求。若將富貴人家的千金小姐與女婢的身份差異套用在收養制
度中，親生女兒與「新媳仔」的尊卑地位便被突顯出來了，親生女兒猶如尊
貴的千金小姐，「新媳仔」卻像是用錢買來的女婢，不但是地位低下，還得服
務家人。

　　由此看來，傳統臺灣社會收養他人子女的原因，通常是出於經濟與家務
操持的考量，美其名將異姓子女視爲自己的子女養育成人，但實際上這些毫
無血緣關係的養子和「新婦仔」卻總是被當作外人，排拒在家庭之外，而且
在家庭的地位通常也處於較低下卑微的位階，甚至被視爲是僕人或婢女使
喚，尤其是「新婦仔」，更是經常受到欺壓與侮辱。

2.「新媳仔」是父系繼嗣制度下的犧牲品

　　自清代以來臺灣收養異姓女子做爲「新婦仔」的風氣大開，「新婦仔」人
數也比養子多，其背後有著極爲複雜的因素支撐，在此以生育、嫁娶、婆媳
問題、命理、死亡五種面象做爲切入點。

　　（1）「多子多孫多福氣」的生育態度：父系繼嗣制度賦予男性繼承權，

〔註30〕庸〈開心文苑·可哀可痛之螟蛉子〉，《三六九小報》第422號（昭和10年2
　　　月23日）。

要使家族永續傳承下去，便要多生兒子來分擔香煙斷絕的風險。然而生男生女是機率問題，無法由人為操控，常常為了要生一個兒子而多生好幾個女兒，於是家庭的人口與經濟壓力便會越來越大，造成扶養的困難，在「賭查埔，無賭查某」的重男輕女觀念下，只好殺死或出養女嬰來減少家庭人口的負擔。從女嬰命名也可以看出端倪，如「罔市」、「罔腰」與「罔飼」、「罔育」同音，「罔」有姑且、無奈、只好的意思，也就是說父母親抱持著無奈且隨便的心情，養育這些不被期待出生女嬰。

（2）「查某囝是外頭家神」的嫁娶態度：民間認為女兒終究要出嫁，養女兒就等於是幫別人養媳婦，不如在女兒還小的時候就讓她出嫁，以減少未來的教養費用。加上當時代臺灣吹起「婚姻論財」的競賽歪風，講究嫁娶排場規模，男方聘金和女方嫁妝逐成為鄉里之間比拼的項目。但是，並非人人都能負擔起嫁娶費用，尤其是家境困苦的貧窮人家，連生活都成問題了，那有可能付得出高額的聘金，於是結婚便成為一項艱困之事。為了解決此窘境，民間發展出兩家互相交換女兒做為媳婦，或是由婆婆主動出面詢問、挑選合意的女孩，只要給女方家長一筆費用充當聘金，等雙方簽結契字後，婆婆便可將未來的媳婦或養女帶回家。如此一來，不僅解決男性子孫婚配問題，確保家中血脈的傳承途徑，還可替未來的結婚儀式省下一筆龐大的聘金。

（3）減緩婆媳敵對態度：之前提到女人嫁進夫家並不單純只是丈夫的妻子，她更是家族的媳婦，而媳婦最重要的任務正是幫助家族生兒育女、開枝散葉。為了要在死後有臉面對夫家列祖列宗、為了爬升到更高的婆婆階級，所以她必須積極地為家族開展新的一代，來解決家族的繼承大任。除此之外，自古以來婆媳關係多處於緊張、敵對的關係，如俗諺「欲娶是母的囝，娶了是某的囝」、「欲娶新婦瀾那流，娶了新婦目屎流」正巧反映了婆婆對媳婦的矛盾態度。

由於媳婦是外人，無論是成長背景、行事作風或是思想都與夫家有所差異。婆婆在兒子還沒娶老婆時，老是盼望著他有一天能夠成家立業，等到他結婚後卻又將媳婦設定成是破壞母子感情的壞女人，認為母子關係會因媳婦的介入而逐漸疏遠，甚至害怕兒子與媳婦感情過於融洽，會使自己的晚年生活陷入「翁親某親，老婆仔拋車輪」，無人理會、無依無靠的窘境。倘若媳婦是婆婆挑選的、親自帶大的「新婦仔」，正所謂「生的請一邊，養的恩情較大天」，想必媳婦跟婆婆的感情可能會更為親近、「較全心」。如此一來，

婆媳之間的疏離感和敵對關係應該得以減緩，於是便成爲助長養媳風氣盛行的原因之一。

　　（4）「招弟」和「新婦仔命」的命運觀：傳統認爲女人久婚不孕或無法生下男嬰，可藉由收養異性女子招來生男嬰的好兆頭，並多幫養女取具有招男嬰意涵的名字，如「招弟」、「迎弟」、「有弟」、「來弟」、「招男」等，希望能快快生下男嬰。另外，從命理觀點來看，若是女嬰八字不好、健康不佳、或帶有剋父母的命格等等，那麼她就是「新婦仔命」，必須送給他人當「新婦仔」才能改善。

　　（5）「孤娘」的死亡觀：民間認爲女子若是未婚而亡將會變成厲鬼作祟鄉里、危害家人，在醫療技術不發達的早期社會，爲了解決「孤娘」作祟問題，於是在年幼時便讓她成爲具有已婚身份的「新婦仔」，既使是在生產繼承人之前就死亡，也能夠供奉在夫家祠堂、列位祖先，享後嗣祭拜。

　　從上述五點來看，「新婦仔」風俗是立基於父系繼嗣觀念之上，此制度發展到後來，不只是貧窮人家依賴收養他人女兒、互換女兒替自家血脈傳承預做準備，就連富貴人家也愛依循此道。

　　然而「新婦仔」的命運多爲坎坷，不但被視爲是可供交換或販賣的商品，進入夫家後還得付出勞力，甚至成爲供人使喚的「查某嫻」，若是不幸遭受到男性親屬的性騷擾，也沒有人會爲她出頭、做主。還可能因與未來的伴侶一同成長而出現「性嫌惡」的性欲障礙，或是成爲一輩子無言以對、相看兩相厭的怨偶。若是欲配對的丈夫，也就是「頭對」過世、拒絕迎娶或是被家中長輩討厭，還可能被驅趕回原生家庭，稱爲#24「過塊」，或是轉賣他人成爲婢女、小妾或是娼妓。〔註31〕

　　『好囝不給招。歹嫻愛#24「過塊」』點出收養制度下性別的差異，擔負家族傳承重任的男性，唯有在逼不得已的情況之下，如父母雙亡、家境困難、貪得女方財產等因素，才願意拉下顏面入贅到女方成爲贅婿；反觀女生永遠是沒有自主性、選擇權的商品，只能被迫游移在不同的身份和空間之中。對「新婦仔」來說，與其轉賣他人、進入另一個未知的處境，能夠回到原生家庭、跟家人一起生活，雖然生活困頓、家境貧寒，竟是最幸運的下場。

〔註31〕楊翠於《日據時期臺灣婦女解放運動：以《臺灣民報》爲分析場域（1920～1932）》第一章〈日據時期臺灣婦女解放運動的歷史位置〉深入剖析父權社會底下女性所被賦予的任務和身份位階游移的意義。

三、家族產權分配與繼承觀

　　中國自古以農立國，農業文明的發展及土地所有權、私有財產制度的社會經濟變化，使得安土重遷的觀念深植人心。土地不僅最基本的財產，也是財富衡量的單位、耕植作物的所在，更是宗族根的源頭，為人類帶來了安全感和保障。一旦擁有土地就會產生歸屬感，才能安穩地於開枝散葉、擴展人脈。#25「財產」及#26「家伙」是家族最重要的資產，也是傳承重點，通常是在父親去世後或是兄弟結婚後進行#27「分家伙」的動作，也就是將原有的家產做一劃分、選定繼承人選及大家長。文本出現『#28「田園」對#30「厝宅」』的家產對應，也就是田地和房屋等不動產權的對應，#28「田園」為田地、耕地，為臺灣民眾主要的耕作用地。

　　中國大陸與臺灣對「田」的概念略有不同，中國大陸一律將耕地視為「田」，但是臺灣卻將以溪、泉水灌溉且種植稻穀的耕地稱作「田」，種植非稻穀作物如茶、檳榔、蔬菜、水果等耕地為「園」。〔註32〕房屋有#29「厝」、#30「厝宅」、#31「大厝」、#32「祖厝」及#33「祖家」五種用法，其中#32「祖厝」和#33「祖家」又可拉提至宗族根的觀念，#32「祖厝」可專指供奉神主的祠堂、家廟，也可指祖先留下的房屋。

　　早期家族結構是繼嗣群體，家族財產和宗廟祠堂皆採共有制，以宗祧繼承為主體，嫡長子孫視為宗族繼承人，並擁有祭祀權利和家產、政治的繼承權。隨著時代的變遷以及臺灣社會的移墾特色，嫡長子孫祭祀祖先的特權也慢慢消失，繼承制度逐漸以財產為繼承主體，依系譜「房份」（pâng-hūn）為單位分配其權利義務。〔註33〕臺灣的宗族制度是以兄弟共同祭拜祖先為慣例，「祭祀公業」則是家族為了祭拜祖先所成立的團體，可分為「鬮分字祭祀團體」和「合約字祭祀團體」，前者指的是分配家產前，先預留一筆用以建立、維護宗祠與支付祭拜祖先的經費，而有資格繼承家產的男性子孫皆為#35「派

〔註32〕陳金田譯，《臺灣私法第一卷》（臺中市：臺灣省文獻委員會，1990 年 6 月），頁 53。

〔註33〕陳其南從「土著性」觀念探討清代臺灣開臺祖宗族的成形過程及成果，認為因其移民社會的性質使得臺灣漢人的宗族組織呈現多樣化，並且根據宗族的分配制度及其成員的權利和義務，將宗族分為三類，分別是「丁仔會」、「祖公會」和按照系譜「照房份」的一般宗族。然而，無論是「丁」或「房」，皆是以男性個體為單位。詳見陳其南，《臺灣的傳統中國社會》（臺北市：允晨文化，1987 年 3 月）。

下」，得依照所得家產比例來負擔「祭祀公業」的責任；後者則是以來自同一祖籍地的墾民共同出錢購置田產、建立宗祠並簽定契字，以出錢的族人為#35「派下」，擁有「祭祀公業」的管理權。〔註34〕換句話說，「祭祀公業」成立的目的在於，確保家族祖先擁有永久受祭權利，不會因為財產劃分或是各自分家後，而淪落到沒人祭拜、無人理睬的窘境。

日治時期的臺灣社會，家族產權分配事宜為求謹慎公平，家產進行分配前要先調查清楚，將「祭祀公業」、父母養老金、嫡長孫三大部分扣除後，再依家族房數「拈鬮」（liam-khau）均分，並將分配內容寫成「鬮書」（khau-su）做為分產的證據。〔註35〕#36「承業」、#37「承祧」等繼承祖業、家產、宗廟的資格，只限於男性享有。〔註36〕婚姻是女性在世時取得家庭成員的資格，逝世後得以享受子孫祭祀的途徑，從#38「外家」、「後頭」更可以看出婚姻對女性的重要性。長久以來女性都是被排拒在原生家庭之外的，原生家庭之於她，充其量不過是個提供短暫定居的住所而已，她終究得經由出嫁找到生命中真正的歸屬——夫家。嫁到夫家後，雖在家庭制度中取得成員資格，但實際生活上卻依舊被視為是非家族成員的外人，連逝世後納入夫家家族時，也只是留下姓氏而已，所以女性一生所追求的歸屬似乎只是一個永遠都無法實現的夢想。

雖然公平均分是家產分配的最高原則，但難免會出現父母偏私、家族派系競爭、嫡出和庶出之子不同分配額度等因素，導致家族各房份有#39「強弱房」的差異，甚至各房為了爭奪家產，叔姪、兄弟間還會互相#40「拚房」。俗諺#41「分無平，敢會打甲廿九暝」〔註37〕說的正是各房因家產分配不公而產生嫌隙，連除夕夜全家團圓的日子也不得安寧。俗諺#42「男子得田園，女子得嫁粧」說明了傳統臺灣社會劃分家產的規則：唯有男性擁有繼承原生家庭財產的權利，女性並無繼承權，只有在出嫁時，父母會準備一筆嫁妝讓新娘帶進夫家，以張顯女方家族的財富。然而，不同於男性家產繼承具有強制性，女性的嫁妝只是一種財產的贈予，並無強制性，也只有父母疼愛或是家

〔註34〕詳見陳其南，《臺灣的傳統中國社會》（臺北市：允晨文化，1987年3月），頁143。

〔註35〕陳哲三，《古文書與臺灣史研究》（臺北市：文史哲出版社，2008年12月），頁317。

〔註36〕陳金田譯，《臺灣私法第一卷》（臺中市：臺灣省文獻委員會，1990年6月），頁589。

〔註37〕同「分袂平，敢會拍到二九暝」。

中經濟小康的女兒才有可能獲得。

　　祖產是須永久保存且傳承的珍貴資產，守不住祖產可說是子孫的恥辱，文本以『#43「俗賣」#28「田園」。定々想開戀子弟』描寫只有不求上進、愚蠢至極、短視近利的不孝子，才會爲了眼前短暫的享受而散盡家產，甚至隨意地賤賣祖產，更是以『#44「傾家」皆蕩子』、「了尾囝有錢盡開」來批判不知守成、散盡家產的子孫是貪圖享樂、不務正業、行爲不檢的「放蕩囝」、「了尾囝」。

　　最後，民間相當重視契約文書〔註38〕，無論是動產或不動產買賣贈與等權利讓渡時要簽立契約，就連與家庭事務相關的人身買賣也須立約，如招婚〔註39〕、離婚、過房、過繼、賣女等。契字不但是權利轉讓的證據，更是權利內容和所有權人的依據。〔註40〕在契字上署名且應爲此契約負責的人有三，分別是買賣或讓渡雙方當事人、介紹且證明契約成立，日後若發生糾紛要負責調解的仲人／中人、以及證明契約成立並要負責契約雙方當事人履行契約事項的保人／保認人／保證人，其中又以保人的責任最重，若是當事人毀約，那麼保人要負責賠償損失。〔註41〕文本以『牽公頭。做#46「中保」』兩種仲介身份做爲對應，「牽公頭」指的是皮條客，媒介色情交易的人，而做#46「中保」則是做爲擔保他人契約行爲的保證人。

四、小　結

　　臺灣傳統社會結構以家族爲重，祖宗香火觀念影響人一生的作爲，延續家族血脈、承接固守祖產是每一位子孫應盡的責任與義務，顯祖榮宗的思維規範了待人處世的行爲，對外要認眞上進、不爲非作歹，最好能求得功名利祿以光耀門楣，對內則要自省自己的處事作風。〈新聲律啓蒙〉也可看見許多與祖宗概念相關的詞彙，如#4「祭祖」、#36「承業」等，說明了繼承與祭拜是「孝道」的首要任務。對於當時代社會的人倫失序情況，如兄弟鬩牆、家庭失和、長晚輩互訟、互爭家產等情形，立基於傳統儒學思想，更是以『不

〔註38〕「契約文書」又稱爲「契字」，是具有法律效力的契約形式。

〔註39〕招婚契字範例可參考本文第三章第二節，頁69〜70。

〔註40〕陳金田譯，《臺灣私法第一卷》（臺中市：臺灣省文獻委員會，1990年6月），頁101。

〔註41〕陳金田譯，《臺灣私法第一卷》（臺中市：臺灣省文獻委員會，1990年6月），頁102。

可#15「無大無細」』來重申長幼有序的倫理規範。

從本節的血脈傳承相關詞彙表可以看出傳統社會下女性是隱形、不可見的，唯有透過生下繼承人才能夠確認自身的地位和價值。在父系繼嗣體系中，女性只是一個生育載體，上天所賦予的特殊生殖能力將她圈限在家族之中，女性的生命意義僅在於出嫁和生下繼承人而已，唯有完成人生中最重要的兩件事，才能確保死後能成為祖先並享受後世祭祀。

早期臺灣受到「不孝有三，無後為大」和「多子多孫多福氣」的觀念趨使，如俗諺#20「一人生五子，六代變千丁」回應了傳宗接代、生兒育女依舊是身為子孫最重要的任務，這不僅只是為了達成自我家族的傳承與繁榮而已，更與整個民族習習相關。為解決無後的困境，民間發展出一套收養制度，男生被收為養子，女生則是被收為「新婦仔」，而「男尊女卑」的觀念卻意外使「新婦仔」風氣大開。家族長輩要求媳婦多生兒子，若不孕或是少產，致使家族出現繼承困難，則可買他人兒子過繼到自己家族以達成傳宗接代的目的。然而，胎兒的性別是不可預期的，直到出生的那一刻才能夠知道胎兒是男是女，於是在多產要求和性別機率問題之下，勢必會造成家中人口過多、無力扶養的窘境，而出養女兒的「新婦仔」風俗也可解決因多產所造成的經濟人口壓力。

本節從多方面探討「新婦仔」風俗背後成因，基於解決生產過多，致使家族人口壓力龐大的問題、或是為了減少日後嫁娶聘金費用、解決未來婆媳問題、招男嬰的信念、甚至是出於對「孤娘」信仰的恐懼等因素，在不得已的情況之下只好將女兒出養。雖然「新婦仔」風俗有利於父系社會，卻讓無數的女性生活在無盡的痛苦深淵之中。最後，從家產繼承方面來看，俗諺#42「男子得田園，女子得嫁粧」說明臺灣私法所制定的繼承權利，也就是唯有男性擁有繼承原生家庭財產的強制性權利，女性並有任何的繼承權，就連出嫁所得的嫁妝也只能算是無強制性的財產贈與。

第三節 夫與妻——「嫁雞綴雞飛，嫁狗綴狗走，嫁乞食揹加薦斗」[註42]

「女有所歸」的觀念將女性設定在必須透過婚姻，將「在室女」的身份

〔註42〕此俗諺等同華諺「嫁雞隨雞，嫁狗隨狗」。

轉為「新婦」之後，才能得到家族身份的認同，「三從四德」更是將女性的養成目標設定為「好新婦」，主要的功用在於生兒育女。而丈夫視妻子為「家後」，做為管理家中大小事務、默默地在背後守候支持的角色。俗諺「翁某第一親」說明了夫妻是最為親密的人倫關係，本節便以描寫夫婦關係的詞彙為核心，探討女性在婚姻關係中的職責究竟為何。夫婦關係相關詞彙共有 21 個，累計詞頻為 0.254%，如下表 4-2 夫婦關係相關詞彙表所示。

表 4-2 夫婦關係相關詞彙表

#	主 要 詞 條	總詞數	釋 義	音 讀	異用字	異用字詞數	來源
1	翁着趁某着掖	2	婚姻生活中夫妻配合的原理：丈夫要會賺錢，妻子要能積蓄運用。	ang tiȯh thàn bóo tiȯh khìnn	尪賢趁著某賢牽	1	8
2	查某能食氣，查哺能掌志	1	為妻的若能堅持不輸人的志氣，做丈夫的也就能堅定志向來努力奮鬥了。	tsa-bóo ê tsiȧh khì, tsa-poo ê tsiáng tsì			8
3	巷仔口嫂見擔好	2	用來諷刺非常貪小便宜的女人。	hāng-á-kháu só kìnn tann hó			8
4	礁家居灶前	1	諷刺愚昧的婆婆不會處理婆媳關係，不敢要求她幫忙做家事，事事自己來。	ta-ke ku tsàu tsîng			8
5	一年是新婦，二年是司阜	1	諷刺新娘放肆。	tsi̍t-nî sī sin-pū, nn̄g-nî sī sai-hu			1
6	嫁乎狗隨狗走，嫁乎鷄隨鷄飛	2	佮翁同苦樂。	kè hōo káu tuè káu tsáu, kè hōo ke tuè ke pue	嫁鷄總着隸鷄飛	1	1
7	男莫學百里奚，女莫學買臣妻	2	男人不該學百里奚。因為小說中流傳著一個叫百里奚的人，某一日得志之後，立即將曾一起吃苦的糟糠之妻遺棄不顧，最後害得他的妻子自殺了。女人不該學買臣的妻子。朱買臣的妻子見丈夫的貧窮	lâm bȯk ȯh Pik-lí-hê, lú bȯk ȯh Mái-sîn tshe	是男莫學百里奚，是女莫學買臣妻	1	3

			而將之抛棄後,又因看到丈夫的發跡而慚愧自殺。				
8	出門仁仁惹惹,入門苦死人某子	1	形容有些男人只注重表面功夫,出門在外時,表現得很好;可是一回到家,大男人主義就顯現出來,對待妻兒十分苛刻。	tshut-mn̂g jîn-jîn-jiá-jiá, ji̍p-mn̂g khóo-sí lâng bóo-kiánn			*〔註43〕
9	某奴	3	太太至上／怕老婆的人／懼內者。	bóo-lôo			4
10	夯某枷	1	爲著某來辛苦拖磨。	giâ bóo-kê			1
11	驚某大王跪腳踏枋插雞毛筅	1	譏有季常癖者。／比喩懼內、怕老婆的毛病。	kiann-bóo-tāi-ông kuī kha-tàh-pang tshah kue-mn̂g-tshíng			5/9
12	驚虎那驚某	1	嘲弄以老婆當家的人。	kiann hóo nā kiann-bóo			3
13	驚某大丈夫,打某豬狗牛	5	懼內的人才是大丈夫,打老婆的人則是豬狗牛那樣的畜牲。有點嘲弄以老婆當家的人。／規勸丈夫要好好疼惜自己的老婆,不可動粗。	kiann-bóo tāi-tiōng-hu, phah bóo ti káu gû	賢打某子着算是豬狗牛／驚某即是大丈夫／驚某大丈夫	1/1/1	3/2
14	愛卜尪爲尪煩,愛卜某爲某苦	2	爲了疼惜妻子,甘願受苦。妻子的華麗衣著,會爲丈夫帶來辛苦。	ài beh ang uī ang huân, ài beh bóu uī bóu khóu	想某爲某苦	1	3
				小計:21／8265;詞頻:0.254%			

在夫婦關係相關詞彙中,出現頻率較高的兩個詞彙是#13「驚某大丈夫,拍某豬狗牛／賢打某子着算是豬狗牛／驚某即是大丈夫／驚某大丈夫」(5次)與#9「某奴」(3次),皆圍繞在違反「夫爲妻綱」的婚姻狀態與身份角色。而這種非一般狀態的夫與妻的對應關係受到注目,不但是要突顯、強調在婚姻關係中,妻子應該以夫爲天、以夫爲貴的傳統觀念,同時卻也隱含了夫妻平日的相處模式,不一定都是男性佔上風。

〔註43〕此俗諺同胡萬川所採錄的「出門 jin5 jin5 jia2 jia2,在厝酷死某子」,詳見胡萬川《台南縣閩南語諺語集(一)》(臺南縣:臺南縣文化局,2002 年),169 頁。

一、各司其職的夫婦關係

傳統是以「男主外女主內」爲家庭分工原則,《禮記・禮運》明定「夫義婦聽」,意指丈夫要處事得當、妻子要順從丈夫,〔註44〕三綱觀念「君爲臣綱,父爲子綱,夫爲妻綱」中的「夫爲妻綱」劃分夫妻職能與相互對應關係,指出妻子應絕對服從丈夫,丈夫也要做好妻子的表率。在此分別就丈夫與妻子的職能角色分別探討並歸納出丈夫與妻子的原型與於婚姻中應盡的義務。

心理人類學者許烺光指出,漢人社會的親屬結構關係是以父子關係爲主軸,其運作方式會直接影響或是支配其他關係的運作,如男性中心思想形成性別地位差異,男性爲指揮者、支配者,而女性爲服從者、被支配者;垂直排序的運作方式強調身份上下位階、重視尊卑長幼的排序,加上單向強勢的特點,使得家族的權利運作方向是呈現由上至下、由男至女的單向流動,〔註45〕上述的運作方式加上「男外女內」的劃分,使得夫妻關係呈現出不對等且單向的義務分配。由於男性不只是女人的丈夫,更是家族的兒子,所以他必須肩負起家庭的經濟支柱、外出謀取錢財,所以傳統觀念較注重男性於家庭之外的表現,如人情世故、立身處事的態度、自我成就的發展等等,在家庭之內的表現以孝順父母爲主。相較於社會注重男性對上、對外的表現,女性的表現則是聚焦在家族之內,須犧牲自我,對上要孝順父母、服從丈夫,對內要操持家務、照顧子女。

俗諺#1「翁着趁某着抾/尪賢趂着某賢牽」〔註46〕說明了夫妻間的職能分配,丈夫負責賺錢養家,而妻子負責「拑家」(khînn-ke),也就是理家、操持家務的意思,舉凡備餐點、洗衣服、打掃家庭內外、餵養家禽、下田耕種、施肥、挑水、撿柴火等等都是妻子份內的工作;除了家務、農事之外,有時還得做些附有經濟價值的工作,如揀茶葉、編織草帽草鞋、或當洗衣婦幫大戶人家洗衣服。《增廣昔時賢文》中的「妻賢夫禍少,子孝父心寬」〔註47〕說明了「家後」的職責,賢慧的妻子要能夠教育、控管丈夫的心志,讓他的思想行爲能夠走向正途,不會離經叛道,災禍也因此減少,如同俗諺#2「查某

〔註44〕高明士,《東西傳統家禮、教育與國法(一)家族、家禮與教育》(臺北市:國立臺灣大學出版中心,2005年9月),頁207。

〔註45〕高旭繁、陸洛〈夫妻傳統性/現代性的契合與婚姻適應的關聯〉,《本土心理學研究》第25期(2006年4月),頁49〜50。

〔註46〕「抾」或「牽」同「拑」(khînn)。

〔註47〕黃勁連譯注,《增廣昔時賢文》,(臺南市:金安出版社,2002年7月)。

能食氣,查哺〔註48〕能掌志」所說,爲人妻者若能做好賢內助的角色,成爲丈夫的心靈支柱,那麼丈夫就能堅定志向、爲家庭的未來奮鬥。

勤儉持家是「家後」的美德,但有時節省家用開銷的行徑引來小氣、貪小便宜的批評,如同文本以#3「巷仔口嫂見擔好」諷刺女人上市場買菜時貪得無厭、佔人便宜的行爲,「擔」是攤販,女人到「菜擔」買青菜時要求攤販贈送蔥薑蒜,到「魚擔」買魚時要求送小魚乾,只要是跟攤商免費索取的,不論何種商品都好;此句俗諺也意外點出男性對於家中經濟、生活開銷的無知,因爲要支撐一個家庭,除了靠男人辛苦打拼賺錢的「開源」而已,女人「儉腸凹肚」的「節流」工作更爲重要。

「家後」職責涵蓋家中大小事務,在此舉臺灣「囝仔歌」爲例,試圖歸納出臺灣民眾賦予妻職何種期待。〈竹仔枝〉以「做人媳婦識道理」爲開頭,〈鷄公啼〉和〈雞早啼、媳婦早起〉是皆以雞啼做媳婦一天繁忙的開始,羅列出符合婦道的妻子職責所在:

〈竹仔枝〉

> 竹仔枝,梅仔子。做人媳婦識道理,晏晏睏,早早起,起來梳頭、抹粉、點胭脂。入大廳,拭桌椅,入灶間,洗碗箸。入繡房,做針黹,阿老兄,阿老弟,阿老丈夫,好八字。阿老親家,好家世,阿老親姆,賢教示。〔註49〕

〈鷄公啼〉

> 鷄公早早啼,做人媳婦早早起。入大廳,揉桌椅,入灶間洗碗箸。入房間做針黹,阿老兄阿老弟。阿老親家親姆賢教示。〔註50〕

〈雞早啼、媳婦早起〉

> 鷄仔早早啼,媳婦早早起。上大廳,揉卓椅;入灶腳,洗碗箸;入繡房,繡針黹;入猪稠,飼大猪;和好兄,和好弟。咾咾親家親姆賢教示,教示查某子,中人意,百般都伶俐。〔註51〕

〔註48〕 同「埔」。《台灣俗諺語典》將「食志」解釋爲「堅持奮鬥的志氣」,而「掌志」則是「維持努力精進的氣魄」。
〔註49〕 廖漢臣,《臺灣兒歌》(臺中市:臺灣省政府新聞處,1980 年 6 月),頁 165~166。
〔註50〕 廖漢臣,《臺灣兒歌》(臺中市:臺灣省政府新聞處,1980 年 6 月),頁 166~167。
〔註51〕 廖漢臣,《臺灣兒歌》(臺中市:臺灣省政府新聞處,1980 年 6 月),頁 177~

除了操持家務是妻職的基本工作之外，代夫行孝、侍奉公婆，更是最重要的工作，「囝仔歌」〈雞啼天要光〉正是說明了一個好媳婦應該如何服侍公婆：

〈雞啼天要光〉

雞啼，天要光，賢會媳婦起來煮早飯。趕緊煎茶湯，面桶水捧到倚眠牀，要請大姑官，起來洗面、梳頭。可食飯。〔註52〕

從上述幾首「囝仔歌」的歌詞內容來看，「家後」的職務多且雜，「晏晏眠，早早起」終日不得閒。天一亮、雞一啼就得起床，開始一天的家事勞動工作，首先得將自己打理乾淨、整齊，再進廚房準備全家人的早餐，還要親送洗臉水至公婆床前，請他們起床梳洗，農務、家事、女紅樣樣都得精通。從「八字」、「家世」、「賢教示」等詞彙可知，女性在婆家的所有作爲皆與原生家庭脫離不了關係，若扮好媳婦一職，不代表當事人伶俐、優秀，而是表示娘家母親的教育十分成功，若是無法當個好媳婦，代表的是娘家的教育失敗、「爸母無教示」，將使娘家受到牽連、跟著蒙羞。

家庭的女性職位又以婆婆最高，除了能夠教導、管教媳婦之外，依附關係的斷裂也使婆婆感到害怕。由於女性得依附在男性身上才能夠獲得身份及權利，所以當兒子娶媳婦時，一方面終於能夠放下心中家族傳承的大石，一方面卻又害怕兒子會被媳婦搶走，如同俗諺「翁親某親，老婆仔拋車輪」所指稱的夫妻恩愛卻置年邁雙親不顧，使得自己於年老時無人承歡膝下、頓失依靠；甚至產生媳婦會對自己不尊敬、不孝順的恐懼心理，所以經常在雞蛋裡挑骨頭來打擊、挑剔媳婦，讓她不要仗著丈夫的寵愛而恣意妄爲，甚至爬到自己頭上作威作福。但女人何苦爲難女人？自己在當媳婦的時候受到婆婆虐待，爲何等到自己成爲婆婆時，依舊爲難甚至照同樣的方法來虐待媳婦呢？這其中隱含了太多的心理轉折，除了帶有報復與厭惡的心理成因，最重要的是要維持家庭倫常和父系尊嚴。

媳婦得相夫教子、孝順公婆，若是婆婆失去威嚴性將致使家庭倫常失衡、上下階級倒置，如俗諺#4「礁家居灶前」〔註53〕所說不敢要求媳婦做家事的婆婆，不但無法安享晚年還要操持沉重的家務，甚至還得蹲在灶爐前面生火、

178。

〔註52〕廖漢臣，《臺灣兒歌》（臺中市：臺灣省政府新聞處，1980年6月），頁178。

〔註53〕同「大家跍灶前」。此俗諺同《台灣俗諺語典》所收錄的俗諺「會做大家眞清閒，袂做大家跍灶前」。

準備三餐侍候全家人，包括媳婦在內，如此一來，傳統的家庭倫常規範便產生失序的情形。於是身為婆婆的女性，為了維持父系尊嚴和保障自我威權，便將自己當媳婦時所受的種種磨難重新套用在媳婦身上，希望能藉打壓媳婦的氣燄來穩固家庭倫常。正因媳婦在夫家的生活飽受責難還得處處忍讓，所以俗諺#5「一年是新婦，二年是司阜」〔註54〕便用來安慰、鼓勵媳婦當遭遇挫折時不可放棄要堅持下去，因為總有一天等到她「媳婦熬成婆」，成為掌控家中大權的婆婆之時，就能夠享受身為婆婆的種種特權。

二、從一而終的婚姻關係

在「既嫁從夫」的前提之下，妻子得視丈夫為天，不但要跟從、順從、敬重丈夫，還要跟丈夫同甘共苦、相互扶持、共同度過難關，無論貧富貴賤都要不離不棄，這也是俗諺#6「嫁乎〔註55〕狗隨〔註56〕狗走，嫁乎雞隨雞飛」的基本精神；連橫以俗諺「嫁雞綴雞飛，嫁狗綴狗走，嫁乞食揹加薦斗」反對當時代臺灣的新式婚戀觀：「蓋以女子從一而終，雖遭困阨，不忍離異。自戀愛之說興，朝為求鳳、暮賦離鸞，而伉儷之情薄矣」〔註57〕，聲明女性對婚姻應該抱持從一而終的態度。俗諺「翁某仝心，烏塗變黃金」鼓勵夫妻只要同心就能克服一切難關。但社會上功成名就後拋棄糟糠之妻和嫌貧愛富的例子卻比比皆是，歷史上最有名的負心漢就是陳世美，經常出現在各戲曲之中，他高中狀元之後，不但刻意欺瞞皇帝將公主嫁給他，甚至為了保有前途，痛下殺手殺害秦香蓮及親生子女，之後落得處以極刑、人頭落地的下場。

百里奚和朱買臣的故事同樣也深植人心，如《東周列國志》第26回〈歌屐屨百里認妻〉正以百里奚為主角寫成，百里奚是春秋虞國人，家境貧寒，不得已只好離家謀生，不料遭逢戰亂，其妻為了避難而離開故鄉，所以夫妻就此失散。數十年後，百里奚當上秦國宰相，還娶了另一個女人做為妻子，卻在偶然的機會中聽到有女人唱出「百里奚，五羊皮，憶前時，烹伏雌，炊扊扅，今日富貴忘我為」的〈扊扅歌〉，上前確認才發現唱歌的婦人原是失散

〔註54〕因《台日大辭典》收錄的俗諺為「一年新婦兩年話 tú 三年師傅」較文本完整，於是筆者以《台日大辭典》所收俗諺做字面意義的解釋。「司阜」同「師傅」。
〔註55〕同「予」。
〔註56〕同「綴」。
〔註57〕連橫，《雅言》（臺北市：臺灣銀行，1963年），頁15。

多年的妻子，這才終於相認團圓。這個故事是用來告訴女性既使是不可抗拒的因素以致於夫妻失散，依舊得要死守著婚姻關係，不可改嫁他人，正如百里奚的妻子一樣，幸運的話，說不定在數年之後夫妻還能重新團聚在一起。

　　由於傳統女性被三從與守貞的觀念所束縛，對女人來說婚姻關係是連死亡都無法斬斷的，生是夫家人、死是夫家鬼，無論丈夫是婚前或婚後死亡，女人都得爲他守寡，甚至必須以死相殉。同樣的，在歷史和文學中，女人的形象也大抵如此，於是逸出典型形象之外的女人，如主動請求離開婚姻或是嫌貧愛富、拋夫棄子等，就會視爲特例，會被一再地拿來鞭笞，以達到殺雞儆猴之效。女人拋棄家庭的例子以朱買臣之妻爲經典，〔註58〕原型出自於《漢書‧朱買臣傳》：

> 朱買臣字翁子，吳人也。家貧，好讀書，不治產業，常艾薪樵，賣以給食，擔束薪，行且誦書。其妻亦負戴相隨，數止買臣毋歌嘔道中。買臣愈益疾歌，妻羞之，求去。買臣笑曰：「我年五十當富貴，今已四十餘矣。女苦日久，待我富貴報女功。」妻恚怒曰：「如公等，終餓死溝中耳，何能富貴？」買臣不能留，即聽去。其後，買臣獨行歌道中，負薪墓間。故妻與夫家俱上冢，見買臣饑寒，呼飯飲之。
> 〔註59〕

　　故事裡朱買臣之妻的形象是嫌貧愛富的，從夫妻之間的對話可得知一二，當朱妻跟朱買臣提出離婚的要求時，朱買臣是以榮華富貴、飛黃騰達的條件來慰留她，而朱妻也回罵他「等你發達的時候，我早就已經餓死在路邊的水溝裡了！」作者試圖將朱妻的形象塑造成一個是短視近利、無法與丈夫同甘苦共患難的惡妻。〔註60〕過了幾年，朱買臣眞的如願當上太守，回鄉後

〔註58〕朱買臣的故事在不同的時空背景之下產生了不同的架構與形象，可見女人主動離開婚姻不但是一件驚世駭俗的事，同時也具有極大的戲劇張力和想像空間，所以一再地被拿來改編。關於朱買臣的原型與變形，詳見陳靜瑜，《文類與故事的演變-以朱買臣休妻爲例》，國立清華大學中國文學系碩士論文，2009年。此論文以漢朝史傳爲原型，比對其他文本如唐朝散文〈越婦言〉、元朝雜劇《漁樵記》、明清小說〈買臣記〉和崑曲內容等，藉由版本對照呈現朱買臣與其妻形象的改變，並反映創作當時的文化現象與社會氛圍。

〔註59〕班固，《新校本漢書‧列傳‧卷六十四上‧朱買臣》，查詢自《中央研究院漢籍電子文獻資料庫》，（來源：http://hanji.sinica.edu.tw/index.html?，上網日期：2009年10月1日）。

〔註60〕漢朝的貞節觀較爲寬鬆，雖然同時期有《列女傳》與《女誡》兩本提倡女性貞節至上的經典，但普遍來說，婚姻關係是可變動的，只要夫妻雙方協議後

還把前妻與其丈夫一同接到府邸居住。但在故事的最後朱妻卻自殺了，自殺的理由在文本之中雖然沒有明說，但依循脈絡推敲也可以想像朱妻煎熬、悔恨的心理。身為前妻的她跟著現任的丈夫住在前夫的府邸，光是旁人的指指點點和輿論壓力就已經夠讓她抬不起頭，加上原本是因為想脫離貧窮、過更好的生活，才向朱買臣提出離婚的要求，但是再嫁之後的生活卻依舊在貧窮的困境中打轉，反觀朱買臣變成太守，這種生活的反差勢必會造成心理上的不平衡和怨嘆，悔恨自己當初若能再忍耐個幾年，就能夠穩坐今日的太守夫人寶座，享受奢望已久的富貴生活。

　　俗話#7「男莫學百里奚，女莫學買臣妻／是男莫學百里奚，是女莫學買臣妻」正是用百里奚和朱買臣這兩對夫妻截然不同的結局來勸告世間夫妻不可以因為貧窮、疾病或天災等藉口萌生離婚的念頭。有趣的是，雖然此俗話在表面上是舉百里奚的例子來告訴丈夫不可拋棄妻子，以買臣妻的下場告訴妻子不可嫌貧愛富而拋棄丈夫，但在深層意義之中卻都是用來告誡女性無論如何都得死守著婚姻，不可離開。百里奚的故事節構是夫妻失散→妻子苦守婚姻→丈夫功成名就→夫妻團圓，而朱買臣的故事節構是家境貧寒→妻子拋棄婚姻→丈夫功成名就→妻子自殺，決定結局是好是壞的主要變因在於妻子的做法，若是堅守婚姻就會有好結局，若不堅守將會落得不好的下場，並呼應「嫁雞綴雞飛，嫁狗綴狗走，嫁乞食揹加薦斗」的三從精神，告訴為人妻者「既嫁從夫」，婚姻關係應從一而終。

三、懼內者形象及其反轉

　　由於在傳統的婚姻關係中，丈夫是高高在上的支配者、掌控者，而妻子則是「錢娶餅送的」，不但對丈夫得絕對服從、遵從，既使遭到丈夫的暴力相向或是對家中事務不聞不問、不管事，妻子也只能夠苦吞、容忍，絕不能夠主動提出離婚或是以暴制暴。俗諺#8「出門仁仁惹惹，入門苦死人某子」描述男性對待家人和非家人截然不同的態度，「仁仁惹惹」指的是「開朗、活潑，對人親切、友好的樣子」，[註61] 指的是男性十分在意自己在外的名聲，無論

就能離婚，而離婚後的婦女也能夠改嫁。詳見王文斌，《瘋狂的教化》（臺北縣：新雨出版社，1994 年）。

〔註61〕　胡萬川，《台南縣閩南語諺語集（一）》（臺南縣：臺南縣文化局，2002 年），169 頁。

是在職場或是交際圈中，樣樣都表現的可圈可點，但是一回到家待人的態度便整個反轉，彷彿變成另外一個人，對待妻子和孩子極爲嚴苛。

丈夫是一家之主，不但得撐起一個家庭的經濟，更得成爲家人的典範與榜樣，三字經「養不教，父之過」也指出家庭教育的重要性，尤其是父母親的身教與言教都是小孩學習的樣版，所以他必須築起一道高牆，防止情感的擾亂，身爲兒子的他要對父母盡孝道，卻不能夠向父母撒嬌，否則會罵「假上錢」（ké-tsiūnn-tsînn），身爲丈夫的他對妻子要有禮、有義，不能表現出強烈的情感，而身爲父親的他對孩子則是得扳著正經、嚴肅、不苟言笑的臉來面對、教育孩子，否則自己在家中的角色將會歪斜、站不住腳，甚至地位被反轉。

然而，上述所描述的形象卻只是傳統對丈夫的刻板印象，並不代表是現實婚姻生活中丈夫的所有行爲。從#9「某奴」和#10「夯某枷」兩個詞彙便可看出在婚姻關係裡面，妻子的角色定位可以是處於較高的位階的，夫與妻的關係不一定只有單純的支配者與服從者的互動模式。但是，這種夫妻位階互易，女性地位提高，由服從者變成支配者，而丈夫從支配者變成服從者的夫婦關係，往往會引來他人嘲笑，認爲這樣的關係是丟男人的面子，如#9「某奴」正是帶有嘲笑語義的詞彙。

#9「某奴」的字面意義是當老婆的奴才，也就是說老婆才是一家之主，丈夫必須要依附在妻子身旁。#9「某奴」具體來說應有兩個層次，第一種是對妻子抱持著疼惜、溺愛的態度。由於過於寵愛而視爲珍寶，不但捨不得她受到繁重家事的摧殘，還心甘情願地服務、伺奉她。如俗諺「愛某婿，予某擔水；愛某白，共某洗跤帛」正是針對疼愛妻子的#9「某奴」所寫，因疼愛妻子、希望她能夠保持光鮮亮麗的外表，不但是捨不得讓她做家事，甚至自己還能心甘情願地清洗「跤帛」，也就是裹腳布，做盡其他男人都不願爲妻子做的事情。

第二種層次則是牽扯到害怕恐懼的情緒。由於妻子太過強勢或是凶悍，以致丈夫事事都得請示妻子，或深怕一旦做錯事情便會引來妻子的責罰，如文本#11「驚某大王跪腳踏枋揷雞毛筅」正是將#9「某奴」懼怕的情緒，藉由行爲模式生動地描寫出來。「腳踏枋」是舊時置於床鋪前做爲蹬腳或是鞋櫃的長凳，而「雞毛筅」是雞毛撢子，此句描寫做錯事情的丈夫「負荊請罪」，自動拿著雞毛撢子跪在床前等候妻子的責罰。也就是說，當#9「某奴」「自覺」

做了會讓妻子生氣的事情，就會擔心妻子若是發現之後不知道引發何種家庭革命，所以只好先將自己的姿態放軟，主動告知並請求原諒，這種心路歷程是與大部分的傳統男人相反的，傳統男人是很維護自己的面子的，根本就不會承認自己也會做錯事情，既使自覺做錯了，也不許妻子指正，因爲不但會沒面子、丟失身爲男人的尊嚴，還會讓妻子瞧不起，更別提自我反省後再請求原諒。

對於#9「某奴」種種的作爲，還可用#10「夯某枷」來揶揄。「枷」是古代套在犯人脖子上的刑具，「夯枷」原指民間相信突然生重病或是運氣不好，必定是因前世或以前做壞事所致的報應。於是爲了改運，便先把自己變成罪人，在脖子上掛上用紙做的「枷」，再伴隨著神明的轎子遊街，期望藉由自我處罰來消弭罪過，進而得到神明的加持。由於是自己心甘情願戴上刑具的，後來就衍生成有自討苦吃、自找麻煩的意思。若按照此脈絡，所以#10「夯某枷」、「夯翁枷」和「夯囝枷」不但有自討苦吃的意思，還包含了「頂世人相欠債、這世人做來還」的宿命論點。

此外，趙雅福曾「雞毛筅大王」一詞指稱#9「某奴」，並爲其形象作傳記：

> 大王固昂藏七尺軀。有男性。常自負如猛虎。而奉其尊夫人爲山神。平生自治甚好。無嫖賭飲之嗜好。無蓄愛妾養孌童之異心。且持家有法。對於家庭奉仕之美譽。心未嘗或衰。如倒馬桶。跪踏枋。洗**脚**帛。奉藥湯。嘗鞋尖。食粟爆〔註62〕。朝觀音。開門七件事。未常請代於人。親身作去。噫嘻。大王眞大丈夫也。或謂大王常奉戴雞毛筅。以請其尊夫人垂教訓。而膺其名。〔註63〕

文章開頭以猛虎與山神做爲夫妻形象的對比，雖然丈夫自比猛虎，在妻子面前卻化身成溫馴的小貓，懼於妻子的威嚴凶悍，不敢有二心、也不敢像其他男人一樣沉迷於嫖妓、賭博、酗酒等不良習慣之中。作者以「持家有法」反諷#9「某奴」服侍妻子的作爲，如倒洗澡水、洗裹脚布、侍奉湯藥等事情都完全不假藉他人之手、凡事親力親爲；甚至還負荊請罪，主動奉上雞毛撢子請求妻子責罰。然而，這般懦弱、卑下的丈夫形象在父系霸權社會是受人看

〔註62〕原文爲「爆粟」，爲「粟爆」的誤植。「粟爆」指的是握拳或屈指，以突出的中指節敲打頭部的動作，參考自《國語辭典》。

〔註63〕趙雅福（贄仙）〈開心文苑・雞毛筅大王傳〉，《三六九小報》第252號（昭和8年1月13日）。

輕的，於是男人只好尋找其他理由與藉口，企圖美化懼內者的形象，為#9「某奴」找下台階。

俗諺#12「驚虎那驚某」和華語成語「河東獅吼」一樣，都拿老虎、獅子等凶悍的猛獸比做妻子。一般人認為懼內者的形象較偏為柔性和懦弱，少了些許#1「男子漢」的特質，為了重振夫綱，便以『#12「驚虎那驚某」。#13「驚某大丈夫」』和#13「驚某大丈夫，打〔註64〕某豬狗牛」的對應，為懼內者找台階下，用「大丈夫」、「男子漢」的男性刻版印象和畜生的印象做對比，企圖將懼內者反轉成是愛家愛妻的好丈夫。俗諺#14「愛卜〔註65〕尫為尫煩，愛卜某為某苦」則是分別站在夫與妻的立場看待婚姻關係，妻子以夫為天，若丈夫整天無所事事、不務正業，妻子就得跟著過有一餐沒一餐的生活，若丈夫獨自外出打拼事業，時時不在身邊，妻子也得獨受「悔教夫婿覓封侯」的負面情緒，而丈夫也得時時刻刻注意妻子是否有不忠、出軌的意念，可說是自找麻煩、自作自受，全句以「煩」與「苦」兩字點出婚姻生活所必須面對種種動輒得咎的難題。

四、小　結

從本節的夫婦關係相關詞彙，可以看出雖然女性為了婚姻付出的心力遠大於男性，卻依舊得不到與男性平起平坐的地位。妻子職務繁瑣，天還沒亮就得起床展開一天的工作，打掃家裡內外、維護環境整潔、負責三餐是每天最基本的工作，還要會做針黹、女紅，最重要的是要孝順公婆、侍候他們的生活起居。從日出到日落都在為他人而忙碌，光是為了家庭的整潔維護、家中人口的問題，就忙得不可開交了，完全沒有自己的時間和空間，還要分神替丈夫的分擔解憂，擔任心靈支柱。儘管女人做足了一切的工作，成為最棒、最優秀的賢內助，還是無法阻止丈夫外遇出軌、甚至被拋棄的可能。傳統普遍認為丈夫的地位應高高在上，若是夫妻地位互換就會遭受他人恥笑，甚至被冠上#9「某奴」、妻管嚴的稱號。男性為了重振夫綱或為了在同儕面前不失面子，還以#13「驚某大丈夫，打某豬狗牛」的理由，以「大丈夫」的男性印象和畜生印象做對比，企圖將懼內者形象反轉成是愛家愛妻的好丈夫。

〔註64〕同「拍」。
〔註65〕同「欲」。

第四節　兩性外遇的不平等——「捾籃仔假燒金」

〔註66〕

　　在傳統社會中，一對陌生男女結爲夫妻是基於父系家族最大利益爲考量，結婚是爲了成立家庭、傳宗接代以祭拜祖先，並忽略個人意願，以「父母之命，媒妁之言」爲主要促成途徑，又講求夫妻相處應「相敬如賓」，所以婚姻生活是嚴肅且苦悶的。然而，婚姻關係是家族發展的核心，也是女性取得身份認同的管道，唯有在不得已的情況之下，如妻子犯下七出之條，丈夫才會對妻子提出離婚的要求。對男性而言，雖然沒有選擇伴侶的權利，但卻有外遇的自由，坐擁三妻四妾、紅粉知己不但很平常的事情，還是一種身份的象徵；但對女性而言，同樣沒有選擇伴侶的權利，卻要用一輩子的時間爲丈夫守貞節，若是外遇，就是被扣上紅杏出牆、淫婦的帽子。

　　日治時期的臺灣社會因經濟、教育、文化各層面的改變，促使不同於傳統良家婦女的形象出現，間接地使得兩性關係產生質變，加上傳統的婚姻關係受到自由戀愛、愛情至上思想的挑戰，引發男女防線失守和禮教崩壞、倫常失序的恐懼。《三六九小報・新聲律啓蒙》不但企圖以「嬈」來指責新女性並限制其發展，更以外遇相關詞彙來提醒讀者，尤其是針對女性，淫亂的下場，試圖防堵淫亂風氣、維護傳統價值體系。本文提到關於兩性外遇的詞彙共有 9 個，累計詞頻爲 0.109%，如下表 4-3 兩性外遇相關詞彙表所示。

表 4-3 兩性外遇相關詞彙表

#	主要詞條	總詞數	釋　義	音　讀	異用字	異用字詞數	來源
1	姦	1	姦淫。	kan			1
2	姦通	1	通姦。	kan-thong			1
3	掠猴	3	掠通姦的查埔人。／捉奸、捉姦。	liàh-kâu			1/2
4	討契兒	1	揣情夫。	thó-kheh-hiann			1
5	搧緣投	1	女人送金品等物件予緣投的少年家。／指女人養小白臉。	siàn-iân-tâu			1/2

〔註66〕此俗諺原典爲「呂祖廟燒金，糕仔袂記提轉來」，出自趙鐘麒（鍊仙）〈史遺・呂廟燒金（二）〉，《三六九小報》第 16 號（昭和 5 年 10 月 29 日）。

| 6 | 用雞卵米飼緣投 | 3 | 指女人養小白臉。 | kue-nñg-bí tshī iân-tâu | 雞蛋米飼緣投／飼緣投 | 1/1 | 2 |
| 7 | 呂祖廟燒金 | 1 | 表面上是到廟裡拜佛，其實是去私會情郎，另有所圖之意。 | lū-tsóo-biō sio-kim | | | 2 |

小計：9／8265；詞頻：0.109%

在兩性外遇相關詞彙中，出現頻率最高的兩個詞彙分別是#3「掠猴」（3次）與#6「用雞卵米飼緣投」（3次），皆是專指女性外遇的情況。#3「掠猴」的「猴」是情夫，原本是指丈夫擁有妻子與他人通姦的證據，但在現代用語中，#3「掠猴」不再是專指丈夫揭發妻子外遇的行爲，亦可指妻子揭發丈夫與其他女性通姦的事實。

一、貞節至上的理想「家後」典範

傳統女子教育著重貞節、賢德和各式女工的技巧，爲得是將女性塑造成孝順翁姑、相夫教子、勤儉持家的賢妻良母。漢代班昭所寫《女誡》更被奉爲古代女子教育經典，羅列出良家婦女的各式道德規範，其中〈婦行〉一文更是說明了婦女所應恪守的「德、言、容、功」四德：

> 女有四行，一曰婦德，二曰婦言，三曰婦容，四曰婦功。夫云婦德，不必才明絕異也；婦言，不必辯口利辭也；婦容，不必顏色美麗也；婦功，不必工巧過人也。清柔貞情，守節整齊，行己有恥，動靜有法，是謂婦德。擇辭而說，不道惡語，時然後言，不厭於人，是謂婦言。盥浣塵穢，服飾鮮絜，沐浴以時，身不垢辱，是謂婦容。專心紡績，不好戲笑，絜齊酒食，以奉賓客，是謂婦功。此四者，女人之大德，而不可乏之者也。〔註67〕

女性的思想意識、言行舉止和身體形象被禁錮在層層的禮教之中，隨著禮教制度的演進發展，貞節觀念就越被重視，而後貞節牌坊的設立更是將貞操觀念推向具有宗教化傾向的貞節崇拜，又以官方勢力和民間輿論爲後盾，於是貞節崇拜遂成爲漢人社會中最重要的一種信仰價值。〔註68〕

〔註67〕范曄，《後漢書》（臺北市：臺灣中華書局，1965年）。
〔註68〕王文斌，《瘋狂的教化》（臺北縣：新雨出版社，1994年），頁21～24。此處提到的「宗教化傾向」指的是貞節觀念在儒家思想的強化之下，變成一種帶有類似宗教狂熱及執著的全民運動，從政府到民間、從男人到女人，皆是以

　　貞節崇拜大致可分爲二個階段，一是婚前守貞，未婚女子的初夜權是其丈夫所獨有的，由於處女貞十分珍貴，於是在嫁娶禮俗之中隨處可見張顯處女貞的物品和儀式；二是婚後守貞，「從一而終」、「一女不事二夫」是已婚婦女最崇高的貞節美德，丈夫死後妻子得跟著殉葬，即使不殉葬也要終身守寡、保守貞節。貞節崇拜發展到最高峰時，貞節的保有遠比性命還要可貴，追求以付出生命的代價貞節美名。

　　貞節崇拜受到官方認可及民間極力推崇之下深植人心，到了明清兩代更是蔚爲風氣。明朝爲提倡寡婦不再嫁的風氣，曾提出多方獎勵，如只要在寡婦守節至 50 歲，將可以獲頒一座貞節牌坊，其本家還能免除勞務之苦；或是將貞節烈婦當作是地方的考績、政績，若是數量眾多還代表此地的文風鼎盛，地方官可以藉此升遷，生員和秀才的錄取名額也會增加。這些獎勵攸關的並不是女性自身，而是整個家族的榮耀和地方全體儒生的前途，既使是寡婦本人不願意爲夫守寡，她的家族基於面子問題和免除勞務的獎勵，甚至是同一鄰里的士紳和地方政府也會爲了自身的利益，逼迫她不得不守寡。

　　清朝延續明朝的貞節崇拜，對於婦女殉節一事大爲激賞，貞節牌坊的數量多於明朝，臺灣各地的貞節牌坊也都是在清朝時所建立的，如嘉慶 5 年爲臺南府城蕭氏良娘所建的「蕭氏節孝坊」、〔註69〕道光 4 年爲新竹楊氏居娘所建的「楊氏節孝坊」、〔註70〕道光 5 年爲金門顏氏鳳娘所建的「顏氏節孝坊」、〔註71〕道光 28 年爲臺中大甲林氏春娘所建的「林氏貞孝坊」、〔註72〕光緒 9 年爲苗栗賴氏四娘所建的「賴氏節孝坊」〔註73〕等等。

　　貞節至上的觀念強迫女性必須得活在貞節的框架之中，不得超出其規範。若能恪守、實踐禮教中的貞節觀念，便能成爲所有婦女的模範，接受官方表揚和鄉里尊重；若違反規範，則被視爲是觸碰禁忌，必須受到最嚴厲的懲罰，而這樣的貞節觀念也促使社會對男女性外遇的差別待遇。

　　女人的貞節爲膜拜對象。政府設立獎懲制度讓民眾遵行，而民眾也女性守貞是女子的最高道德標準，若家族或鄉里間有女子達到此高標，更是整個社群的無上光榮。

〔註69〕黃叔秋撰「蕭氏節孝坊」，《臺灣大百科全書》線上版。
〔註70〕新竹市政府文化局撰「楊氏節孝坊」，《臺灣大百科全書》線上版。
〔註71〕北雁南飛撰「顏氏節孝坊」，《臺灣大百科全書》線上版。又稱「欽旌節孝坊」。
〔註72〕柯佩吟撰「林氏貞孝坊」，《臺灣大百科全書》線上版。
〔註73〕劉榮春撰「賴氏貞孝坊」，《臺灣大百科全書》線上版。

二、一夫一妻多妾的婚姻實況

傳統婚姻的訂定是以父母爲主，子女的意見是無需過問的，一旦決定婚配對象，子女不得拒絕。〔註 74〕而婚姻的確立具有四大元素：父母之命、媒妁之言、聘禮授受和婚書交換，缺一不可。〔註 75〕在禮儀制度裡是以一夫一妻爲婚姻基本形式，且明定夫妻負有互相守貞的義務，但事實上卻是一夫多妻制度。男人無所謂守貞問題，不但能擁有一位正妻還可納妾，妾的數量還不受限制，最重要的是，妾和夫屬於合法配偶，沒有重婚罪和通姦罪的疑慮；但女性只能擁有一位丈夫，無論是妻還是妾，皆不得與配偶以外的其他男人發生性行爲，否則就是構成通姦。〔註 76〕

《女誡‧專心》明文記載「夫有再娶之義，婦無二適之文，故曰夫者天也。天固不可逃，夫固不可離也。行違神祇，天則罰之；禮義有愆，夫則薄之」，〔註 77〕也就是說男人可以擁有許多女人做爲伴侶，但女人只能從一而終，一生都要爲了一個男人來保守貞節。基於私有財產制的理念，繼承權只有丈夫的親生兒子才能擁有，又認定女性只是孕育子嗣的載體、容器，其神祕的生殖功能使她背負著維持家族血源正統的責任，也就是說，爲了確保繼承人的血統純正和家族財產不會流於「雜種」外姓之手，所以女性貞節的保有與家族血源正統具有密不可分的關係。

對男人來說，「一夫一妻」實際運作情況是一男對多女。男人除了能名媒正娶一位妻子之外，還能擁有多位性伴侶，包含相對於元配的側室「細姨」、妓女、女婢以及其他女性。他們對內具有統治妻子的權利，將其視爲生產工具和財產，對外可以強奪、引誘、買賣其他女性藉此發洩情欲。男人擁有這些權利除了他們是統治者之外，更重要的是他們沒有貞節的疑慮，既便是擁有三妻四妾、風流韻事不斷，也不會引發家族血脈不純的問題，反而可爲家

〔註 74〕 法務部，《臺灣民事習慣調查報告》（臺北市：法務通訊雜誌社，1994 年），頁56。從〈慣習研究會問答筆錄〉的證詞也佐證了婚姻的選擇權是由父母全權掌控：「(婚姻) 只依父母之意見而作決定，不聞子女之意見，亦不准許子女陳述意見。」劉寧顏主編，《臺灣慣習記事第壹卷下 (中譯本)》（臺中縣：臺灣省文獻委員會，1984 年）頁 104。

〔註 75〕 法務部，《臺灣民事習慣調查報告》（臺北市：法務通訊雜誌社，1994 年），頁65。

〔註 76〕 法務部，《臺灣民事習慣調查報告》（臺北市：法務通訊雜誌社，1994 年），頁62。

〔註 77〕 范曄，《後漢書》（臺北市：臺灣中華書局，1965 年）。

族增添更多人口，帶來更多勞動力。順口溜「妻不如妾，妾不如妓，妓不如偷」更是反映出在男人心目中無論何種身份的女人都只是用來發洩性慾的玩物，此外這句順口溜也是女性的性魅力排行，排名第一的是偷情，偷情是於禮法所不容的私通行為，可帶來較大的刺激感，排名第二的是妓女，因應職場需求以及受過專業嚴格的訓練，妓女的性魅力比起受傳統禮教束縛的女性是大得多了。

　　但對女人來說，一夫一妻制度是被嚴格執行的，加上貞節崇拜信仰，女人一生都要為她的丈夫保守貞節，若有踰矩行為，無論是出於自願或是被強迫而失去貞節，將會受到最嚴厲的制裁，輕則逐出家門，重則施以酷刑；就連丈夫死後也不能再嫁，必須幫他孝順父母、教育子女，擔任起持家的重責大任。若是家世背景雄厚，幸運的話還能受到官方嘉獎，獲贈一座貞節牌坊接受後人膜拜。俗諺「甘願娶婊做某，毋通娶某做婊」更說明了傳統對已婚婦女的嚴格要求，一旦女人進入婚姻，無論是正妻或是小妾，皆視為丈夫的所有物、財產，不允許外人一絲侵犯，若是她觸犯了「嬈」的禁忌，就會被視為是不守婦道的敗德婦女；相對的，以「嬈」為形象的風塵女子，一旦進入婚姻就必須拋棄婚前一切形象與處事態度，跟所有的良家婦女一樣嚴守婦道，忠於丈夫一人、不可紅杏出牆。換個角度來看，男性無論是否具有丈夫身份，除了有血緣關係和同宗族的女性之外，其他女性都是他可追求的對象，不論是已婚或未婚，而娼妓更是他們可以正大光明發洩慾望的對象；反觀女性，就連是被排除在貞操觀念之外的妓女，只要進入婚姻取得具有配偶身份，就得跟其他女人一樣成為丈夫的所有物，必須嚴守婦德、不得觸犯「嬈」的禁忌。

　　縱觀上述所言，男尊女卑的觀念使妻子成為丈夫的財產和所有物，不容他人侵犯，而傳宗接代的責任賦予了丈夫擁有多數伴侶的合理性，矛盾的是，卻將血緣正統的責任分配給妻子，使得妻子被物化成孕育孩子的容器，一旦對未來或現任的丈夫不忠，都會影響到家族血脈的純正性。所以生活在這套婚姻制度下的女性，若與其他男性交際、往來、甚至私通都於情義法理所不容。#2「姦通」更是被列為重罪，卻有著兩極化的懲處方式，印證了性別不公的誇張程度。若男性與他人之妻產生曖昧情愫或發生肉體關係，丈夫掌握到證據前往捉姦即為#3「掠猴」，《台日大辭典》亦收錄「掠猴割頭鬃」的風俗，「猴」指的是姦淫者，以禽獸之名來貶低通姦的男女雙方，丈夫發現姦情

後可剪下姦夫淫婦的頭髮作爲證物訴諸官府。〔註78〕

　　早期臺灣社會處罰男性通姦的目的在於讓所有人一眼就看出此人犯了通姦罪，如署名愚泉所記錄的通姦處罰：

> 古時風俗。捉姦則割辮髮。使行淫者知恥。不敢出戶見人。用意甚善。雖是私刑。不損害肉體。不數月髮便種種矣。有用肉刑者。削耳。削鼻。抽脚筋。最爲野蠻。使姦夫不敢出頭露面。其用意更慘酷矣。〔註79〕

可看出男性通姦的刑罰基本上是以殘害身體的方式爲主，由輕到重分別有：向婦人丈夫及其家族陪罪的「分檳榔」〔註80〕，以羞辱爲目的、不毀損肉體的割去髮辮，割去一耳、挖出雙眼和將石頭綁在身上並投身水中等方式。〔註81〕反觀女性，若是做出#4「討契兄」、『提銀票#5「搧緣投」』、#6「用雞卵米飼緣投」、與他人通姦、養小白臉或與其他男人有不正常社交關係等行爲，更是罪大惡極、情理不容，除了得接受杖責，還得任憑丈夫處置，如休離歸回原生家庭、強迫且指定將妻子改嫁給非姦夫的他人或是賣予他人等等。

　　有趣的是，歷史上描寫女人主動外遇的故事，經常將女性塑造成只爲了性而外遇，彷彿外遇的女性皆是淫蕩之人，如《三六九小報》所刊登的故事——〈吹送契兄〉〔註82〕，女主角是「愈老愈淫。妖媚惑人」的婦人，甚至

〔註78〕 《臺灣慣習記事》收錄「拿猴割頭髻」，與「掠猴割頭鬃」意思相同。詳見劉寧顏主編，《臺灣慣習記事第壹卷下（中譯本）》（臺中縣：臺灣省文獻委員會，1984年），頁120。

〔註79〕 愚泉〈洗耳小錄（二）〉，《三六九小報》第175號（昭和7年4月26日）。

〔註80〕 蔡培楚在〈新聲律啓蒙〉曾寫下「痴哥縶扷來巴頭殼。坎屪子罰伊分檳榔」的對句，摘錄自蔡培楚（倩影）〈新聲律啓蒙〉，《三六九小報》第24號（昭和5年11月26日）。臺灣風俗中，檳榔具有排解糾紛的功能，如《臺海見聞錄》提到「閭里詬誶，輒易搆訟，親到其家，送檳榔數口，即可消怨釋忿。」；《諸羅縣志‧風俗志‧漢俗》紀錄了檳榔的療效和社會作用：「土產檳榔，無益饑飽，云可解瘴氣；薦客，先於茶酒。閭里雀角或相詬誶，其大者親鄰置酒解之，小者輒用檳榔。百文之費，而息兩氏一朝之忿；物有以無用爲有用者，此類題也。」；清巡台御史張湄以〈檳榔〉爲題寫下「睚眦小忿久難忘，牙角頻爭雀鼠傷。一抹腮紅還舊好，解紛惟有送檳榔」；而劉家謀也以〈詠檳榔〉爲題寫下「鼠牙雀角各爭強，空費條條詬誡詳；解釋兩家無限恨，不如銀盒捧檳榔」。

〔註81〕 劉寧顏主編，《臺灣慣習記事第壹卷下（中譯本）》（臺中縣：臺灣省文獻委員會，1984年），頁120～121。

〔註82〕 趙鐘麒（鍊仙）〈吹送契兄〉，《三六九小報》第16號（昭和5年10月29日）。

有一個身強體壯的男性因縱欲過度而命喪石榴裙之下。故事大意是妻子經常
與情夫於家中偷歡，不料某晚擔任嗩吶手的丈夫突然提早回家，妻子爲了幫
助情夫離開現場，於是急中生智將家中的燭火全部吹熄，等到丈夫進家門
時，便請丈夫驗證矇住雙眼吹奏嗩吶將會不成調的流言是否正確，於是情夫
便能以樂聲爲掩護而出門，這就是俗話「歕鼓吹送契兄出門」的由來。此外，
文本的#5「搤緣投」和#6「用鷄卵米飼緣投」兩個詞彙，同樣也有女人受性
的誘惑而外遇的暗示。

　　「緣投」原指一種體形較小的鳥，專做打鬥比賽用鳥，鬥鳥比賽盛行於
臺南麻豆地區，飼主爲了讓賽鳥擁有健康、強壯的體格和體力，以人蔘湯和
「鷄卵米」餵養，「鷄卵米」指的是拌有蛋黃的生米粒。後來，「緣投」逐衍
生爲專指小白臉，「飼鷄卵米」則是轉爲女人養小白臉的暗號，將飼主爲了贏
得比賽，不惜花費金錢將賽鳥養得十分強壯的原意，轉化爲女人以金錢做誘
餌引身強體壯或眉清目秀的男人，藉以滿足自身情欲之意。〔註83〕上述例子
皆是出於女性外遇必定爲性的刻板印象。若將男女外遇的理由互爲參照，便
可發現極大的謬誤存在，男性正大光明、合理外遇的理由很多，如天性、追
尋愛情、生兒育女、尋求刺激、發洩情欲等等，甚至毋需任何理由和藉口；
反觀女性外遇的理由，大抵都是受情欲所誘。同樣都是外遇，男性能合理解
釋成是「風流不下流」、負責任的行爲，但女性就是淫蕩、不貞、罪該萬死的
行爲。

三、描寫女性外遇的臺灣民間傳說

　　在中國文學經典中，若提到女人外遇、紅杏出牆，最廣爲人知的角色莫
過於潘金蓮，年輕貌美的潘金蓮被迫下嫁給其貌不揚且身材矮小的武大郎，
由於耐不住寂寞，加上王婆的慫恿，不但與西門慶發生婚外情還聯手殺夫，
最後被武大郎的弟弟武松殺死。同樣的，在臺灣的民間傳說裡也有一個類似
的經典故事：#7「呂祖廟燒金」，也就是俗諺「搯籃仔假燒金」的由來，雖然
此故事流傳的版本眾多卻鮮少有標註出處來源，故本文只取連雅堂和趙雲石
〔註84〕的版本爲參考依據，希望能透過版本對照來觀察傳統知識份子如何將

〔註83〕關於「緣投」與「鷄卵米」的解釋，出自賴惠川，《悶紅館全集》（中）（臺北
　　　　縣：龍文出版社，2006），頁337。
〔註84〕完整傳說詳見趙鐘麒（鍊仙）〈史遺・呂廟燒金（一）、（二）〉，《三六九小報》

禮教規範編寫進故事中，企圖藉由故事的散播來達成匡正社會風氣的目的。

連雅堂於《雅言》寫下俗諺「呂祖廟燒金，糕仔袂記掃來」的由來：

> 呂祖廟於臺南市內，前時有尼居之，不守清規，冶遊子弟出入其間；
> 眾多訾議，遂有「呂祖廟燒金，糕仔昧記提來」之諺。謂晉香者以
> 此爲歡場，樂而忘返也。事爲有司所聞，逐尼出，改爲「引心書院」。
> 〔註85〕

有一位呂祖廟的尼姑，因不守清規，在廟宇之中與多位男子作樂，東窗事發後被逐出廟宇，連呂祖廟也被改爲「引心書院」。在連雅堂的版本之中，這個故事非常單純只著重於尼姑一人。相較於連雅堂的單線發展，趙雲石所寫版本顯得複雜且具有劇劇張力。

趙雲石的版本爲一對住在臺南府城的貧窮夫妻，丈夫原爲讀書人，爲了養家不得不接受朋友給的工作，遠離家鄉打拚、奮鬥。某天，一位屠夫前來兜售商品，見到女主人後卻深深被她的美貌吸引，想要一親芳澤卻又不得其門而入，於是便與呂祖廟中的道姑連手，設下陷阱來誘惑、誘拐她。道姑以到呂祖廟向菩薩替祈禱丈夫平安的藉口將女主角騙進寺廟，等祭拜完了再帶她到後院廂房稍作休息，並將摻了春藥的茶水讓女主角喝下。等到藥效發作之後，便請屠夫進入廂房之中，道姑藉口離開，只留下兩人獨處。拜春藥所賜，屠夫順利地一親芳澤，與女主角發生親密關係。故事發展至此，出現了男性犯罪者 —— 屠夫與女性共謀者 —— 道姑，聯手將純潔的女主角推向淫亂的罪惡深淵。

後來，女主角因獨守空閨、寂寞難耐，多次請求道姑牽線，與屠夫相約在呂祖廟幽會，然而「鴨卵較密嘛有縫」百密總有一疏，外遇的事實竟從孩子的抱怨詞中洩露出去，由於每次要與屠夫幽會時，都會以去呂祖廟拜拜爲藉口來哄騙兒女，但她並不是眞的去拜拜，所以也不可能帶供品回家，所以當兒女跟她討糕餅吃時，只好以忘記帶回家搪塞過去。久之，孩子便抱怨起母親近來常去呂祖廟拜拜卻忘記拿糕餅回來的怪異行徑。

後來，丈夫的好朋友輾轉得知女主角外遇的事實，連忙寫信請他回鄉處理此事，女主角一見到丈夫便面色有異，原本不敢承認，後來是在丈夫不追究的承諾之下才具實陳述外遇情事，丈夫也眞的信守承諾不追究。但是同樣

第 15、16 號（昭和 5 年 10 月 26 日、昭和 5 年 10 月 29 日）。
〔註85〕連橫，《雅言》（臺北市：臺灣銀行，1963 年），頁 23～24。

身爲男人的好友卻是勃然大怒，認爲通姦之風不可長，必須要殺雞儆猴，於是便請縣長重罰兩位犯罪者——屠夫與道姑。雖然故事並未提及女主角究竟受到何種懲罰，但我們可以從故事角色的動態來分析趙雲石對女性外遇一事的看法。

1. 邊緣弱化的女性角色

故事中有兩位女性，一位是被害者——女主角，一位是共謀者——道姑，但作者皆將她們邊緣化，整段故事中沒有任何一句台詞，也就是說，在這個外遇故事之中，女性是沒有聲音的。先從女主角看起，雖爲文人之妻貴爲女主角，但卻是個沒有名字、「姿首美麗。性情柔順。隨夫食貧」的「婦」，她先是無法抗拒屠夫的物質利誘——四十銅文的豬肉，被下藥強暴之後不但不感到羞恥還「芳心一點。益不自持」，持續地與屠夫偷情。從女主角的動態可以知道趙雲石對於女性個人外遇的看法：女主角具有「嬈」的本質，先是與屠夫攀談並接受物質利誘，後雖是因被設計陷害導致非自願失去貞節，依傳統婦德規範理應感到羞愧，甚至要以死明志，但她卻因寂寞難耐、個人情欲而深陷泥沼、無法自拔。正巧符合俗諺「婆姐母剏治在室女」中對女性因抗拒不了性的誘惑，以致觸犯禁忌而失貞，最後必定走向不歸路的批判。

道姑是一個自相矛盾的角色，一般道姑的刻板印象清心寡欲不殺生的，但在故事中，她卻和以殺生爲業的屠夫密謀犯下誘拐良家婦女失貞的重案，相較於《水滸傳》裡王婆是貪圖西門慶的財產才答應幫忙撮合他與潘金蓮，道姑與屠夫的關係和她究竟是抱持何種心態與屠夫共謀，雖不得而知，但從作者將這個角色設定爲道姑，可以想像作者應該是將當時代神職人員不守戒律的現象投射到作品之中，想要藉由故事裡的道姑受法律制裁的後果來嚇阻犯戒的神職人員。

趙雲石認爲女性的身體應與依附關係勾連在一起，女人嫁人之後依附於丈夫，貞節和身體都是爲丈夫所有；當女主角與屠夫發生親密關係之後，她的身體就轉而被屠夫佔據，於是她的依附關係就從丈夫轉向屠夫，這也就是女主角不再依賴丈夫的薪資過活，反而是由屠夫負擔起所有的家務費用的原因。與現代「包養」的觀念有些相近，也就是說，屠夫是出資者，女主角是包養者，當屠夫佔據了女主角的身體，得到與之性愛的權利，連帶地也有義務要負擔她的生活費用。此外，從無聲、扁平的女性角色研判，趙雲石認爲外遇與女性無關，因爲女性的本性就是「嬈」，而外遇的目的就只是爲了性，

由於本性難移，所以女性也無需為自我辯駁。也就是說，女性的本性無論是好是壞都不是討論的重點，重點應擺在男性的態度與作為。

2. 立體鮮明的男性角色

　　相較於無聲與弱化的女性角色，男性就顯得立體許多，從家世背景和對外遇的態度比較士人與貢生兩個男性的角色，可以得到有趣的論點。作者把丈夫設定為「饒有文名。而家貧落魄。所謀不就」的窮書生，但他的好友卻是家財萬貫的貢生，在家世與學術背景就已經產生差異。再者，窮書生替貢生工作，也就是說，貢生是書生的頂頭上司，在身份位階上丈夫就已經先矮了一大截。同樣都是男人，對女人外遇一事也反映出不同的態度，身為事件當事人的丈夫堅信妻子一定是受人設計陷害的，只要說出外遇實情就不予追究，但沒有利害關係的貢生卻大動肝火，認為此事事關重大、不可輕放，甚至還主動呈報官府請求制裁。由此觀之，作者將男性處理外遇的態度分成新舊兩種思維，新思維藉由具有學問知識，卻無科舉背景的丈夫展現，而舊思維則是由科舉背景出身的貢生演出。

　　丈夫傾向於新式婚戀觀點，認為外遇出軌行為僅限於夫妻關係，若是一方願意原諒外遇者，那麼風波便可平息。另外，當丈夫發現妻子外遇，從遠地風塵僕僕歸來之際，看到妻子的第一個反應不是生氣、大聲責罵或是拳腳相向，而是好言勸告妻子：「異於素者。必有其故。惟汝非能作壞事者。殆為匪人誘陷。汝但直言。決不汝咎也」，不但展現了夫妻間最重要的「信任」，同時其寬容的態度也呈現了妻子不是丈夫的財產、也不是家族的生子工具，而是具有自我意識的個體，其實是很接近兩性平等、婚戀自由的思維。

　　反觀貢生，他是站在傳統父系霸權的位階俯看女性外遇一事，從主動提供工作給書生、發現其妻外遇並主動告知，到最後批判制裁的行動來看，他對於丈夫一職是站在傳統的男主外女主內、男尊女卑的立場的，認為丈夫要肩負起養家工作，並且對於妻子不忠應該有所作為，因為妻子外遇侵犯的不只是丈夫個人的領域範圍，更有損全體男性至尊無上的威嚴，不可以無所作為或是私下了結，而是要訴諸公權力審判、制裁，此舉不但能達殺雞儆猴之效，更重要的是能再次張顯「夫為妻綱」的倫常觀點。

　　趙雲石巧妙地安排具有上下位階、新舊思維差異的兩位男性互做婚戀觀的辯證，更以官方勢力做為外遇事件的終結，也反應出作者個人對於婚戀觀的看法：婚姻不是個人的問題，它不但囊括了整個家庭與社會，還攸關全體

男性的面子；而「嬈」是女性的本質，易受情欲所誘，所以得靠著傳統禮教、官方勢力來規範，女性若能安份地待在家族與婚姻的限制之中，就代表傳統價值體系的穩固，若女性逸出規範，又不加以懲戒，將會造成傳統價值體系的崩壞。於是在故事之中，作者藉由貢生之手重振夫綱並維護傳統價值體系。

四、小　結

　　同樣是#2「姦通」，卻依性別的不同有著兩極化的懲處方式。由於妻子的貞操悠關家族血源正統，女性外遇就是觸碰禁忌、侵犯夫權及父系財產的行為，必須接受社會輿論及法律的公審，其丈夫與家族或居住社群皆可以群起指責、處以私刑，甚至為張顯夫權、重振夫綱，還給予丈夫擁有殺死不貞之妻的合法性。反觀丈夫一角，外遇是合理且正常的，除了能擁有三妻四妾，還能進出風月場所，只要外遇的對象不是有夫之婦，似乎不構成罪惡，即使與有夫之婦有染，也只有向其丈夫賠罪或是接受肉體上的懲罰，如剪去髮辮、挖眼、削耳、削鼻、肢體殘障等身體上刑罰，讓他失去面子而已。同樣都是外遇行為，發生在不同性別身上卻能產生截然不同的後果，如文本所提『偷#4「討契兄」掠來斃頭殼。愛著媠某拖去摳目睭』〔註86〕，可以看出女性受到男性的性別宰制與監控情形。

　　有趣的是，#7「呂祖廟燒金」的故事也反映出新舊文化思維的差異與優劣，女性外遇不單單侷限於丈夫與妻子的相對關係，還涉及傳統倫常中最基本的夫婦關係——「夫為妻綱」，不但嚴重威脅到父權社會秩序，更涉及傳統價值體系中父系霸權是否伸張的問題，即使丈夫個人願意原諒妻子的行為，但依舊為社會所不容，因為女性不貞是道德敗壞、家族血脈崩壞的徵兆，所以必須以嚴屬的社會輿論壓力和法律制裁。

第五節　女性形象的新塑——「十个查某九个嬈，一个袂嬈擋袂牢」〔註87〕

　　從第三章的嫁娶禮俗、生育禮俗和喪葬禮俗與第四章的血脈傳承和夫婦

〔註86〕「媠」同「查」，「摳」同「挖」。

〔註87〕「嬈」（hiâu）形容女人賣弄風騷、輕挑的行為，是批判女性最嚴屬詞彙，舉凡言語、體態、行為舉止或是思想態度，皆為批判標的。此句俗諺極具男性沙文主義，也代表臺灣社會長久以來對於性別議題所持的傾斜態度。

關係的相關詞彙，觀察出無論是傳統禮教規範或是臺灣庶民文化，都是先把人分成男性和女性兩種類別，再根據不同的性別設立出一套與之相應的既定模式，如思想意識、教育養成、生活型態、宗教科儀及人身禁忌等等，皆存在著男女之別。也就是說，每個人早在出生之時，就已經被圈限在性別二元化的既定模式之中，永遠都得依照此既定模式做動作，不得逸出其規範。

可悲的是，在父系霸權爲主的社會，無論東西方，男女永遠都不可能平等，男性總是擔任高高在上的掌權者、統治者，全面性地支配、壓抑和鎮鎖著全體女性，如傳統社會的三從觀念正是將女性牢牢地綑綁在男性身邊，從出生到死亡都得依附著男性。這種男女不對等的統治及依附關係，把女性打入家族和社會的最底層，男尊女卑、男主外女主內等觀念便深深烙印在漢人的腦海之中，成爲合理且天經地義的中心思想，這就是所謂的「性別意識型態」。這種性別差異的刻板印象也充斥在語言之中，不但對群體的生活模式造成直接的影響，更限制了個體的自由意識，而女性更是深受其害。

《三六九小報・新聲律啓蒙》是由男性傳統知識份子所寫，於文本中也曾出現帶有性別歧視的詞彙和句子，筆者認爲若能整理歸納這類詞彙並探討其深層意涵，應能看出性別意識的操控軌跡，並試圖透過飽受歧視和謾罵的負面形象，觀察傳統社會爲不同性別所設定的既定模式究竟爲何。又因當時的社會氛圍以及世界思潮正巧圍繞者婦女議題打轉，若能將性別意識形態的相關詞彙互做對比，勢必能更清楚地看出當時代性別霸權的高漲程度與社會現實面貌。關於性別意識形態相關詞彙共有 29 個，累計詞頻爲 0.351%，如下表 4-4 性別意識形態相關詞彙表所示。

表 4-4 性別意識形態相關詞彙表

#	主要詞條	總詞數	釋　　義	音　　讀	異用字	異用字詞數	來源
1	男子漢	1	男人氣概，大丈夫。	lâm-tsú-hàn			1
2	大丈夫	2	注重體面的男人。	tāi-tiōng-hu			1
3	血漢	1	（1）英雄的男子。（2）男子漢。	hiat-hàn			1
4	僕	1	男子。	hàn			1
5	緣投	2	美男子。	iân-tâu			1
6	查某體	3	娘娘腔。形容男人說話動作像女孩子。	tsa-bóo-thé			2

7	姿娘	1	婦女。	tsu-niû			1
8	猪哥	2	好色男子。	ti-ko			1
9	痴哥	7	好女色／形容男子露出好色的樣子。	tshi-ko	痴膏	1	1
10	癩膏猫	1	無揀食的好色漢，多情男。	thái-ko-niau			1
11	老風騷	1	年老出入花柳巷。	lāu-hong-so			1
12	鷄母會啼着斬頭	2	警戒想欲掌權的人／母雞叫的話，就會被斬首。勸戒女性當權。	kue-bú ê thî tiȯh tsám-thâu	鷄母會啼着鑿頭	1	1/3
13	出巢鷄母	1	指愛講話的查某。／譏悍婦之吼嚣也。	tshut-siū kue-bú			5
14	嬈	6	（1）（女）淫亂，淫奔。（2）做淫亂的代誌。／形容女性舉止輕挑、風騷。	hiâu	嫐	1	2
15	嬈的	1	舉止輕挑、風騷的女性。	hiâu--ê			1
16	發嬈	8	女人挑撥男人的淫亂動作。	huat-hiâu	發媱	1	1
17	妖精	1	淫婦。	iau-tsiann			1
18	花譴	1	女人嬌豔挑逗。	hue-hiȯh			1
19	撒潑	1	撒吵鬧也，俗謂婦女無賴曰潑。	sāi-phuat			6
20	潑	1	潑辣／俗謂婦女無賴曰潑。	phuat			6
21	與好人行有布經	1	女子若與好人來往，就會織出該織的布來，若與惡人來往，就會生出私生子。	kap hó-lâng kiânn ū pòo kinn			3
22	在室女	1	處女。	tsāi-sik-lú			1
23	狗公要來須待狗母搖獅	1	母狗沒有搖屁股的話，公狗絕對不敢來。指妖婦引誘男人。	káu-kang beh lâi su thāi káu-bú iô-sai			3
24	烏龜坐大廳	1	形容人們笑貧不笑娼。	oo-ku tshē tuā-thiann			7
25	笑窮無笑賤	1	諷刺現代社會的情勢。	siàu kîng bô siàu tsiān			1

小計：29／8265；詞頻：0.351%

性別意識形態相關詞彙出現頻率最高的三個詞彙分別是：#16「發嬈／發嬈」（8次）、#7「痴哥／痴膏」（7次）和#14「嬈／嫐」（6次），其中#16「發嬈／發嬈」與#14「嬈」皆指涉同一個概念：貞節崇拜，一旦女性的言行舉止稍稍不同於傳統既定的女性角色，便會引來他人「嬈」的謾罵。然而，從「嬈」的高詞頻現象，可以推斷當時代的部分女性，本身對於傳統那套講究賢妻良母的禮儀規範，似乎產生了些許的不認同或是反抗的思想或舉動，所以開始以不同於以往的良家婦女的形象或是作為展現於世人面前，但是她們全新的面貌卻被社會認為是觸及「嬈」的禁忌，於是招致言語的圍剿。本節便從「嬈」的角度出發，一方面剖析「嬈」言論批評背後的意義，另一方面則是從「嬈」本身的意涵，觀察日治時期女性的各種形象。

一、性別規範

在漢人社會中，性別意識型態塑造了不同性別的典範形象，並根據其典範建立一套道德規範標準與禁忌；無論是男性或女性的形象皆是由男性所塑造出來的，社會輿論更是依據典範形象做為批判的標準，一旦有人超出範圍或碰觸禁忌，必定被視為異類引發群起圍剿；特別的是，女性的典範形象不但是依循男性意願與需求所塑，就連女性也將它視為立身處世的標準與自身存在的意義和價值，不但奉為圭臬、嚴格執行，更用來監控其他女性，不讓其他女性擁有絲毫位移的可能。

在性別二元對立的概念之下，生殖象徵把整體人類一分為二，只有男性和女性兩種，並根據其生殖象徵來規範其言行舉止。在父系繼嗣為主的漢人社會，性別差異下的不平等隨處可見。男人的生殖功能被視為是支撐父權家族、宗法體系的重要支柱，對內要繼承家族一切事務，對外要工作以維持家族生計，於是傳統社會所預期的男性形象是#1「男子漢」#2「大丈夫」，必須擁有擔當、志氣、勇敢、剛毅、言出必行等特質，最重要的是要具備有生殖功能的男性生殖器，才可稱得上是一個男人。如文本的『#2「大丈夫」敢做敢當。#1「男子漢」能說能行』顯示負責任與信守承諾是男人必備的特質。

由於一個人的性別是根據其生殖象徵做為識別的標準，一旦被區分在男性或女性領域，就必須依循性別領域的規範而生活。對於性別不正確的人，也就是言行舉止不符合生殖象徵的人，將會受到最嚴厲的指責、嘲諷，如同文本所說，不符合標準男性形象的男人，便會以帶有貶意的#6「查某體」指

稱，同樣的，不符合標準女性形象的女人，便會以「查埔生」（tsa-poo-senn）
〔註88〕來指稱。

表 4-5　性別行為關連表

稱　號	生殖象徵	言行舉止	社會觀感
男子漢	男性	符合男性特質	標準男性
查某體	男性	不符合男性特質	被去勢的男性
姿娘	女性	符合女性特質	標準女性
查埔生	女性	不符合女性特質	被閹割的女性

　　如同上表 4-5 性別行為關連表所示，#6「查某體」表示雖然生殖象徵為
男性，由於某些言行舉止不符合#1「男子漢」特質，於是社會便將其「去勢」
〔註89〕，然而，此處的去勢只是削弱男子漢的特質，但被去勢的男性仍舊被
當成男性對待；「查埔生」指的是生殖象徵為女性，由於展現不出女性應有
的特質，於是其外在形貌已被「閹割」〔註90〕，被視做是被閹割的女性。然
而，無論是#6「查某體」或是「查埔生」，皆是社會觀感利用去勢和閹割的
恐懼來威嚇人的一切言行舉止應該依其生殖象徵而行。

　　再者，從去勢和閹割做為詆毀他人的手法也顯示了傳統漢人社會認為人
的最高價值在於「成為祖先」，由於一旦生殖功能遭受破壞，就代表這一生都
無法生兒育女，死後更是無人祭拜，不但無法晉升為祖先之列，還會變成無
主孤魂到處遊蕩，所以被去勢或是被閹割對漢人而言是最大的恐懼，它代表
的不僅是家族的絕嗣，更是死後無依的象徵。有趣的是，這類性別錯置的觀
念與現代觀念恰巧呈現完全相反的模式，早期是以單就生殖象徵來判斷男性
或女性，而現代則是以內在精神、價值觀等項目來判斷。

　　對於其他特質也有相應的詞彙，如好色的男人為#8「猪哥」、#9「痴哥／
痴膏」；對女人來者不拒的男人可稱#10「癩膏猫」；對於上了年紀仍流連於煙
花界的男人可用#11「老風騷」來形容。另外，#5「緣投」有兩種意義，一是
稱面相好看的男性，二則是指年輕貌美的嫖客「小白臉」。〔註91〕從詞彙可看

〔註88〕出自《台日大辭典》。
〔註89〕「去勢」指的是男性生殖器被割除的意思。
〔註90〕「閹割」指的是卵巢被摘除的意思。
〔註91〕關於「緣投」的第二個意思在上一節兩性外遇已做探討，在此不再贅述。

出男性的情欲是不受道德規範的。

　　相對於男性可自由追求女性、展現對情欲的喜愛，既使是結了婚，依舊可合理地納妾、擁有紅粉知己，甚至可外遇生子，或沉迷、留連於風月場所，女性從一出生就受限於層層的禁忌與以三從四德爲原則的道德規範中，永遠都只是商品、財產，被視爲是傳宗接代的工具、或是發洩性欲的對象，她們沒有自主權利，更別提及自由意志了，一切行事都必須順從、聽從及服從男性的指令。同樣都是情感的釋放，男性主動對女性示好就是正常的、符合社會觀感的，但若女性對男性示好，就被視做是不正常的、違反社會觀感的，還會被貼上倒貼的負面標籤，甚至被人指責成「嬈花查某」〔註92〕。

　　可怕的是，這種「只許男性風流，不許女性風騷」的偏頗觀念已成常態，在1930年代的臺灣社會更是清楚可見。自由戀愛、婚姻自主風氣吹進各個家庭，打亂了父母之命、媒妁之言的傳統婚姻觀念，時髦的「烏貓」出現在職場，女性形象逐漸豐富了起來。舉新式婚戀觀爲例，當時代臺灣社會受到世界思潮和婦女解放運動的洗禮，認同一夫一妻制、自由挑選配偶的婚戀觀是進步思維，但在賴惠川的作品之中卻出現「人生妻妾不妨多　奈此周公禮法何　若是女男平等日　請君回首問周婆」〔註93〕的揶揄態度，再度重申傳統禮教制度是由周公（男性）所制定，而非周婆（女性），一夫多妻制才是世界的眞理。

　　有些人更是站在絕對反對的立場，認爲女性就是得遵守傳統道德的良家婦女典範，遠離#14「嬈／嫐」的禁忌，只要一有女性快要或稍微逸出既定形象，就會招來最嚴厲的批判。也就是說，女性形象在從傳統保守轉爲時髦新穎的變動過程中，是不斷受到#14「嬈／嫐」的暴力對待。

　　#14「嬈／嫐」的直接指涉對象是最能吸引男性目光、最具性魅力的妓女，可見在當時代民眾心中，女性形象就只有兩種，不是良家婦女就是妓女，而這些新女性的穿著打扮和言行舉止，就會被視同妓女，都是爲了勾引、魅惑其他男人的舉動，是傳統良家婦女不能、不願也不屑做的行爲。#14「嬈／嫐」不只是指被指控者本身的言行，其背後的深層意義更是重大，它包含了家庭教育是否成功、家世是否良好，還會牽連到與丈夫的婚姻關係及家族傳承問

〔註92〕「嬈花查某」意指「風騷女子」，查詢自《臺灣閩南語常用詞辭典》。
〔註93〕摘錄自賴惠川，《臺灣先賢詩文集彙刊第四輯・悶紅館全集》（中）（臺北縣：龍文出版社，2006年），頁342。

題，最重要的是它攸關死後審判與地獄刑罰。爲了匡正社會風氣，#14「嬈／
嫐」被當作是最嚴屬的控訴，試圖將新女性再次鎮壓在貞節牌坊之下不得翻
身。本節便以良家婦女和妓女兩種最爲極端的女性形象爲主題，探討日治時
期新女性形象改變的成因和情形，並從新女性所遭受到的指責來釐清當時代
性別霸權的壓迫情況。

二、女性的轉變與侷限

　　日治時期是臺灣女性形象大轉變的分界點，在此借用印度後殖民研究者
Partha Charterjee 對女性與國族建立的論點分析臺灣當時代的情況。Chatterjee
以殖民地印度爲例，分析印度知識份子本身因過度西化和現代化，導致印度
本土精神和民族認同消失或被抹消，爲了重新召喚本土，於是便將國族符碼
強加在女性身上，運用「女性問題」（the Women's Question）和婦女運動來建
構國族想像。〔註94〕也就是說，他們要求女性一方面須保有且謹守傳統文化，
一方面也須積極參與現代化歷程，如接受現代化知識教育、投身勞動市場換
取經濟報酬等等。

　　簡而言之，女性論述是架植於國族認同之上的，若是女性能固守傳統價
值，那麼國族認同也能隨之穩固，但若過於現代化、偏離傳統價值，那麼國
族認同則會分崩離析。林芳玫歸納 Chatterjee 的論點，提出「新女性」形象的
出現是「西化與本土性的稼接」，並以 1930 年代徐坤泉和吳漫沙大眾小說中
的女性爲研究對象，將當時代的臺灣異於傳統良家婦女的女性區分爲「新女
性」和「摩登女」兩種類別，主要是以是否有追求教育與工作的價值做爲判
別的標準。〔註95〕本節參照林芳玫的定義與分類，將當時代的臺灣女性大致
分爲傳統女性、新女性和摩登女三大類型，並以《三六九小報・新聲律啓蒙》
詞彙參照當時代社會現況，探討傳統知識份子對於女性形象的轉變所抱持的
態度。

〔註94〕趙彥寧〈階級與自然主義的美學：評藍博洲的《臺灣好女人》與江文瑜的《山
　　　　地門之女》〉，《文化研究月報》第 10 期（2001 年 12 月 15 日），（來源：
　　　　http://www.ncu.edu.tw/~eng/csa/journal/journal_park72.htm，讀取日期：2010 年
　　　　11 月 5 日）。
〔註95〕林芳玫〈臺灣三○年代大眾婚戀小說的啓蒙論述與華語敘事：以徐坤泉、吳漫
　　　　沙爲例〉，發表於國立臺北大學中文語文學系主辦《第四屆文學與資訊學術研
　　　　討會會前論文集》（2008 年 10 月），頁 19。

1. 從無知到新知

臺灣新女性形象的萌芽主要是拜現代知識教育所賜，在此先約略介紹女子教育的演化過程。清代之前的臺灣鮮少關心女子的知識教育，女子教育是以「成爲媳婦」爲核心，注重品德操守和工藝技巧，上層階級的女性可得到最好的知識教育機會是在家庭之中經由父兄或是塾師認識《三字經》、《孝經》、《列女傳》、《女四書》等用以規訓婦女品德觀念的經典，中下階級的女性則是鎮日籠罩在繁忙的勞務工作之中，根本沒有機會接觸知識。〔註96〕由於現實不允許女性獲取太多知識、甚至不准她們識字，還以「女子無才便是德」爲理由壟斷女性所有求知的可能，重重的禮教規範更是將女性的生活空間和人際網絡圈限於家族之內，長久下來，女性便被排除在知識體系之外。

直到基督教入臺傳教，在臺灣北、南兩地分別創設淡水女學堂〔註97〕和新樓女學校〔註98〕二所教育學校培育當地婦女傳教人才，雖是顧及臺灣社會「男女授受不親」的觀念，只招收女生爲學生並提出優沃的入學獎勵，如學費全免、支付車馬費、供食宿等，〔註99〕但兩校皆是基於傳教佈道的理念，所以臺灣民眾，尤其是漢民族，有所顧忌不太願意接觸，以至於招生人數不多，辦學績效不彰，於是以宗教爲主的女子知識教育在臺灣社會遲遲無法順利推展。雖是如此，卻揭開臺灣女子知識教育的序幕，不再把女性拒絕於知識殿堂之外。

殖民政府欲強化同化理念以及爲將帝國勢力置入各個家庭，所以從殖民母國移植了一系列新式女子教育，雖然此教育系統依然充斥著民族和性別的差異，卻爲臺灣女性開啓了一條得以接觸、習得新式文明的管道，進而改變女性的生理、心理及生活模式。雖說女性終於能夠接受教育，但是臺灣總督府的女子教育理念與傳統漢學女子教育理念極爲相似，還是要把女性塑造成充滿父權意識的完美典範：舉止高雅、富有教養、待人處事溫柔嫻淑、謹守

〔註96〕 鄭怡卿整理了臺語和客語諺語中關於女性的部分，反映傳統臺灣對於女子教育的準則及規範，詳見鄭怡卿，《臺灣閩客諺語中的女性研究》，國立中央大學中國文學系碩士論文，2008 年。

〔註97〕 淡水女學堂（Tamsui Girl's School）於 1884 年由馬偕（George Leslie Mackay）博士所創立，是第一所專爲臺灣婦女知識教育所設的現代化女子學校。

〔註98〕 新樓女學校於 1887 年由長老教會所設立，入學的唯一條件是不裹小腳，現爲長榮女子高級中學。

〔註99〕 范情等著，《女人屐痕：臺灣女性文化地標》（臺北市：女書文化，2006 年），頁 16。

三從四德且嫻熟家事操作的賢妻良母。雖說女子教育權利只限於少數士紳階級的家族所獨有，但卻爲臺灣整體女性開了一小扇得以窺探外面世界的窗戶。

臺灣女性形象的轉變也受到現代化觀念的影響。臺灣總督府將纏足、辮髮和吸食鴉片視爲臺灣的三大陋習，必須一一剷除，其中與女性極爲相關的正是纏足。基於經濟、衛生及文明的考量，臺灣總督府聯合地方士紳致力解開女性的小腳，解纏足不但是鬆綁了長久以來對於女性空間移動的限制，如歌謠「時代束縛舊禮教，查某縛腳和梳頭，平素不曾出門口，千金小姐店綉樓」〔註100〕所以，舊時代的臺灣女性受到禮教和躦足的限制，移動的空間十分狹隘，大抵是在居家空間中打轉。此外，解纏足也一舉改變臺灣民眾對於女性身體的審美觀念，不再以女性雙足的尺寸來評斷美醜，因而導致女性之美的評判標準的轉向，此點將在「摩登女性」之中做探討。

日本殖民臺灣後不但將現代化生活方式帶進臺灣，也將臺灣的經濟體制從小農經濟轉爲資本經濟，爲追求殖民地的最大產值，女性從不事生產人口躍升爲經濟生產人口，必須投入職場工作，〔註101〕於是脫離了傳統觀念的家族制約，性別的既定形象逐漸瓦解了。從職業婦女角色誕生的脈絡來看，女性形象逐漸朝向多元之路邁進；又在可獲得知識教育、身體可隨意律動、〔註102〕移動空間可擴大等種種因素的加乘作用之下，女性終於得以暫時脫離父權體系的思想意識，從部分的傳統禮教中解放並爲婦女解放帶來助益。

又受到西方思潮的影響，「自由、平等、博愛」的人權觀念也打破封建制度底下女性無權的思維，不平等的男女關係飽受質疑，於是婦女解放成爲當時代最熱門的議題之一。〔註103〕楊翠整理了《臺灣民報》上與婦女解放運動

〔註100〕吳瀛濤〈從歌謠看民俗〉，《臺灣文物論集》（臺中縣：臺灣省文獻委員會：1984年），頁280。

〔註101〕日治時期出現許多女性的新興職業，如須具專業知識背景的助產士、看護婦、教師、司機，和純粹提供勞務工作的交換姬（電話轉接員）、女給（服務生）、女明星、車掌、女工等等。

〔註102〕日本殖民後所引進臺灣的新興運動項目，無論是體操、游泳、高爾夫球、網球、棒球等，或是新式學校定期舉辦的運動會、校外教學和登山活動，皆一舉改變了臺灣民眾長期以來所認知的身體律動方式，無論男女皆可自由地伸展身體四肢。

〔註103〕王文斌，《瘋狂的教化》（臺北縣：新雨出版社，1994年），頁26。1925年2月於彰化成立的「彰化婦女共勵會」正是臺灣第一波婦女解放運動的具體實踐。范情等著，《女人屐痕：臺灣女性文化地標》（臺北市：女書文化，2006年），頁76。

相關的言論，認爲日治時期所提倡的婦女解放運動是圍繞在婚姻自主、經濟獨立、教育平等和參政權的取得，〔註104〕可看出當時代新舊知識份子們對婚戀觀中戀愛自由和婚姻自主的議題相當熱絡。當時代女男平等的概念也進入臺灣社會，已經有人可以接受兩性平權的觀念，如身爲男性的蔡培楚不但爲性別意識型態的刻板印象提出反證，認同女性具備不輸男性的能力，並舉英國史上首位進入內閣的女性——邦德菲爾德（Margaret Bondfield）〔註105〕爲例，〔註106〕提倡兩性平權思維，看來婦女解放運動似乎已獲得男性的支持。

雖然當時代女性已經逐漸在知識學界和職場中展露頭角，如第一位女西醫蔡阿信、第一位女博士許世賢、女畫家林玉珠等，臺灣歌謠也看得到對於女性自我能力提升的稱讚，如：

> 以前查某無路用，平平一個算半丁，比較現代的女性，煞比查埔較才情。舊時查某無塊看，現代女人做大官，公務人員鎭一半，觀音較高大屯山。〔註107〕

將傳統女性與現代女性的能力做一對比，傳統女性被認爲是「無路用」的，是「半丁」只有男性的一半，在工作職場上也看不到女性的身影，但是現代女性就不同了，不但才華、本事比男性更好，從「公務人員鎭一半」就可知道職場之中的男女工作機會趨向平等，可見當時代的社會不但已有性別平等的觀念，也開始落實男女平等的理念。

但《三六九小報‧新聲律啓蒙》卻依舊出現#12「鷄母會啼着斬〔註108〕頭」和#13「出巢雞母」等具有貶義的詞彙來指責女性追求解放、爭取權利的行爲是不對的、是違反自然的。俗諺#12「鷄母會啼着斬頭」、「雞角啼應該，雞母啼著刣」是以動物的本能來強化男性掌權是天經地義、女性掌權則是違

〔註104〕 詳見楊翠〈第四章四大婦女解放言論之分析——婚姻、教育、經濟、參政〉，《日據時期台灣婦女解放運動：以《台灣民報》爲分析場域（1920～1932）》（臺北市：時報文化，1993年）。

〔註105〕 邦德菲爾德（Margaret Bondfield）爲英國工會領袖，1923年成爲英國職工大會的第一位女主席，1929年被英國第一位工黨首相詹姆士‧麥克唐納（James MacDonald）延攬入閣，成爲勞工部長。參考自《大英百科全書》繁體中文版（來源：http://daying.wordpedia.com/，讀取日期：2010年4月2日）。

〔註106〕 蔡培楚（倩影）〈開心文苑‧説女子〉，《三六九小報》第68號（昭和6年4月26日）。

〔註107〕 這兩首歌謠皆收錄於吳瀛濤〈從歌謠看民俗〉，《臺灣文物論集》（臺中縣：臺灣省文獻委員會：1984年），頁281。

〔註108〕 同「斃」。

反自然常態的觀念，試圖防堵女性追求自我能力的提升和爭取工作機會與權利。可以想見當時代的女性在追求平等理念之際，不但得時時鞭策自己，還得承受來自四面八方的反對聲浪。

基於傳統婦言規範，女人不可有多言、搶話、口出惡言等伶牙利齒的行為，若是說話音量過於大聲或是一開口便像連珠炮般喋喋不休的人，就會引發他人反感，如同文本所指『大聲細說親像#13「出巢雞母」』，以母雞的啼叫來形容聒噪婦人。若將此句比照當時社會實情，更顯當時代社會對女性追求知識、男女平等所持的負面態度。

以臺灣第一個婦女解放團體彰化婦女共勵會為例，此會經常舉辦婦女講座和語文研習會，每次活動皆得到熱絡的迴響，吸引大批民眾前來參與，更於 1925 年 8 月 22 日舉辦公開演講活動，由女性輪番上台發表演說，原本是希望藉由此活動鼓勵女性從家的私領域勇敢走向社會的公領域，卻意外受到父系霸權毫不留情、極為嚴厲的批判，認為她們是一群「不成體統」、「拋頭露面」的女性，甚至《臺灣民報》的報導內容也呈現偏頗的立場，完全忽略演講議題，反而大肆挪諭女性在演講時的緊張害怕、語無論次、結結巴巴，甚至是當眾落淚、倉促下台等窘境，甚至還忠實呈現群眾以「無能」責罵台上女性講者的情況。〔註109〕從上述兩句帶有指責女性出頭意識的俗諺和社會實況來看，傳統社會對於女性智識和能力的提升或多或少有瞧不起，甚至是意圖打壓的心態。

然而，女性被打壓的部分原因源自於男性自卑的心態，害怕至高無上的身份地位、錢財權勢被女性所奪，工作機會因女性而失去或是感到強大的競爭壓力，除了將無知、無才、無能的軟弱、蠢笨形象加諸在女性身上，同時嚴密防堵女性的權勢位階有躍於男性之上的任何可能，如俗諺「查某放尿潑袂上壁」正是嘲諷女人連尿尿這種再簡單不過的生理需求都無法向男人一樣，更遑論與男人平起平坐、爭權奪利，將男女生理構造的差異無限上綱為女人在各方面都輸給男人的藉口。

2. 流行時尚的摩登女形象

流行時尚脈動引領摩登女性形象的出現，受到中國上海和日本的流行時

〔註109〕 參考自蔡依伶，《從解纏足到自由戀愛：日治時期傳統文人與知識分子的性別話語》，國立臺北教育大學臺灣文學研究所碩士論文，2006 年，頁 68～69。

尚影響，臺灣部分的女性率先捨棄傳統的服飾、妝髮，改穿強調身體曲線、體態之美的旗袍、洋裝，以看電影、跳舞為休閒嗜好，營造出時髦的「摩登新女性」形象，當時代還出現「烏貓」和「毛斷女」〔註110〕等新興名詞，如《臺灣民間文學集》收錄多首男女約會的歌謠，其中一首則是記錄了時下最流行的服裝以及約會形式：

> 烏貓穿裙無穿褲，烏狗穿褲激拖土，欲娶烏貓去散步，腳骨若酸坐草埔。〔註111〕

流行歌曲《跳舞時代》更為從事新興休閒娛樂的新女性留下了片段身影：

> 阮是文明女／東西南北自由志／逍遙俗自在／世事如何阮毋知／
> 阮只知文明時代／社交愛公開／男女雙雙／排做一排／跳道樂道
> 〔註112〕我上蓋愛〔註113〕

從歌詞裡可看出女性以擁有自在活動的身體、自由與人交際視為文明的象徵。無論女性是為了受教育、工作或是娛樂，都已經脫離傳統「大門不二、二門不邁」的防線，不但可接觸更多異性，還可展現女性與生俱來的魅力。

摩登女形象的出現不但使人眼睛為之一亮、引領風潮，卻也引發傳統知識份子的恐慌，甚至比知性女性還不被臺灣民眾接受，認為摩登女是敗德、不知羞恥、淫蕩、虛榮的女性。署名軟紅將摩登女形象歸納出六大特點，分別是：斷髮、粉面、露胸、短袖、現腿與拜金，斷髮指的是短髮與燙髮兩種髮式，粉面指濃妝艷抹、宛如假面，露胸、短袖和現腿是針對服飾而言，尤其露胸更被視作是女性用來誘惑挑撥異性的工具和手段，而拜金則是指女性為了滿足虛榮心和物質享樂而出賣自己的身體，而現代社會「淫風大熾」的現象皆是由摩登女所引起的。〔註114〕林珠浦以時下女性流行為創作元素，並寫下對摩登女的感想，如題名「短服姬」和「毛斷女」兩首詩：

〔註110〕「毛斷女」是 modern 的臺語譯音，指的是跟隨時尚潮流的時髦女性。

〔註111〕李獻璋，《臺灣民間文學集》（臺北市：龍文出版社，1989 年），頁 18。

〔註112〕「道樂道」是 foxtrot 的譯音，也就是國際標準舞中的「狐步」。
參考自《南臺灣留聲機音樂協會》部落格
（來源：http://tw.myblog.yahoo.com/cfz9155cfz0678sv-cfz9155cfz0678sv/article?mid=11090&sc=1，讀取日期：2010 年 9 月 21 日）。

〔註113〕《跳舞時代》是由鄧雨賢作曲、陳君玉作詞，於 1933 年由古倫比亞唱片公司發行。

〔註114〕軟紅〈太空論壇‧現代之摩登女觀〉，《三六九小報》第 442 號（昭和 10 年 5月 3 日）。

衣服時流尚短新。只遮臍腹不遮身。逍遙市上**双峯現**。觸起春情欲
殺人。風潮競尚剪烏絲。藉口梳粧費片時。霧鬢烟鬟都不用。**毵毵**
膏沐變蠻夷。〔註115〕

從「**蠻夷**」一詞可知1920、30年代的摩登女形象是異於傳統婦女的，如剪去
一頭長髮、使用從日本或西方國家進口的個人用品，如香皂、香水。作者更
以「觸起春情欲殺人」來形容當女性穿上展現身體曲線的貼身衣服時，不但
會引起男人無限的遐想，還有可能誘發犯罪。另外署名茶博士更視女性喜歡
穿上貼身服裝為病態，取名「露出狂」或「烏貓病」：

露出狂。為最近一種之尖端狂燥病。患者。皆為青春婦女輩。猶以
舞女。女優。歌手。浪漫女居多。俗稱為烏貓病。如不良少年之狂
犬病然。於大暑時。發症甚愈。不喜著衣服。其意甚似至一絲〔註116〕
不掛以為快。自謂欲炫其肉體美。橫行鬧闊市中。蓋欲集眾人之視
線。以為審美運動之急先鋒。按本病。遍地猖獗。絕無豫防辦法。
須候秋冷。及大寒大雪。因氣候關係患者便能為一時的鎮靜。〔註117〕

從上述內容證明了追隨流行時尚服飾以年輕女性居多，而且人數眾多，足以
讓傳統社會感到威脅。

　　署名心指陳摩登女形象是社會亂源所在，為遏止歪風，分別從經濟因素、
女子貞節與心理層面三大方向進行探討，希望能勸阻此風氣的蔓延。他認為
要成為時尚的摩登女性必先投注大筆治裝費用，再者提出「姦淫之事。多半
由艷妝而生」，將女性濃妝艷抹的行為與貞節的失去形塑成互為因果關係，女
性亮麗的外形勢必招引男性接近、勾引，導致發生肉體關係、失去貞節的結
果。〔註118〕

　　最後從自由戀愛的角度切入，由於自由戀愛觀念鼓勵女性勇敢追求自己
的幸福，所以女性注重外在妝扮也可能是為了要向男人炫耀自己的美麗，得
到男人的注目進而得到夢寐以求的愛情，但是作者卻是以「玩物」一詞來指

〔註115〕上述兩首皆出自於林珠浦（西河逸老）〈新樂府〉，《三六九小報》第222號（昭
　　　　和7年10月3日）。
〔註116〕原文為「糸」，應為誤植，在此改正。
〔註117〕茶博士〈新臨床學・露出狂〉，《三六九小報》第210號（昭和7年8月23
　　　　日）。
〔註118〕心〈醉餘雜錄・女子不宜艷妝三理由〉，《三六九小報》第126號（昭和6年
　　　　11月9日）。

稱在自由戀愛關係中的女性，也就是作者認爲女性的感情觀不夠健全，認爲只要靠著外在的美麗便能吸引男人成就一段露水姻緣，但是感情的結局通常都不是幸福美滿的，不是被男人玩弄後慘遭拋棄，日後因失貞或名譽損壞無法擁有良緣，只能給人做小或是淪爲煙花，更慘的是甚至有人會因爲無法度過分手難關而自我了結生命。作者藉由上述三大理由勸阻女性脫離良家婦女形象。

賴惠川也認爲摩登女帶來社會風氣的敗壞，尤其以國際標準舞〔註119〕最爲嚴重：

> 跳舞場中播醜名　黃金滿載快西行　拋夫棄子人倫絕　蛇蝎居心算足成　跳舞場中禮義乖　忍將無恥挂招牌　好柴不過安平鎮　莫向安平覓好柴　烏貓烏狗醜難堪　跳舞迷心起惡瘵　報祖辱宗生亦穢　問伊何不跳深潭　跳舞場中一死甘　慈悲阿嫂勸加參　明知接觸非人類　烈火乾柴醜不堪（姑由日本歸　嫂慫恿其學跳舞　而教跳舞之人　乃壯年匪類　至不可收拾　女子自殺）不意文明到此時　流行衣褲盡坡璟　生來怪相無差別　不僅人知鬼亦知　從來女子號千金　肌體當然愛護深　目下流行三角褲　願伊廉恥略關心。〔註120〕

作者認爲國際標準舞是不好的文明，是無恥、淫穢且下流的休閒活動，違反了傳統「男女有別」的觀念，陌生男女抱著跳舞，將會產生許多肢體接觸的機會進而產生情愫，必定引發道德淪喪，可能會發生婚前性行爲或私奔等醜事。作者還把國標舞扣上「瀆祖辱宗」、詆毀家世門風的帽子，甚至以「問伊何不跳深潭」帶有咒死的言語來辱罵跳舞之人。另外，他對於時下女性流行服飾也有偏見，認爲過於曝露、不夠端莊、不知廉恥，以爲女性應以「千金之軀」爲榮，不應露出肌膚、標謗身體曲線供大眾欣賞。

從上述摩登女眞實形象與飽受責罵的形象得知，1920、30 年代時尚流行風潮襲捲臺灣社會，吸引大批年輕臺灣女性的目光並參與其中，紛紛褪去傳

〔註119〕男女雙雙擁抱的國際標準舞，與傳統觀念「男女授受不親」的性別分界相抵觸，對於傳統知識份子和社會普羅大眾而言，是一種帶有傷風敗俗、不倫不類等負面印象的新興休閒娛樂。詳見李毓嵐〈日治時期臺灣傳統詩人的休閒娛樂——以櫟社詩人爲例〉，《臺灣學研究》第 7 期（2009 年 6 月），頁 72～73。

〔註120〕賴惠川，《臺灣先賢詩文集彙刊第四輯‧悶紅館全集》（中）（臺北縣：龍文出版社，2006 年），頁 343～344。

統、落伍的外表，換上新穎、時髦的亮麗外貌，如剪髮、化妝、灑香水、穿上強調身體曲線的衣服等，開啓臺灣女性另一種身體美學。雖然被傳統保守人士指責她們是一群不守婦道、勾引男人的放蕩女性，或是追求物質生活而出賣靈肉的拜金女，更被冠上淫亂風氣的始作俑者或是助長者名號，但是她們並不會因爲社會的指責罵而否定自我或是退縮回到傳統規範，或是因害怕被男人始亂終棄而棄守戀愛自由的理念，反而是越挫越勇地朝著理想女性的藍圖前進。

三、「嬈」的雙重標準

　　臺灣女性的新形象充斥於社會各個角落，無論是從教育、經濟或時尚層面來看，女性的新形象儼然已經成形，女性的自我意識也開始萌芽，臺灣婦女似乎可以看到解放的一絲光芒，擺脫長久以來加諸於身的那套傳統良家婦女的刻板印象了。但是從《三六九小報・新聲律啓蒙》來看，單字#14「嬈／嫐」就出現 6 次，與#14「嬈／嫐」搭配的詞彙就有#15「嬈的」1 次和#16「發嬈／發嬌」8 次，也就是「嬈」的概念詞彙就出現 15 次，已經佔去性別意識型態相關詞彙的一半。

　　「嬈」概念詞彙的詞頻如此之高，反映出日治時期女性試圖主動將傳統、保守的形象轉爲知性、時尚之際，男性沙文主義卻依舊根植在臺灣民眾的內心深處，使得女性新形象的出現不但沒有成功引領女性走向夢想中的女兒國，反而引發了部份民眾的不安及恐懼，深怕女性的智識能力提升、外在形貌解放、自由戀愛風氣蔓延等種種現象，不但影響時下青年男女對於愛情、婚戀的觀念，引發種種不良的效應，帶來禮教敗壞、倫常失序、秩序崩解的後果，所以傳統社會便拿著「嬈」的語言在一旁虎視眈眈，等待反撲時機。有趣的是，當時代社會盛行的藝旦文化，正是以「嬈」作爲內在核心，「嬈」反而是一種對女性的讚美，越「嬈」的妓女卻是越受男客歡迎。可見，男性一方面在指責女性「嬈」的同時，一方面卻受到娼妓文化「嬈」吸引，如此矛盾的心態可說男性沙文主義最好的例子。

1. 「嬈」是婦女的禁忌

　　臺灣社會受到父系繼嗣制度的影響，男尊女卑的觀念依舊根深蒂固，思想意識仍舊脫離不了傳統禮教的規範，女性的一切作爲仍然受到父權意識型態的嚴密監控。但隨著社會風氣漸漸開放，貞節至上的信仰飽受新式知識份

子抨擊，自由戀愛、婚姻自主的抗爭直衝傳統婚戀觀而來，引發了傳統衛道人士的恐慌，認爲自由戀愛會成爲男女發洩情慾的藉口，〔註121〕導致未婚懷孕的情事發生，這些不好的變動會導致男女關係淫亂，最終必將禍及家庭倫常和血脈正統。於是貞節至上的觀念又再度被召喚，如傳統婚俗中貞節檢驗的第一道關卡──女性初夜落紅；署名鐵嘴仙分析、評斷婚戀觀所帶來的危機，雖不反對青年男女擁有戀愛的自由，但兩人應互相尊重，共同保護女性貞節，提倡禁止婚前性行爲的戀愛。〔註122〕

當時代的文學作品也經常可見女性因失貞而命運悲慘的情節，如吳漫沙《韮菜花》中的月嬌生性放蕩而被人謀殺、秀珠獻出貞節卻因被拋棄而自殺；賴惠川也寫下對於新式婚戀亂象的感想：

> 戀愛如今却自由　徼心薄倖轉擔憂　當天屑破碾仔蓋　誓海盟山到
> 白頭　漸將旅舘作香閨　合意無須六禮齊　警察夜深干底事　同衾
> 原是未婚妻　放開極度擴聲機　娶一新娘鬧四圍　珍貴嫁粧藏轎斗
> 新娘莫怪腹肥肥　是誰得此妻家財　時式粧奩帶櫃來　不久添丁爲
> 便父　大堂亦算是明開。〔註123〕

作者對於自由戀愛的風氣漸盛，男女可選擇婚配對象的社會趨勢感到憂慮，他認爲男女交往在熱戀時的山盟海誓並不能保證戀情必定能開花結果，以「漸將旅舘作香閨」寫出了戀人們的情不自禁，爲了追求情欲的暫時滿足逾越男女最終的防線，卻不小心讓女孩子懷了孕，爲展現負責任的態度，兩人只好奉子成婚，或者是說，正因爲有了愛的結晶，迫使雙方家長不得堅持拆散這對鴛鴦，於是加速了戀人組成家庭的速度。

「珍貴嫁粧藏轎斗／時式粧奩帶櫃來」兩句有雙重涵義，第一重涵義以「嫁粧」、「粧奩」等嫁娶禮俗點出雖然當時代男女交往模式流行採取新式自由戀愛，但是結婚的種種儀式卻遵照舊式習俗，表示雖然婚戀觀念稍有位移，但仍不脫傳統禮教規範；又或者是作者刻意以新／舊、自由戀愛／傳統婚俗

〔註121〕如同署名國騂所批評的「什麼戀愛。什麼性的安慰。不過是各人的生殖素在那裏作祟罷了」，而「生殖素」應爲「生殖器」的誤植。詳見國騂〈上下古今〉，《三六九小報》第 346 號（昭和 9 年 6 月 3 日）。

〔註122〕鐵嘴仙〈折字神數‧自由戀愛〉，《三六九小報》第 15 號（昭和 5 年 10 月 26日）。

〔註123〕賴惠川，《臺灣先賢詩文集彙刊第四輯‧悶紅館全集》（中）（臺北縣：龍文出版社，2006 年），頁 338～339。

的併立營造出新式婚戀觀的矛盾。第二重涵義則是以「轎斗」、「帶櫃」等指稱新娘未婚懷孕，帶子結婚的詞彙，來強化男女結識必定會發生性行為的刻板印象。

表面上是一對相愛的戀人終於攜手走向幸福的人生，但是作者卻以「不久添丁爲便父」暗指新郎戴了綠帽子當「便父」替其他不知名的男人養妻育兒，批判男女錯綜複雜的性關係，導致家族血脈的混亂。這首竹枝詞可說是站在父系霸權的立場，以戲謔的詞彙將女性塑造成淫亂的形象。簡而言之，舊知識份子認爲自由戀愛雖可行，但男女雙方應抱持著以結婚爲前提交往的心態，並拒絕婚前性行爲，這才能維持戀愛的神聖性。〔註124〕

《三六九小報・新聲律啓蒙》同樣充斥著父系霸權的語言暴力，除了#14「嬈／嫐」，對於不守規範的女性也有相應的詞彙，如對於個性活潑外向或是言行舉止異於傳統女性形象：舉止端莊、害羞內向、乖順服從等，就會被視作是#17「妖精」、和#15「嬈的」、不知羞恥、舉止輕挑、賣弄風騷的人；#14「發嬈／發嫐」形容女性勾引男性的淫亂、淫蕩行爲或穿著打扮；#18「花譴〔註125〕」指的是女性爲了挑逗、吸引男性，故意將自己打扮地十分妖豔、嬌媚的意思。勇於表達自我意見的女性就會被認爲是不講理的潑婦，就是#19「撒潑」和#20「潑」的吵鬧、無賴行徑。上述詞彙不但是語言暴力，責罵女性淫蕩、輕佻、風騷、不莊重，又再度拿出傳統教條試圖召喚回父權意識型態中理想的女性形象。

俗諺#21「與好人行有布經」〔註126〕、『歹心婆姐慣練劍□#22「在室女」』〔註127〕和俗諺#23「狗公要〔註128〕來須待狗母搖獅」，更是先將女性的本性扭曲成「嬈」、「嬈花」，再利用輿論壓力和言語威嚇，使女性誤以爲擁有失去貞節後，將會引來嚴重後果，利用女性害怕的心理逼迫她們不得不守貞。俗諺

〔註124〕庸〈人世百面觀（91）〉，《三六九小報》第 277 號（昭和 8 年 4 月 6 日）。
〔註125〕同「葉」。
〔註126〕由於格式限制或是作者意識之故，並未將此句俗諺完整呈現出來，應爲「俗好人行，有布通經，俗歹人行，有囝通生」，作者只寫此句俗諺的前句，也就是#20「與好人行有布經」。而《台日大辭典》和《實用台灣諺語典》皆有收錄的完整俗諺，在此以《實用台灣諺語典》的俗諺爲釋義版本。
〔註127〕由於文本印刷不清，無法判斷「歹心婆姐慣練劍□在室女」是否爲俗諺「婆姐母創治在室女」的變體。俗諺「婆姐母創治在室女」《台日大辭典》解釋爲「處女私通懷孕」，而在《實用台灣諺語典》則是解釋爲「比喻女子失貞」。
〔註128〕同「欲」。

「佮好人行，有布通經，佮歹人行，有団通生」使用「好人／歹人」的對比與「經布／生団」的職務對照，規勸、提醒女孩子要注意交友。

　　由於以往的審美觀認為女性有纏足之美，所以小康階級以上的家庭只要生有女兒都希望能為其纏腳，然而，纏足婦女礙於小腳無法隨意出遊，活動範圍不出家族、鄰里之外，相對來說視野較為狹窄、思想也較單純；但是隨著時代的演進，女性漸漸可脫離家族外出讀書、工作，不但可擁有姊妹情誼，還有更多管道可認識其他的異性。此舉卻引發衛道人士的強烈不安，以為男女自由結識勢必會觸碰通姦禁忌並引發社會崩壞，所以再度拿出「佮歹人行，有団通生」的俗諺，試圖形塑出：男女結識→自由戀愛→婚前性行為→未婚懷孕的交往模式，重申女性應以自我貞節為重，在婚前不可失貞，最好是嚴守男女之防，避免與異性結識、交往，試圖將女性驅趕回家庭牢籠之內。

　　『歹心婆姐慣練劍□#22「在室女」』的原意是說處女失貞是神明「婆姐」戲弄的結果，「婆姐」是指專門保護孕婦及胎兒的「婆姐母」。這句話是反諷口吻，意思是處女失貞未婚懷孕產子，若不是出於自願，難道是受到神明的賞賜嗎？完全只將失貞的過失直指女性，只批判女性不守婦道、自甘墮落的行為，卻完全忽略男性也應負起責任的事實。

　　同樣的，俗諺#23「狗公要來須待狗母搖獅」也是將所有情感、性欲的責任，丟給女性一人承擔，字面上表示女性有主動追求、選擇對象的權力，但是背地裡卻嘲諷若不是女性先行引誘、勾搭，男性也不會隨之起舞。換句話說，此三句俗諺的精神概念與本節副標題「十个查某九个嬈，一个袂嬈擋袂牢」一致，直指女人的生性就是「嬈」、淫蕩，只會賣弄風騷、招蜂引蝶，才會誘發男人接近而失去貞節。

　　甚至在言詞的背後還隱藏了似是而非的道理：正因為女性生性淫蕩且意志薄弱，一旦接觸到外在誘惑便會失去貞節，所以才要靠外力約束得以保貞，這也就是為什麼父母和傳統禮教規範只對女性的管教如此嚴屬，都是為了要讓女性避免跟異性有所接觸，以保住女性最寶貴的貞節。由此觀之，傳統知識份子依舊認定貞節是女性最重要的價值，於是「嬈」又再度獲得權力，成為指責女性最嚴屬的思維與詞彙。

　　從知性女性和摩登女性大放異彩的社會實況比對《三六九小報・新聲律啟蒙》的「嬈」、「無恥」、和咒死的語言暴力，可以看出傳統知識份子對於女性形象的改變所持的負面態度，企圖以強而有力的語言暴力向全體女性反撲

而來，嚴厲地攻擊、批判和奚落女性新形象出現後的種種社會亂象。有趣的是，若將女性新形象遭受語言暴力攻擊一事做更進一步剖析，卻可以得到另一種新的思維向度：當社會輿論聚焦於某一議題，進而產生正面讚揚與負面批評的激辯情況，就代表其議題已經凝聚且強大到形成一股無法被忽略的社會現實。

從這些針對女性新形象的謾罵詞彙、詞數和強度三元素來反推女性新形象的活躍程度，傳統知識份子使用嚴厲地、帶有詛咒性質的詞彙試圖阻止女性新形象的蔓延，表示在當時代的臺灣社會中，女性新形象已經成為一股不容小覷的勢力了，也沒有因為受到他人的扭曲攻擊或勸阻而停下爭取自我權利、自我進步的腳步。

2.「嬈」是妓女的本錢

娼妓指的是出賣身體或才藝賺取錢財的女子，在男尊女卑的觀念之下，女性除了被視為是生產工具，就是被當作商品進行人身交易買賣，風月產業更是以提供男性性享樂、增加家中經濟收入或是以物易物的商品、代表男性權力、地位、財富的象徵作為發展理由。若將#14「嬈／嫐」的概念與風月產業盛行的現象和#24「烏龜坐大廳」、〔註129〕#25「笑窮無笑賤」的功利主義社會相比，更可看出父系社會的矛盾之處。

臺灣娼妓文化的起源可上溯19世紀初，清道光初年閩南移民至臺灣北部開墾並定居，商業聚落成形，因應社會需求「凹肚仔」（今華西街）的娼妓文化便開始發展，日本殖民後，大稻埕的娼妓文化繁榮，酒樓娼館林立，名氣響亮的有江山樓、蓬萊閣、東薈芳，〔註130〕臺南善化地區也開有青年閣和萬月樓兩間酒樓。〔註131〕風月產業擴及全臺各地，還曾多次舉辦花選活動，吸引更多顧客上門消費。為了要獲得更多男客人的青睞、賺取更多的錢財，娼妓必須習得取悅客人的方法，包含媚術和性愛技巧兩種，媚術指的是妓女有意討好、奉承或巴結客人，包含柔美的體態、說話的內容，尤其是眼神的展現和一雙纏得小巧美麗的小腳；性愛技巧是妓女必備的職場技能，對於妓女

〔註129〕此俗諺的原句為：「有錢烏龜坐大廳，無錢秀才人人驚」，收錄於《實用台灣諺語典》。

〔註130〕謝康，《賣淫制度與臺灣娼妓問題》（臺北市：大風出版社，1972年），頁139～141。

〔註131〕蘇友章〈新聲律啟蒙〉，《三六九小報》第471號（昭和10年8月9日）。

而來，性是一種付出體力的勞務工作，用來取悅、挑逗客人的方法。〔註 132〕
而妓女的妝髮服飾講求華麗，以吸引男客注意爲原則，追求新奇、新鮮感，
可說是走在當時代流行時尙的尖端，甚至引領時尙潮流，吸引良家婦女競相
仿效。

　　由於社會將娼妓排除在良家婦女形象之外，所以那套專門爲女性制定的
道德規範無法套用在娼妓身上，使得娼妓得以擺脫部份禮教的束縛；再者，
其職場環境和特殊的社會地位使得部分娼妓的智識、文化修養和藝術氣息高
於一般婦女。又因傳統禮教主張君子禮儀、節慾，但娼妓文化卻是打著縱情
聲色的旗幟招攬顧客，從價值觀體系來看，傳統禮教和娼妓文化是分別站在
價值天秤的兩端，妓院成爲傳統禮教規範無法入侵的自由天地，娼妓爲了生
活不得不打破男女之防和貞節觀念，與男人有著密切關係，而男人不但可從
娼妓取得在妻子身上得不到的歡娛，與娼妓相處時也得以暫時擺脫傳統規
範，可以放縱自己和娼妓隨意嬉戲、得到性慾方面的滿足。〔註 133〕也就是說，
男人爲了自身的權益，將妻子塑造成遠離「嬈」的樣版，等到自身有需求時，
卻又轉向標謗「嬈」的娼妓身上索求。

3. 標謗「嬈」的花選活動

　　《三六九小報》以風月產業的報導爲主，不但成立花系列專欄報導藝旦
的生平、容貌、近況以及評斷優缺點，還提供遊歷「藝旦間」、酒樓的心得，
在字裡行間皆透露出士紳名流出入風月場所、與名妓交往是一件極爲風雅的
文化交流，甚至在舉辦宴會或活動時，還要請藝旦隨伺在側，才能表現出主
辦人對此活動的重視程度，如《三六九小報》舉辦一週年記念大會時，請來
雲英、碧霞、碧蓮三位美人相伴。〔註 134〕風月女性在當時代社會十分活躍，
以她們爲主角的花選活動更是蔚爲風潮，《三六九小報‧新聲律啓蒙》曾以「熱
狂妓女搶花魁」揭露藝旦和男人對於花選活動的熱中瘋狂程度。在此筆者以
刊載在《三六九小報》的花選活動做爲探討對象，藉由此活動剖析男人對「嬈」
的渴望。

　　嘉義鷗社爲了行銷《品紅集》詩集，特地舉辦花選活動，並將活動訊息

〔註 132〕徐君、楊海，《妓女史》（臺北市：華成圖書出版公司，2004 年 8 月），頁 157
　　　　～173。
〔註 133〕蕭國亮，《中國娼妓史》（臺北市：文津出版社，1996 年 10 月），頁 219～254。
〔註 134〕贅仙〈雜俎‧記一週年之會〉，《三六九小報》第 110 號（昭和 6 年 9 月 16 日）。

和票選結果公佈在《三六九小報》的首版廣告中。此次活動是以嘉義市內各藝旦、女給爲候選人，凡購買《品紅集》的人皆可投票，投票方式是圈選附在《品紅集》中的投票紙，將投票紙繳回至鷗社事務所、碧霞樓前、日春樓前、益生病院前、永樂食堂前、金花亭前、驛前郵便局前和五越公司前等 8 個投票所即可完成投票。活動期間自昭和 5 年 9 月 21 日起至昭和 5 年 10 月 14 日止，票數採累積制，以 4 天爲小結單位，每一次皆會請報刊記者當見證人，以公平公正公開的方式開票，並每次票數小結結果皆公布在《三六九小報》首版廣告，〔註 135〕等到活動結束後，票數累積最多的人即當選爲花魁。從上述種種活動規則可看出此次花選活動的規模有多麼盛大，甚至可媲美現代的選美比賽。

此次活動成果驚人，光是前 20 名候選人的得票數就已累計有 140,248 票之多，前三名的候選人票數分別是：阿蘭 46,360 票、章金寶 30,614 票、阿味 24,115 票，可見民眾對於此活動有著高度興趣。花選活動的得票數如下表 4-6 花選活動票數總表所示：

表 4-6 花選活動票數總表

名次	第一次小計		第三次小計		第四次小計		第五次小計		總得票數	
	姓 名	票數	姓 名	票數	姓 名	票數	姓 名	票數	姓 名	票數
1	阿花	900	阿味	6,089	阿美	7,809	阿美	8,309	阿蘭	46,360
2	阿美	548	阿美	3,291	阿味	6,089	章金寶	7,062	金寶	30,614
3	來有	101	小梅	2,679	小梅	4,401	阿味	6,089	阿味	24,115
4	彩蓮	90	阿花	1,961	阿蘭	3,817	小梅	5,506	阿美	14,391
5	阿味	56	阿蘭	1,817	阿花	1,961	阿蘭	3,817	小梅	9,358
6	阿蘭	54	寶玉	1,300	來有	1,611	來有	2,111	來有	3,611
7	阿菊	51	麗雲	1,250	寶玉	1,300	阿花	1,962	麗雲	2,657
8	阿梅	40	章金寶	1,004	麗雲	1,250	寶玉	1,300	阿花	2,565
9	寶玉	16	春綢	796	香雲	1,020	麗雲	1,250	金鳳	1,819
10	小雪桂	10	來有	761	章金寶	1,004	金鳳	1,072	寶玉	1,310

〔註 135〕此次活動應公布六次得票數，包含五次得票數小計與一次總得票數，但《三六九小報》卻重複刊載第一次得票數小計結果，導致第二次得票數小計結果被擠壓而漏報。

11	(以下無)	金鳳	252	春綢	796	香雲	1,020	香雲	1,020
12		秀卿	218	金鳳	522	春綢	796	春綢	896
13		玉愛	112	秀卿	218	秀卿	218	彩鳳	610
14		美玉	108	玉愛	186	玉愛	186	玉愛	226
15		雪桂	100	雪桂	123	雪桂	123	秀卿	218
16		(以下無)		美玉	108	美玉	108	雪桂	123
17				阿菊	101	阿菊	101	美玉	108
18				(以下無)		(以下無)		阿菊	101
19								彩蓮	90
20								阿美	56

資料來源：《三六九小報》

　　筆者試圖從贊助商、候選人以及參與投票者三方面來剖析其背後究竟是什麼樣動力和成因，讓一個地區性的花選活動能夠引發如此廣大的迴響。此次活動的贊助商眾多，有嘉義麥酒組合、昭和日日新聞社、五越公司、新高新報漢文支局、三六九小報社、順成指物店、慶義賢公司以及地方各大妓院、酒樓。由於贊助活動不但可為商號宣傳、提升能見度、增加業務量之外，所贊助的商品還能吸引民眾目光、成為流行指標，從商業的角度來看，贊助活動是利大於弊的，所以相關商家大多樂意擔任贊助廠商。以三六九小報社為例，由於每四日的小計票數皆公布於《三六九小報》，對活動有興起或是關注活動的人必定會購買《三六九小報》以便得知最新消息，於是小報的銷售量便可大大提升。

　　花選活動可說是女性物化的終極表現，女性的身體被當作是商品展示，提供他人衡量、評選，對嘉義地區的風月產業來說，更是一種行銷自我、帶動產業發展、讓更多人注意到這個產業的手段。署名刀描述了當時嘉義地區的風月產業對花選活動的重視程度：

> 諸羅花選期間中。諸姊妹行。每日。粉汗淫淫。多奔走於逐鹿場中。力竭聲嘶。號召諸嫖客。求為後援。諸嫖客亦多指望愛人。高占鰲頭。為交遊光寵。不惜犧牲其物質。購票紛投。期達最高點數。奪得狀元盃。安排做花國之女王。〔註136〕

對於候選人來說，得票數最高的前十名不但可獲得時尚奢侈品，例如：手錶、

〔註136〕洪坤益（刀）〈花選喜劇〉，《三六九小報》第 14 號（昭和 5 年 10 月 23 日）。

鏡子、洋式鏡臺、時式洋服、婦人用綢傘、手巾、手提包、香皂、香水、人
參等，最重要的是可藉此活動增加自己的曝光率，吸引更多客人前來捧場消
費，若是名列前茅，還可提高自己的性吸引力，變身爲花國女王、妓院紅牌，
甚至還可藉此提高身價，於是候選人們無不卯足全力慫恿客人買書投票。

　　由於花選活動的投票過程十分繁複，首先，投票用票券採隨書附贈，若
要投票就得先購買《品紅集》才能取得票券，屬於自願型付費的投票活動。
再者，活動並未規定一人限投幾張票券，難免會有顧客爲博得藝旦歡心，重
複投票。最重要的是，活動採每四日公布一次小計票數，等於是每四日就視
爲是一次小型的花選，勢必會造成各候選人拉票攻勢更加激烈。然而，設有
最低消費門檻〔註137〕的花選活動能獲得廣大迴響——總投票總數大於十四
萬票，〔註138〕從如此驚人的結果我們可以看出這次的花選活動對當時的男人
來說一定是具有某種吸引力，才會不惜投注大量金錢以及花費時間來支持此
活動。最顯而易見的因素是男客受到妓女的慫恿或討得喜愛的妓女歡心，不
惜花費金錢爲其衝高得票數，然而，從總得票數如此驚人來看，除了有熟客
花大錢爲某位候選人衝票之外，〔註139〕應該還有許多票是來自非熟客所投。
對於這些非熟客來說，究竟是什麼樣的動力讓他們參與此次花選活動呢？投
票者在此投票行動背後的心理活動著實耐人尋味。

　　在此從三個面相來做探討：(1) 話題性十足，在傳統保守的社會氛圍中，
以女性身體及魅力爲主題的花選活動是十分新穎、驚世駭俗的，無論是士紳
名流或是市井小民，或多或少皆對此話題略有耳聞，在各個團體中想必也是
談論的焦點所在，無論是候選人的面貌、體態、才藝，甚至是取悅顧客的手
法，都可能成爲議題。當花選活動搖身一變成爲當下最熱門話題之時，勢必
會激發更多民眾參與討論的欲望、或直接刺激男性前往消費、按圖所驥到候

〔註137〕此花選活動的最低消費指的是《品紅集》的單本售價。

〔註138〕1930 年嘉義市的人口總數爲 58,276 人、1931 年臺南市的人口總數爲 101,356 人，
　　　　花選活動卻有 140,248 票，等於是嘉義市和臺南市的人口總合，可以想見此活動
　　　　的熱絡程度。關於人口普查結果，詳見吳育臻編纂，《嘉義市志・卷二，人文地
　　　　理志》(嘉義市：嘉義市政府，2002 年)，頁 21，與薛文鳳、劉阿蘇、黃恭喜主
　　　　編，《臺南市志・卷二，人民志人口篇》(臺南市：臺南市政府，1985 年)，頁 35。

〔註139〕花魁阿蘭就是一個最明顯的例子，她在前幾次開票時的成績都不太理想，第
　　　　五次的開票結果只是位居第五，獲得 3,817 票，可是在短短四天之內，票數
　　　　就爆增至 46,360 票，使她能夠一舉奪下花魁寶座，除了主辦單位有作弊之嫌
　　　　之外，就是她的客人們爲她砸下大筆金錢買得投票券所換來的。

選人的工作地點，如帝王選妃一般細細觀賞品味各種女性姿態，以做出最公平的判斷。若是有人無法參與此話題，還有可能被同儕排擠。

（2）滿足民眾的窺探欲望，尋花問柳的費用並非是一般市井小民可負擔，如〈新聲律啓蒙〉出現「數想摸尻川」、「錢無半率，數想摸乳鄭腳骨」〔註140〕等字句，用來揶揄那些窮色鬼，也不先掂掂自己的斤兩，還想出入妓院消費、大享豔福，簡直是作夢。也就是說，風月產業、藝旦妓女對一般民眾來說是陌生且遙不可及的，但花選活動卻揭開了風月產業的部分面紗，一般大眾可一探究竟，雖無法進入消費但最起碼擁有基本的知識，了解在西薈芳的阿花、彩蓮，宜春樓的阿美、阿蘭都是嘉義地區頗具盛名的名妓，在第一樓甚至還有大、小金寶之分。

（3）滿足男性的渴望，當時代女人依然被圈限在良家婦女的形象之中，不得逸出其規範，但娼妓卻不受此限，不但要盡可能的展示出女性的魅力，還得想辦法滿足男人的性衝動。此活動恰巧是以女性魅力爲賣點，當候選人想要獲得更多選票時，勢必得使出渾身解數吸引所有男人的目光，如發送印有自己肖像的海報增加曝光、對顧客大獻殷勤，展現自身魅力、甚至要滿足顧客的所有需求以換取支持。總體來說，男人透過花選活動得以飽覽群芳，不但擁有感官上的刺激享受，還可以抒發心中對女人的渴望。

從良家婦女和風月女性的不同形象來看，可知 1930 年代的知識份子依舊脫離不了自相矛盾的女性觀念，他們站在維持家族血脈純正的立場，稱揚貞女、烈女的行爲得體，以最嚴格的道德規範將女性塑造成遠離「嬈」的良家婦女典範，如吳德功〈節孝名稱及報請理由〉細分烈婦、貞婦、節婦的定義及其背後的意義，並提倡五十歲以上的寡婦應向官方提出建立石碑的旌表，不但能使地方文風鼎盛、自己在死後還能享受鄉里祭祀；〔註141〕在〈新聲律啓蒙〉引用傳統戲曲元素寫成「爲夫守節羨春娥教子。奉姑行孝恨秋胡戲妻」的對句，可看出在傳統文人心中，貞節與孝順依舊是女性最重要的價值。可惡的是，男性爲了自身的利益，將女性玩弄於股掌之間，一方面爲了保持家族血統純正、保護自身的財產，將「嬈」視爲女性大忌，嚴禁良家婦女越雷池一步；但一方面爲了滿足情欲，遂創造以女性「嬈」的性魅力爲號召的風

〔註140〕此處「鄭腳骨」的「鄭」應爲「捏」，有捏、捉的意思。

〔註141〕參考自吳宗曄，《《臺灣文藝叢誌》（1919～1924）傳統與現代的過渡》，國立臺灣師範大學臺灣文化及語言文學研究所碩士論文，2009 年，頁 156～157。

月產業，使全體男性能夠沉溺在煙花女子「嬈」的溫柔鄉中，享受「嬈」所帶來的刺激。

四、小　結

　　性別意識形態根據生殖象徵把人分爲男性和女性，並依照性別創造了二套不同的規範標準。男性得符合#1「男子漢」#2「大丈夫」的特質，女性則要遵守良家婦女的規範。雖然1920年代以後，新式思想及生活方式進入傳統臺灣保守社會，直接或間接使女性形象產生了前所未有的改變，女性可展現新面貌、新風情，獲得求知、外出、工作、交友等權利。從教育觀點來看，無論是傳統漢學教育或是日本新式女子教育，都是要把女性形塑一個賢妻良母的典範；雖然女性獲得新知識，展現出不輸男性的優秀表現，換來的並非是眞誠的鼓勵與稱讚言論。由於與傳統良家婦女典範互相抵觸的，女性的新形象是不被認可，如具備知識與工作能力的女性需承受#12「鷄母會啼着斬頭」的言語恐嚇、摩登女形象的出現更是處處遭人非議，稍有觸碰禁忌，便會引來社會大眾以無恥、不守婦道、違反社會善良風俗等言詞羞辱。甚至爲了匡正社會風氣、爲了挽救道德淪喪、提倡貞節至上的信仰，更是使用「嬈」的語言暴力來指質女性的言行舉止。

　　單一「嬈」的概念投射在良家婦女和娼妓身上卻出現兩極化的評價，也可看出男性沙文主義作祟的痕跡。父系社會爲了確保家族血脈的純正，重視女性貞節，除了從婦女養成教育方面著手，連思想意識也與貞節緊密扣連，先將「失貞」劃分到道德禁忌領域範圍之內禁止女性觸碰，再來透過與「貞」相對的「嬈」字眼來威嚇女性，讓她們感到害怕和恐懼，藉此達到嚴禁女性擁有任何不貞的思想舉動，於是「嬈」成爲反對女性新形象的利器，只要稍有逸出傳統婦女規範，便會引來「嬈」的負面批判。「嬈」同時也具有正面讚揚之意，是用來稱讚娼妓擁有性感與性魅力的詞彙，日治時期風月文化盛行，娼妓紛紛擺弄「嬈」的姿態，男性也受到娼妓「嬈」的吸引，不惜花費大把金錢，沉溺於風月場所之中。

　　這種「嬈」現象的不一致也突顯了當時代社會內部的自我矛盾與拉拒，將女性視爲傳統與現代、舊與新過渡的量表，女性偏向傳統，就代表現代化的力度不夠，於是就會鼓勵她們朝現代化方向前進；但若過於傾向現代化，卻代表傳統的價值恐有崩盤的危機，於是又得將她們推向傳統。整體來說，1930年代

的臺灣社會依舊受到父系霸權的制約，而性別意識型態更是禁錮著女性，臺灣女性在尋求解放、爭取自主權的初期，似乎不被臺灣民眾全盤接受，甚至時常傳出負面聲浪企圖阻止女性形象的改變，但是她們並沒有被這些打壓言論和反對意見所打敗，反而是化阻力爲助力，開拓出一條新女性的道路。

第六節　處世教化相關詞彙再現的文化意涵：飽受打壓的女性身影

傳統社會爲了鞏固父系威權所建立的家庭倫常綱紀規範，明確地指派不同性別於家庭中的職能位階與責任義務，「男有分，女有歸」的理念更是將男性與女性的生命歷程劃分成兩種截然不同的面相。本章延續第三章的立論基礎，將個體身份認同相關的生命禮俗延伸並擴大到與整個家族相關的處世教化態度，藉此觀察父系社會下的女性，尤其是妻子一角，她們的待人處事態度理當如何拿捏，才稱得上是個得體的「家後」。此外從針對女性的謾罵詞彙也能夠看出性別意識型態是如何規訓、宰制和操控女性的內外在空間。《三六九小報‧新聲律啓蒙》處世教化相關詞彙共有 107 個，共佔文本 1.259%，如下表 4-7 處世教化詞彙總表所示。

表 4-7 處世教化詞彙總表

表　格　名　稱	詞　　數	累　計　詞　頻
表 4-1 血脈傳承相關詞彙表	48	0.581%
表 4-2 夫婦關係相關詞彙表	21	0.254%
表 4-3 兩性外遇相關詞彙表	9	0.109%
表 4-4 性別意識形態相關詞彙表	29	0.351%
總計	107	1.259%

一、性別意識形態決定男女養成方式大不同

性別意識形態將人劃分爲男性與女性兩種形象，無論男女，從出生到死亡都得受性別意識形態的掌控，一言一行皆不得超出規範之外。然而，此套性別意識形態是由男性所獨創，所呈現出來的面相極爲不公。在此分別就父子與夫婦關係，觀察男性和女性在家族之中所擔任的角色任務。

1. 男性承擔成家立業的期望

　　傳統漢人社會的繼承制度是父系繼嗣，俗諺「一人生五子，六代變千丁」的「子」與「丁」和俗諺「不孝有三，無後為大」的「後」皆只指男性，表明了只有男性才可計入家庭人口的單位數，俗諺「男子得田園，女子得嫁粧」更是說明了只有男性擁有繼承家族產權和香火的權利，一出生就可自我獨立成一房，具備「人」的社會性身份，死後也能成為祖先。男性的繼承權利讓他被視為家族成員的一份子而備受寵愛，從命名觀念就可看出家族對他的高度重視及期望，在出生後便要將名字告知祖先並記入族譜，而名字不僅僅做為一個人在社會上的代稱，更隱含了家族長輩「望子成龍」的期望。由於男性是家庭的支柱，所以父母對他只有成家與立業兩大要求，從小就栽培他讀書，也只要求他要專心讀書，希望將來長大能夠當大官、做大事、賺大錢，光耀門楣。再來就是費心挑選足以匹配的女性做他的妻子，成為他的後盾。

　　在夫婦關係裡的男性基本上是處於上位的支配者角色，他要成為妻子的依靠並理所當然地接受妻子的服侍，雖然沒有選擇配偶的權利，但是他們卻擁有複數性伴侶、外遇和提出離婚的特權，其身份在婚後也沒有多大改變，依然擁有自我的空間，或是流連風月場所，盡情享受在妻子身上所得不到的「嬈」的福利。在婚姻關係中若是夫妻位階顛倒，丈夫成為下位的服從者，雖然會引來他人以「某奴」嘲笑，卻能以俗諺「驚某大丈夫，打某猪狗牛」來化解，取「大丈夫」的形象，表態自己是個愛家、愛妻、懂得互相尊重的好男人。

2. 女性背負持家有道的期許

　　無論生前或死後，女性都必須經過結婚才能得到歸宿，所以打從娘胎出生就被視作是「別人家神」，加上男尊女卑的觀念，一般而言，女嬰並不被家族所重視和喜愛。受到繼承制度的影響，女性無法單獨成為一房，其個體也不具備「人」的社會性身份，更無法被記入原生家庭族譜之內；其命名方式也不像男嬰般備受重視，經常以具有祈求生子意涵的「招弟」、「迎弟」命名，或是帶有隨便、輕忽的「罔市」、「罔腰」命名。

　　正因為女性被排除在家族之外，在家中的地位更是可有可無，所以女性出養的比例很高，除了沒有地位之外，女性被迫出養當異姓人家「新婦仔」的深層原因則是為了要成就父系家族，也就是說，為了男性，女性得被迫自

我犧牲。當家庭經濟壓力過大時，女性就會被當作商品賣出，以換取其他男性生存的費用。在「婚姻論財」的競賽風氣之下，產生了兒子娶不到老婆的憂慮和無法負擔女兒出嫁的費用，於是衍生出互相交換女兒做媳婦的儀式。或是怕未來不和諧的婆媳關係危害到家族的和氣，加上「生的請一邊，養的恩情較大天」的情緒作祟，便允許婆婆可以親手教育未來的媳婦。看不見的形而上觀念更是加強女性犧牲的概念，爲了家運興隆，便犧牲女兒的一生，甚至害怕女兒早夭成爲「孤娘」危害家族，便早早將她嫁出去，永絕後患。

教養觀念也是異於男性具有光宗耀祖的正面期待，以「好新媳」的養成爲主要原則，家族長輩對女孩的唯一期待就只是希望她在婚後能不使娘家蒙羞而已。女子的家庭教育包括三從四德的觀念和家務的實際操作兩方面，三從四德的觀念底下，媳婦的表現不僅僅是在侍奉公婆、相夫教子、節儉持家而已，貞節的保有更稱得上是女德的終極表現，所以女性被教育成終其一生都要爲丈夫保守貞節，所以在出嫁前，娘家父母必須嚴格控管女兒的一切行動，如出外、交友等，阻擋任何失去貞節的可能，如此一來，在女兒出嫁之時才能對女婿及親家有所交待，同時女兒的貞節也表示娘家是個治家甚嚴、家教優良的好人家。

二、飽受議論的女性新形象

女性從出生到死亡的生命歷程中，時時受到「女有所歸」的箝制，「好新婦」的妻子典型如同巨大的銅像豎立在每個人的心中，夫系家族希望擁有「好新婦」來持家，女人也期許自己能夠達到「好新婦」標準。三從四德的信念、貞節牌坊的意象，更是約束女性的思想意識和行爲舉止，以無知、無能、無欲、無求、無聲、無自主性的女性形象爲理想典範。甚至還借助形而上的神祕力量，發展出一系列的禮俗、禁忌，要求女性的形象不得逸出其規範，否則就是觸及禁忌，將受到天的制裁。

然而隨著時代的演進，女性的形象出現鬆動的空間，現代知識教育賦予女性與男性一般皆能擁有知的權利，臺灣總督府的現代化措施將女性扭曲變形的小腳變回原本的天足模樣，於是女性的身體移動便更加自由了；資本經濟的推動促使女性脫離家庭投入職場工作，流行時尚的脈動也一舉改變女性的身體樣貌。上述種種變因，不但使女性跨越傳統的防線，知性女性、職業婦女和摩登女性逐漸在臺灣社會大放異彩，然而，女性形象的改變不但沒有

獲得社會的大力支持、真誠鼓勵，反而換來嚴厲的「剮削」與責罵、咒罵。

　　從知性女性和職業婦女來看，女性開始展現出不輸男性的氣勢與能力，在職場上與男性一較高下，如蔡阿信在醫學界闖出一片天、許世賢不但是臺灣首位女博士，更是首位女市長，皆是女性具備優秀能力的例證，但是依舊被侷限在「豬母肥，肥佇狗」、「雞母會啼著斬頭」等性別差異之中無法伸展。同時長久被壓抑的女性魅力也悄悄地在臺灣傳統保守社會中蔓延開來，由於女性具有孕育子嗣的生殖功能，而血緣的正統性又與傳承互有牽連，貞節便成為父系社會之中最注重的女性價值。然而，摩登女形象的出現卻為傳統保守社會帶來了巨大的不安全感，一旦女性的穿著打扮較為開放、或是從事跳舞、社交等活動，就被誤以為是要勾引男人。自由戀愛的觀念也受人抨擊，認為是破壞倫常、敗壞社會風氣的亂源，於是摩登女形象與觀感不佳的妓女、「婊」的形象逐漸重疊，致使女性的新形象遂被冠上淫蕩、無恥、水性楊花等負面意涵。

　　於是，為了匡正風氣、端正視聽，父系霸權便取「嬈」的禁忌為指責利器，先將女性扭曲成生性淫蕩、無法克制自我情欲的個體，再恐嚇女性個人「嬈」行為將會導致整個家族，甚至是社會風氣的敗壞，把女性扣上社會亂源的大帽子；並羅列「嬈」所招致的悲慘下場，如未婚懷孕、私奔、慘遭拋棄、心碎、自殺、殉情等等後果，來告訴女性婚前守貞的必要性。最後再召喚父權意識型態中的女性典範——良家婦女，欲將女性重新趕回三從四德的規範之中。

　　《三六九小報・新聲律啟蒙》雖是基於凝聚民族認同、匡正世道人心的態度所做，但卻曝露了長期存在於臺灣傳統社會中性別不平等的事實。其中，處世教化的詞彙更是滿佈針對女性三從四德的道德限制。雖然臺灣社會歷經1920年代以來的婦女解放運動與西方兩性平等思潮的洗禮，但邁入1930年代的《三六九小報・新聲律啟蒙》依舊脫離不了男性沙文主義，於是「嬈」、「婊」這類帶有淫蕩、不貞、不知羞恥的語言暴力詞彙遂成為指控女性最為嚴厲的詞彙。相反的，由於語言、教育等權力是掌握在男性的手裡，所以只有少數詞彙是用來指責逸出倫常規範的男人。

　　處世教化相關詞彙的再現，點出了臺灣雖然已經走入現代化時代，知識份子受到個人主義、資本主義和女權運動等西方哲學思潮的啟發，對於臺灣女性也多了一些人道關懷，女性終於可以離開家庭鄰里的範圍，外出讀書、

工作，與各式不同的人互相交際往來，看似有了更廣闊的活動空間，也以不同的新面貌展現在世人面前，但是性別意識型態依舊監看著女性的一切，企圖再次將女性被鎖進暗無天日、孤立無援的貞節閣樓之中。但從另一個角度來觀看這些詞彙的再現，無論這些男性創作者是出於文以載道、捍衛倫常規範、維護傳統禮教爲己任的態度，想要藉由這些詞彙的再現來批判當代社會亂象，或是出於男性的無意識、基於開玩笑的、戲謔的態度重述、引用這些詆毀女性的詞彙，比對當時代臺灣社會女性新形象的活躍程度，可以看出1920、30 年代的女性新形象已經凝聚成一股勢不可擋的風氣。臺灣的新女性不再像過去傳統女人會因爲別人的幾句話而屈服、退縮或者劃地自限，不但在學業與職場與男人一較高下，更具有自我獨立的意識，也不再受制於傳統吃人禮教、不再相信女性無用論，開始探索自己心中的想望、規劃未來的藍圖，並且勇敢、努力地將自我理想付諸實現。